本书受中国博士后科学基金第59批面上一等资助项目“清末民初地方政府聘用日本军人现象研究”（项目编号：2016M590594）资助

张之洞与日本关系研究

陶祺谌 著

中国社会科学出版社

图书在版编目（CIP）数据

张之洞与日本关系研究／陶祺谌著．—北京：中国社会科学出版社，2020.12

ISBN 978－7－5203－7299－2

Ⅰ．①张…　Ⅱ．①陶…　Ⅲ．①张之洞（1837－1909）—人物研究②中日关系—国际关系史—研究—清后期　Ⅳ．①K827＝52②D829.313

中国版本图书馆 CIP 数据核字（2020）第 180375 号

出 版 人　赵剑英
责任编辑　田　文
特约编辑　郗艳菊
责任校对　张爱华
责任印制　王　超

出　　版　中国社会科学出版社
社　　址　北京鼓楼西大街甲 158 号
邮　　编　100720
网　　址　http://www.csspw.cn
发 行 部　010－84083685
门 市 部　010－84029450
经　　销　新华书店及其他书店

印　　刷　北京君升印刷有限公司
装　　订　廊坊市广阳区广增装订厂
版　　次　2020 年 12 月第 1 版
印　　次　2020 年 12 月第 1 次印刷

开　　本　710×1000　1/16
印　　张　16.75
字　　数　268 千字
定　　价　96.00 元

目　录

绪　论

一　选题旨趣

近代以来，外交愈发成为中国国家事务的重要组成部分。1861 年，清政府设立总理各国事务衙门（简称“总理衙门”），后于 1901 年将其更名外务部，班列各部之上，推动中国外交逐步走向现代化。在中国外交现代化的过程中，晚清地方督抚办理外交事务的职权逐渐扩大，并呈现从消极被动卷入到积极主动介入的趋势。原本清制规定总督“掌厘治军民，综制文武，察举官吏，修饬封疆”，巡抚“掌宣布德意，抚安齐民，修明政刑，兴革利弊，考覈群吏，会总督以诏废置”，[①] 并无涉外权力。但鸦片战争以后情况发生变化。清政府签订《南京条约》后设置五口通商大臣交由两广总督兼任，在总理衙门成立后进一步设置南、北洋通商事务大臣，由两江总督、直隶总督先后兼充。1898 年，清政府令总督加总理衙门大臣衔，至 1906 年时将“交涉”一科定为督抚“分曹治事”的首要职责。随着外事活动频繁发生，地方督抚们逐渐以积极态度参与其中。最终，晚清外交形成中央政府与地方政府合力应对的局面。

在近代中国的对外关系中，中日关系尤为突出。长期以来，围绕近代中日关系研究，学术界多以侵略/被侵略的二元模式对日本侵华、中国抗日的历史进行批判性论述，注重战争问题及重大事件的研究。近年

① 赵尔巽等：《清史稿》第十二册，中华书局 1977 年版，第 3336 页。

来，学术界逐渐突破日本侵华史的研究框架，愈发重视长时段、多方面、不同区域的中日关系史研究。具体到晚清尤其是中日甲午战争结束后，作为战胜国的日本为了攫取在华利益，利用新订立的《马关条约》展现侵略姿态，同时积极示好、拉拢清朝各个阶层。作为战败国的清政府则反思战败教训，寻求革新自强，并于1900年前后的改革中选择“以日为师”。于是出现了战争结束后战胜国帮助战败国的戏剧性画面，① 甚至有学者将1898年至1907年间的中日关系称作“黄金十年”，引发诸多争议。② 在诡异多变、环境复杂的时代背景下，晚清中日关系不能简单地以对立或合作来概述，尚需继续深入梳理史实、客观分析阐述观点。正如当下学者所言，中国的中日关系研究“在视野开展、取材广泛、论证详实等方面”③ 还需努力。因此，作为历史研究的中日关系问题仍留有理性实证的研究空间。

中国政界要员是对近代中日关系产生重要影响的群体。就晚清而言，督抚群体受到包括日本在内的各国列强的高度重视。在内、外力的共同冲击下，清廷中央的权力遭到削弱，地方督抚的权力得到增强。地方督抚的决策不仅在其辖区的施政中具体体现和直接落实，甚至对中央政府的大政方针产生或大或小的影响。由于教案、约章、厘金、关税等各类纷繁事件往往涉及地方政府，外人主动绕开北京而与督抚们直接交涉。对此，地方督抚不敢擅作主张，但亦未完全听命于中央。有学者认为：“督抚的位置是相对的，相对于清廷中央是地方官，相对于府厅州县及咨议局所代表的绅权又可以是代表皇权的中央官。”④ 在晚清政治结构中，地方督抚处在一个承上启下的位置。在1871年中日签订《中日修好条规》建立两国近代外交关系后的数年间，直隶总督李鸿章

---

① 陶德民：《戦勝国がなぜ敗戦国を助けようとしたのか——西村天囚（1865—1924）の事例による複眼的考察》，《アジア文化交流研究》2009年（4）。

② ［美］任达：《新政革命与日本：中国，1898—1912》，李仲贤译，江苏人民出版社2006年版。针对该书，一些学者曾撰文辩驳，参见李侃《清末中日关系何来“黄金十年”?》，《天津社会科学》1995年第1期；桑兵《黄金十年与新政革命——评介〈中国，1898—1912：新政革命与日本〉》，《燕京学报》1998年第4期。

③ 桑兵：《近代中日关系研究的史料与史学》，《抗日战争研究》2013年第4期。

④ 李细珠：《地方督抚与清末新政——晚清权力格局再研究》，社会科学文献出版社2012年版，第3页。

（1823—1901）是负责对日交涉最主要的官员。李鸿章对中日关系的影响，一直延续到中日甲午战争结束，其影响力甚至超过作为专门外交机构的总理衙门。不过，战争结束后形势为之一变，张之洞在中日关系中的地位愈发突出。

在晚清中日关系中，张之洞无疑是关键人物。张之洞（1837—1909），字孝达，号香涛，晚年自号抱冰老人，直隶南皮（今河北南皮）人，历任翰林院编修、湖北学政、四川学政、山西巡抚、两广总督。1889 年（光绪十五年）张之洞调任湖广总督，直到 1907 年（光绪三十三年）奉调进京入参军机，其中两度署理两江总督，治鄂长达十八年。甲午战后，张之洞从师法德、英转向师法日本，与日本关系日益密切。1897 年底，日本驻华领事向外务省报告称：目下清朝督臣中的实力派刘坤一、张之洞二人均认识到，在东方局势中清朝可与日本亲依。[①] 从甲午战后到日俄战争这一时期，清朝经历戊戌变法、庚子事变、清末新政等重大事件，中央的权力结构出现不稳定因素，地方督抚的权力结构也随之发生变化。在这种复杂环境中，张之洞师日举措产生的影响并未限于其长期综治的两湖地区，更延伸至长江流域乃至全国。与此同时，外部势力愈发频繁深入地介入中国事务，尤以日本为甚。一直以来，日本将长江流域视为对华扩张的重要区域。已有学者明确指出："我们不应再囿于成说，低估日本对长江流域扩张的能量与实际状况……这对近代中日关系史乃至整个近代中外关系史的学术研究来说，都是必要的。"[②] 尤其是凭借《马关条约》打开长江流域四口通商后，日本不断加强了对该流域的经济、政治、军事、文化影响力。直到日俄战争爆发后，日本在中国大陆的经营重心才从长江流域转移到东北及华北地区。恰恰是甲午战后到日俄战争这一时期、长江流域这一区域，与张之洞对中日关系产生影响的主要时间、空间高度重合。因此，张之洞与日本关系是近代中日关系史研究需要重视的课题。

本书考察张之洞与日本的关系，主要有三层意义。第一，综合中日

① 《膠州灣占領事件發生後清官ニ對シ取リタル行動具報ノ件》（1897 年 12 月 31 日），［日］外務省編纂：《日本外交文書》（明治第 30 卷），巖南堂書店 1953 年版，第 558 页。

② 李少军：《近代长江流域与日本关系研究的思考》，《江汉论坛》2011 年第 9 期。

史料，系统梳理张之洞与日本关系发展的脉络，考察他在近代中日关系中扮演的角色、采取的举措，以及对辖区、长江流域乃至全国产生的影响。第二，以张之洞为中心线索，审视晚清地方督抚与日本的关系，以及他们在中日关系中发挥的作用。第三，基于对张之洞与日本关系变化的思考，探究中国现代化发展过程中存在的矛盾与问题，为中日关系研究提供补充和历史借鉴。

二　学术前史

本书以时间为经，分阶段梳理张之洞逝世以后的相关研究，重点关注他与日本关系的各个方面。在此需作两点说明。第一，张之洞在世及逝世之时的各种时人议论，不列入学术前史。例如，早在甲午战争期间日人便对张之洞作过简略介绍。[①] 再如，围绕张之洞逝世，当时报纸舆论曾展开大量讨论。[②] 第二，关于张之洞或中日关系作为主题的学术前史梳理，学界已累积数十篇综述文章。[③] 故本书将学术前史的回顾限定在张之洞与日本关系的范畴，交代相关研究的变化发展。

（一）1949 年之前

史料整理是史学研究的基础。这一时期国内围绕张之洞研究最为重要的工作是对张之洞遗著的数次整编出版。许同莘、王树枏相继整理编辑《张文襄公全集》，为后世研究提供极大便利。尤其是王树枏所编 229 卷版本，成为近年广泛使用的河北、湖北两版《张之洞全集》之底本。而作为中日关系研究的重要资料，20 世纪 30 年代北平故宫博物院

---

① ［日］東洲山人编：《日清韓三国英名伝》，“清將張之洞略傳”条，杉原活版所 1894 年版，第 75—76 页。

② 桑兵：《盖棺论定“论”难定：张之洞之死的舆论反应》，《学术月刊》2007 年第 8 期。

③ 张之洞研究综述，参见任放《近百年张之洞研究述评》，《近代史研究》2003 年第 2 期。中日关系史研究综述，参阅［日］国际历史学会议日本国内委员会编《战后日本的中国现代史研究综述》，官长为等译，延边大学出版社 1988 年版；［日］国际历史学会议日本国内委员会编《战后日本研究中国历史动态》，东北师大历史系中国古代史研究室译，三秦出版社 1995 年版；以及《抗日战争研究》2001 年至 2011 年每年第四期的中日关系史研究述评等。

编辑的《清光绪朝中日交涉史料》，以及王芸生编著的《六十年来中国与日本》①，涉及张之洞的内容颇丰。另外，许同莘、胡钧等人借助《张文襄公全集》，先后编撰了张之洞年谱。上述资料构成日后相关研究的必备基础。

日本在这一阶段陆续出版各类回忆录、传记，零散提及张之洞与日本的关系，具有相当的史料价值。一些著作直接将张之洞相关事情作为章节标题。桂赖三回忆了他于 1899 年以乘务人员身份随高雄舰赴武昌访问张之洞的情况。② 在《顺天时报》社长亀井陆良的纪念集中，选刊了 1904 年他作为日本《时事新报》特派员在北京与张之洞谈论大学堂章程的改正、留学生的管理等长篇时事新闻。③ 在嘉纳治五郎个人传记中，专门列有一章讨论他访问张之洞，商议留学事宜、教科书、精神教育等问题，称赞张之洞是“日本留学主唱者”。④ 更多的著作是在正文中言及张之洞与日本的关系，这部分史料仍有挖掘、研读的必要。如明治末期曾任驻汉口领事的永泷久吉与张之洞接触颇多，在其晚年回忆录中断续谈及与张之洞的交涉情形。又如，德富苏峰在为日本参谋总长川上操六撰写的传记内，提到戊戌前后日本军方对张之洞的活动。⑤ 这些回忆录或传记的主角多是在清末接触过张之洞的来华日人。与他们相关的各种著作在这一阶段并不系统但未间断地出版，为我们拓展研究提供了线索。

随着史料整理工作的展开，中外学界开始进行相关研究。

就国内学界而言，起步阶段主要是理清史实、较粗线条地叙史。学界并未单列专章、专文讨论张之洞与日本关系，而是在各类专题论著中

---

① 北平故宫博物院编：《清光绪朝中日交涉史料》，北平故宫博物院 1932 年版；王芸生编著：《六十年来中国与日本》，天津大公报社 1932 年版。

② ［日］桂頼三：《長江十年：支那物語》，“武昌に総督張之洞を訪ふ”节，同文館 1917 年版，第 273—277 页。

③ ［日］国士亀井陸良記念集編纂会编：《国士亀井陸良記念集》，“張之洞氏を訪ふ”节，国士亀井陸良記念集編纂会 1939 年版，第 138—141 页。

④ ［日］横山健堂：《嘉納先生伝》，“先生の支那遊歴及び張之洞との關係”节，講道館 1941 年版，第 205—237 页。

⑤ ［日］永滝久吉：《回顧七十年》，一匡印刷所 1935 年版；［日］西村時彦编：《碩園先生遺集》（共五卷），懷德堂記念会 1936 年版；［日］德富蘇峯：《陸軍大将川上操六》，第一公論社 1942 年版。

论及，主要集中在以下两类专题。一类是教育专题，讨论最多且细致。总括性论著以舒新城《近代中国留学史》为代表，从政策制定层面讨论张之洞派遣学生赴日的问题。[①] 而王兰荫介绍了张之洞重视师范教育并制定相关章程、创设师范学堂之概要，言及光绪二十八年（1902）选派31名学生赴日专学师范的情况。[②] 随后，郑鹤声主要利用《张文襄公全集》，从行政事项、训育事项、兴学事项三个方面对张之洞的教育举措做了更为详尽广泛的梳理。郑文讨论张之洞提倡游学游历、约束留学生、仿照日本制度兴学等事业，强调他与日本的联系，并总结“大抵氏之办理教育事业，在甲午以前，以海陆军事教育为重，模仿英德两国。甲午以后，海军教育已置之不谈，其陆军教育及一切师范普通教育，皆模仿日本。至其晚年，颇欲尊重国学，以立国本。”[③] 实际上，关于张之洞晚年对待新式教育的态度转变，民国初年杨公道已有认识，指出：张氏晚年“禁止学界沿用日本名词”。[④] 一类是洋务专题。国人从洋务角度整理张之洞推行的相关举措，也涉及他与日本的关系。王兰荫介绍了张之洞各项富强举措及规章制度，言及他参考英、德及日本的制度而设立武备学堂。[⑤] 城北在系列文章中注意到张之洞最初与洋人的接触：1879年，张之洞由于此前琉球事件“似乎对日本的印象甚坏”，拒绝了日人竹添光鸿的慕名求见。该文还讨论了大冶铁矿与日本的关系，并站在民族主义立场批判“张之洞一生的心血似乎是只为了替日本备战服务，而这些铜铁的□□日本的目的，也就是为了侵略中国。搬了石头压自己的脚，这就是我们办洋务的结果。”[⑥] 这一阶段国人研究中最为重要者，当属张继煦所著《张文襄公治鄂记》。[⑦] 该书内容在1942、1943年陆续刊载于《新湖北季刊》，并于1947年整理出版。书中收集

---

① 舒新城：《近代中国留学史》，中华书局1927年版。

② 王兰荫：《张之洞与师范教育》，《师大月刊》1933年第4期。

③ 郑鹤声：《张之洞氏之教育思想及其事业》（上、下），《教育杂志》1935年第25卷第2、3期。

④ 杨公道编：《张文襄轶事》，大华书局1919年版。

⑤ 王兰荫：《张之洞之富强政策》，《师大月刊》1934年三十二周年纪念专号。

⑥ 城北：《论张之洞的洋务：“中兴与洋务”之三》及（续），《知识与生活（北平）》1947年第3、4期。按：“□”系无法辨认字。

⑦ 张继煦：《张文襄公治鄂记》，湖北通志馆1947年版。

了张之洞督鄂期间的相关资料，在教育之设施、武备之改进、实业之提倡、交通之扩展、交涉之争持、警察之创设、监狱之改良等方面论及张之洞受到日本因素的影响，包括聘用日人、派遣留学生、仿照日本制度、购买炮舰等，总体予以了肯定评价。以1896年沙市日租界修堤、1902年汉口马王庙码头日本趸船迁徙为例，该书称“足见公交涉之能事……盖持大体，有定力，负责任，明外情，此其所以有成功也。”这些论断未必精确，但对后世研究产生深远影响。

与此同时，国外学者在研究中日关系史过程中注意到张之洞与日本的关系，尤其在教育专题取得重要进展。松本龟次郎在20世纪20年代叙述清末民初中国留日学生教育之沿革，回忆张之洞在第一阶段——自甲午战后起至日俄战后止扮演了重要角色，还指出：“最使人感到有趣的，是张之洞氏自己在东京开设铁道学校的一回事，校名湖北路矿学堂”。[①] 此后，实藤惠秀进行了更为严谨实证的研究，并于20世纪三四十年代先后完成《中国人日本留学史稿》《日本文化对中国的影响》等专著。[②] 他在书中强调日本在中国教育现代化过程中发挥的积极作用，对张之洞的涉日活动展开大量讨论。这些内容最初发表于《日华学报》，该刊物也是这一阶段中日文化交流研究的重要阵地。

总体而言，这一阶段的研究呈现三个特征。一是资料的收集整理是该阶段研究工作得以开展的决定性条件，也为后世研究打下了基础。二是该阶段的研究确立了学界对相关问题的基本了解与认识，偏重梳理史实，仍留有深入研究的余地。三是中外学界重点围绕教育专题讨论了张之洞与日本的关系。

（二）20世纪50年代至70年代

在这一阶段，资料的收集整理工作可从两方面进行回顾。一方面，张之洞个人的史料挖掘汇编等工作未能出现太大突破。上一阶段《张文襄公全集》的出版及数次再版，已基本囊括张之洞个人的主要史料。在

① ［日］松本龟次郎：《中华民国留学生教育的沿革》，韩逋仙译，《留东学报》1935年第1卷第1、2/3期，1936年第1卷第4期。

② ［日］实藤恵秀：《中国人日本留学史稿》，日華学会1939年版；《日本文化の支那への影響》，蛍雪書院1940年版。

这一阶段，较为突出的是台湾学者朱传誉收集研究论著，于20世纪70年代末陆续整理出版了《张之洞传记资料》。[①] 另一方面，海内外出版各类近代史资料汇编，涉及张之洞相关文献极为丰富。尤其是中国史学会主编“中国近代史资料丛刊”系列、沈云龙主编“近代中国史料丛刊”系列，以及日本外务省编纂《日本外交文书》，为学界研究工作提供极大便利。

具体到相关研究，突出体现在三个方面。

一是人物传记研究愈发成熟。海内外高校涌现以张之洞为主题的学位论文。张秉铎所著《张之洞评传》[②] 是他于1967年提交的硕士学位论文，该文评述了张之洞的思想、任职各地推行的举措、撰写的诗文以及对后世产生的影响等问题，但对张之洞与日本的关系着墨较少。美国学者丹尼尔（Daniel H. Bays）于1971年提交《中国进入二十世纪：张之洞和新时期的诸问题（1895—1909）》的博士学位论文，以此为个案“试图接触许多重要事件、趋势和问题的历史解读，为了将现代中国作为一个整体研究”，从改良主义（reformism）和民族主义（nationalism）角度分析了张之洞在这一时期的重要举措，包括他应对留日学生的革命活动等问题。[③]

二是教育史专题研究深入推进。中外学界以张之洞为中心，深入讨论了个体对近代中国教育产生的影响。苏云峰系统梳理张之洞督鄂期间改革教育的因果缘由及展开过程，多有论及他推行改革受到日本的影响。[④] 美国学者威廉（William Ayers）强调张之洞介绍引进西方技术的愿望与作为，以及对全国教育改革的推动。[⑤] 大竹鉴从社会变动时期（义和团运动至日俄战争）新旧两种思想对立抗争的角度，分析认为张

---

① 朱传誉主编：《张之洞传记资料》（共六册），天一出版社1979—1985年版。

② 张秉铎：《张之洞评传》，“中国文化大学”硕士学位论文，1967年，后于1972年由中华书局出版。

③ Daniel H. Bays, *China Enters the Twentieth Century: Chang Chih-tung and the Issues of a New Age*, 1895—1909, University of Michigan, Ph. D. 1971, p. 244. 该文后于1978年由密歇根州立大学出版社（Michigan State University Press）出版。

④ 苏云峰：《张之洞与湖北教育改革》，“中央研究院”近代史研究所专刊（35），“中央研究院”近代史研究所1976年版。

⑤ William Ayers, *Chang Chih-tung and Educational Reform in China*, Harvard University Press, 1971.

之洞在《劝学篇》及江楚三奏中提出派遣学生赴日、采取日本学制等主张，是“在将要崩坏的体制内，作为守护传统学术的知识人的努力”。[①] 同时，中日学界在近代文化教育史的整体研究中，也翔实讨论了张之洞与日本的关系。实藤惠秀、阿部洋、黄福庆等学者深入挖掘史料，从国家政策、留学制度、人员来往等方面讨论中日文化教育交流，并不同程度地论及张之洞的言行及作用，但问题意识各异。[②]

三是专题研究范围扩大。在教育史专题之外，其他专题的研究也纷纷展开。首先，外交史的专题研究取得显著成绩。永井算巳充分利用出版不久的《日本外交文书》讨论东南互保问题以及日本、英国与张之洞、刘坤一等人的来往，重点分析了刘、张对东南互保条款的反应。[③] 李国祁著《张之洞的外交政策》是这一阶段的重要成果。该书同样利用《日本外交文书》，详细分析了胶州湾事件前后张之洞与日本方面初建联络的来龙去脉，包括日本军方对张之洞展开的活动、随后张氏作出的反应等问题。[④] 其次，经济史涉及的张之洞研究得到进一步推动。全汉昇注意到张之洞创办的汉阳铁厂与日本之关系，以“与日本签订预借矿石价值合同的经过和影响”为题详细梳理煤铁互售以及借款情形，认为1899年签订的煤铁互易合同“可以说是日后汉阳铁厂或汉冶萍公司和日本间一切借款的蓝本”，批评“从此汉阳铁厂和日后的汉冶萍公司即堕入日本制铁所的控制之下”。[⑤] 最后，在军事史研究中关于张之洞的论断精辟。美国学者鲍威尔（R. L. Powell）在《1895—1912年中国军事力量的兴起》中指出，张之洞招聘日本教习、派遣学生赴日以及仿

---

① ［日］大竹鑑：《張之洞の教育論》，《西山学報》1968年（19）。

② ［日］実藤恵秀：《中国人日本留学史》，くろしお出版1960年版；［日］阿部洋編：《日中教育文化交流と摩擦：戦前日本の在華教育事業》，第一書房1983年版；黄福庆：《清末留日学生》，“中央研究院”近代史研究所专刊（34），“中央研究院”近代史研究所1975年版。

③ ［日］永井算巳：《東南保護約款について——日中関係史料よりみたる》，《信州大学文理学部紀要》1960年第1部（人文・社会）。

④ 李国祁：《张之洞的外交政策》，“中央研究院”近代史研究所专刊（27），“中央研究院”近代史研究所1970年版。

⑤ 全汉昇：《汉冶萍公司史略》，香港中文大学出版社1972年版，第95—96页。

照日本军制等事宜，促进了湖北的军事现代化。①

总体而言，在这一阶段，海内外陆续出版各类近代史资料汇编，为张之洞研究提供了重要资料。在此基础上，港台及海外学者充分利用这些资料进行了深入研究。

（三）20 世纪 80 年代以后

这一时期的资料整理，突出表现在三点。第一，张之洞个人的史料挖掘汇编成果丰富，为张之洞研究奠定了重要史料基础。河北、湖北两地学者分别对《张文襄公全集》进行大规模整理、增补和编辑出版，先后于 1998 年、2008 年由河北人民出版社、武汉出版社出版《张之洞全集》。此前藏于中国社会科学院近代史研究所图书馆的大批张之洞原始档案，包括公文、信函、电文等，以《近代史所藏清代名人稿本抄本》（第二辑）张之洞专辑为题，于 2014 年影印出版，共计 172 册。②第二，收录张之洞相关情况的各类档案汇编、他人文集、日记以及报刊等资料陆续公布出版，为学界细化研究提供可能。如《郑孝胥日记》《汪康年师友书札》《盛宣怀档案资料选辑》《赵凤昌藏札》等等，不胜枚举。其中，2002 年成立的国家清史编纂委员会就清史档案组织采集、编纂，并陆续出版了大批资料集、专著。第三，近年来史料电子数字化飞速发展，为研究工作提供极大便利。大陆对各类档案、报刊加速数字化整理，成果显著；台湾地区相关机构推动“数位典藏”计划，使得大批晚清原始档案影印录入网络；日本公立机构对各类原始档案及部分专著进行电子化处理，建立数据库。这些措施为相关研究提供了更广泛的资料来源和更便捷的查阅方式。

具体的研究情况可从三方面观察：

第一，通史著作及人物传记，对张之洞与日本关系的讨论更为全面、具体。台湾学者苏云峰讨论 1860 年以来湖北政治、军事、教育以及经济现代化问题，对张之洞与日本关系予以了大量关注，相关结论值

---

① ［美］鲍威尔：《1895—1912 年中国军事力量的兴起》，陈泽宪、陈霞飞译，中国社会科学出版社 1979 年版，第 131—140 页。

② 虞和平主编：《近代史所藏清代名人稿本抄本》第二辑（张之洞档），大象出版社 2014 年版。

得重视。[①] 湖北学者先后编写《湖北通史》《武汉通史》，前者的晚清卷中注意到张之洞在教育、军事改革中与日本的关系；后者同样强调张之洞对湖北产生的影响，讨论了编练新军时的日本因素。[②] 冯天瑜著《张之洞评传》是学术性人物传记的典型，影响广泛，从军事制度建立、教育体制变革等方面具体分析了张之洞组练湖北新军受到日本的影响，以及日本帮助张之洞派遣游学生的重要性。[③] 谢放以“中体西用”为基本思路，评述张之洞的生平举措，认为他“自强新军”“兴学育才”借助了日本的力量，其出发点是为维护王朝统治但结果相反。[④] 黎仁凯、钟康模总结张之洞推进教育近代化的主要贡献，肯定他支持学生赴日游学游历的举措，称赞他“对留学事业的关注在当时的封疆大吏中无人出其右者”。[⑤]

第二，学界涌现大批高水准论著，对张之洞的思想和行为划分不同专题进行深入细致的讨论，并不同程度地论及张之洞与日本的关系。

思想与教育方面。这一阶段，中外学者的讨论已从大方向、粗线条转变为细碎化、多线条。国内学者对张之洞的“中体西用”论曾进行集中深刻的分析，大致从“阶级分析”“中国近代历史整体发展”“近代化”三个角度进行立论。[⑥] 日本学界同样重视张之洞的“中体西用”论。古藤友子指出：以往学界对张之洞“中体西用”论的解释属于维持封建统治秩序的体制拥护论，往往与张之洞的反民权论相关联，或是将西洋近代市民社会与随之产生的知识、技术、机器等成果分割开来。通过考察张之洞的“体”“用”实例以及学问观，古藤认为这是张之洞从近代官僚国家的角度寻求国家独立、统一、富强的一种民族伦理。[⑦] 小林宽也从儒教传统、西洋冲击的角度，分析张之洞的“中学”“西

---

① 苏云峰：《中国现代化的区域研究：湖北省 1860—1916》，“中央研究院”近代史研究所专刊（41），“中央研究院”近代史研究所 1981 年版。

② 罗福惠：《湖北通史·晚清卷》，华中师范大学出版社 1999 年版；皮明庥主编：《武汉通史·晚清卷》（上），武汉出版社 2005 年版。

③ 冯天瑜：《张之洞评传》，河南教育出版社 1985 年版。

④ 谢放：《中体西用之梦——张之洞传》，四川人民出版社 1995 年版。

⑤ 黎仁凯、钟康模：《张之洞与近代中国》，河北大学出版社 1999 年版。

⑥ 任放：《近百年张之洞研究述评》，《近代史研究》2003 年第 2 期。

⑦ ［日］古藤友子：《張之洞の中体西用論：「西学」を学ぶ知識人の「倫理」について》，《駒澤大学外国語部論集》1983 年（18）。

学”思想。[①] 在讨论“中体西用”论时，日本学界还高度重视张之洞《劝学篇》表达的思想。[②] 具体到张之洞的教育举措，学界细分教育类别及形式，专题讨论师范教育、赴日教育考察、留学与革命等问题。崔淑芬围绕近代师范教育问题，梳理档案分析晚清教员培养中的日本因素，强调《劝学篇》呼吁留学日本的重要性。[③] 汪婉探讨了张之洞数次派员赴日的问题，包括派员的缘由、派员的情况、“日本型教育制度的确立”的最终结果及影响，认为张之洞此举推进清末学制变革，但有“物曲虽博取，王制乃常宗”之界限。[④] 王岚以日本商业学校的留日学生为研究对象讨论晚清实业教育，从中梳理张之洞推动留学章程制定、实施派遣学生举措等史实。[⑤] 还有学者从留日学生与革命的角度关注了张之洞派员赴日游历游学的情况。[⑥]

政治外交方面。李细珠著《张之洞与清末新政研究》极大地推动了张之洞研究，以清末新政为切入点，分章节详细讨论张之洞在学制、经济体制、军制、法制以及政体等方面的作为，论证翔实。[⑦] 茅海建著《戊戌变法的另面：“张之洞档案”阅读笔记》，与李著一样以中国社科院所藏“张之洞档案”为基础，从张之洞派系的新史料和新角度出发，细致严谨地考证张之洞及其相关人员在戊戌前后的活动，不少内容涉及

---

① ［日］小林寛：《東アジア近代思想研究：儒教の伝統と西洋の衝擊》，筑波大学博士論文，1991 年。

② 王智新：《近代中日教育思想比較研究》，“中国近代教育思想の胎動——張之洞の『勧学篇』を中心に”节，東京大学博士論文，1993 年；［日］川尻文彦：《「中体西用」論と「学戦」：清末「中体西用」論の一側面と張之洞『勧学篇』》，《中国研究月報》1994 年（8）；［日］遠藤賢：《梁啓超の変法論と張之洞の『勧学篇』》，《東洋大学大学院紀要》2001 年（38）；［日］大塚博久：《張之洞の『勧学篇』と教育改革》，《アジアの歴史と文化》2003 年（7）；王娜：《張之洞における「中体西用」について——『勧学篇』を中心にして》，《関西教育学会年報》2004 年（28）；肖朗：《清末の教育改革論の思想的展開と特質——近代日本と中国の文化・教育交流史研究序説》，名古屋大学博士論文，1997 年。

③ 崔淑芬：《近代中国における師範教育の展開——清末から1948 年までを中心として》，九州大学文学研究科東洋史博士後期課程，1996 年。

④ 汪婉：《清末中国対日教育視察の研究》，東京大学博士論文，1996 年。

⑤ 王嵐：《戦前日本の高等商業学校における中国人留学生に関する研究》，学文社 2004 年版。

⑥ Paula Harrell, *Sowing the Seeds of Change*: *Chinese Students*, *Japanese Teachers*, 1895—1905, Stanford University Press, 1992.

⑦ 李细珠：《张之洞与清末新政研究》，上海书店出版社 2009 年版。

与日本的来往。[①] 新世纪以来，学界曾就张之洞于庚子年是否有称帝之事展开了影响较大的学术争鸣。孔祥吉利用日本参谋本部员宇都宫太郎的日记等史料，推断张之洞在庚子年意图独立称王。[②] 李细珠、戴海斌等学者撰文进行了资料翔实、论证清晰的反驳。[③] 就具体的对外交涉而言，吴德信以《张之洞与中国外交》为题，从国际环境、个人环境以及人物自身三个层面深化论述张之洞外交思想、理论的形成及运作。邱荣裕的博士学位论文《东亚同文会与中国的政治改革》注意到近卫笃麿与张之洞、刘坤一等人的互动关系。[④] 近年来，学者们更为客观理性地分析张之洞的对外交涉，不再"隐恶扬善"。李少军细致梳理日本长期强占汉口马王庙码头一事的来龙去脉，揭示日本对长江流域进行强权扩张的史事，指出："张之洞让日本借用马王庙码头之大意草率，面对列强相争不惜赔钱换取息事宁人，不能抵制日本的无理要求而作出十分有损于本国利益的退让，也反映出这位清末名臣与日本等国打交道的盲目低能，教训深刻"，[⑤] 提供了新的思路和观念。

经济方面。张之洞在湖广总督任上推行了许多重要经济措施，对辖区的发展产生深远影响。对此，学界展开的讨论尤多且不乏独特论断。经张之洞一手创办的汉冶萍煤铁厂矿公司是当时中国最为重要的重工业企业之一。其中，张之洞在创办该厂过程中缺乏资金而被迫举借日债的问题，与本书内容直接相关。张国辉在梳理外国资本对洋务企业的贷款时，对汉阳铁厂的借款问题做了批判："1898 年，日本前首相伊藤博文访华时，特地到湖北与张之洞作政治、经济交易。嗣后便有盛宣怀与日

---

① 茅海建：《戊戌变法的另面："张之洞档案"阅读笔记》，上海古籍出版社 2014 年版。

② 孔祥吉：《张之洞在庚子年的帝王梦——以宇都宫太郎的日记为线索》，《学术月刊》2005 年第 8 期。按：宇都宫太郎日记于 2007 年出版，见［日］宇都宮太郎著，宇都宮太郎関係資料研究会編《日本陸軍とアジア政策：陸軍大将宇都宮太郎日記》（共三册），岩波書店 2007 年版。

③ 李细珠：《张之洞庚子年何曾有过帝王梦——与孔祥吉先生商榷》，《近代史研究》2010 年第 3 期；戴海斌：《钱恂：晚清外交史上的"异才"——兼证"张之洞在庚子年的帝王梦"说难以成立》，《江海学刊》2013 年第 2 期。

④ 吴德信：《张之洞与中国外交》，台湾政治大学硕士学位论文，1984 年；邱榮裕：《東亞同文会と中国の政治改革（1898—1911）》，立命館大学博士論文，2001 年。

⑤ 李少军：《甲午战争后日本在长江流域航运的扩展与强权——以日本长期占用汉口马王庙码头为例》，武汉大学台湾研究所等："甲午双甲子学术研讨会"，武汉，2014 年 6 月。

本八幡制铁所在1899年2月签订‘煤焦铁矿互售合同’。此项合同不仅在经济上对日本有利，而且为日本势力楔入华中打开了缺口。”[①] 代鲁详细整理汉冶萍所借日债的具体数额，认为该系列贷款的性质是“表面由日本商业组织或银行组织经手，而实际上则是出自日本政府的财政资金”。[②] 另外，学界讨论盛宣怀与汉冶萍之关系，也注意到张之洞在其中发挥的作用。易惠莉在考证梳理盛宣怀数次举借日债史实的相关论文中，讨论了日本方面对张之洞的活动。[③]

军事方面。就陆军情况而言，学界围绕张之洞派遣军事人员赴日游历游学、招聘日本教习等重要问题展开讨论，取得了显著进展。冯兆基（Edmund S. K. Fung）以张之洞推动湖北新军军事教育为例，认为“临近1910年时，新的军事教育体系在逐步提高军官素质方面取得了成功”。[④] 李廷江著文《戊戌维新前后的中日关系——日本军事顾问与清末军事改革》指出：戊戌政变后张之洞将“邀请日本军事顾问”作为日本政府驱逐康有为、梁启超的条件，随后湖北首当其冲、南方各省紧随其后“形成了一股招聘日本军事顾问的热潮”。[⑤] 李细珠利用原始档案，理清了张之洞派遣军事留学生以及出国军事考察人员的基本史实。[⑥] 就海军情况而言，近些年学界围绕张之洞建设海军、日本海军在长江流域的扩张等问题出现了新的研究成果。冯青从中国近代海军与日本关系的角度，梳理了清末新政时期张之洞在日本帮助下建设海军的举措，包括向日本订购军舰、派遣海军学生留日、招聘日本海军教习等，对湖广乃至全国产生不小影响。[⑦] 李少军系统论述了近代以来日本海军

---

① 张国辉：《论外国资本对洋务企业的贷款》，《历史研究》1982年第4期。

② 代鲁：《汉冶萍公司所借日债补论》，《历史研究》1984年第3期。

③ 易惠莉：《盛宣怀在汉冶萍公司成立前的日本借款论析》，上海中山学社编著：《近代中国》第11辑，上海社会科学院出版社2001年版；《晚清日本外交官在华的多方活动（1898—1902）——小田切万寿之助关于汉阳铁厂事致盛宣怀函解读》，上海中山学社编著：《近代中国》第23辑，上海社会科学院出版社2014年版。

④ ［澳］冯兆基：《军事近代化与中国革命》，郭太风译，上海人民出版社1994年版，第91页。

⑤ 李廷江：《戊戌维新前后的中日关系——日本军事顾问与清末军事改革》，《历史研究》1999年第2期。

⑥ 李细珠：《张之洞与清末新政研究》，上海书店出版社2009年版，第233—237页。

⑦ 冯青：《中国近代海军与日本》，吉林大学出版社2008年版。

对中国江海的持续扩张，翔实分析了日本海军与张之洞的交涉情况，并指出：日本海陆军在长江流域的行动“对日本提升在列强中的地位，通过《辛丑条约》等获取新的重大权益起了很大作用”。[①]

第三，以张之洞与日本关系为主题的研究成果开始涌现，取得不少进展。这些研究主要集中在三个方面。一是政治外交方面。《略论张之洞与日本》是较早专题讨论张之洞与日本关系的论文，以近代化理论总结张之洞对日心态经历了“轻日”“惧日”“恃日”三个阶段的演变。[②]邱荣裕梳理东亚同文会与张之洞的关系，认为“日方私人关系的积极介入”对张之洞倾日外交起了一定作用。[③]孔祥吉利用日本外务省所藏《清朝兵制改革》档案，探讨了戊戌前后日本政府对张之洞的活动。[④]戴海斌参证运用中日文献，就张之洞对日交涉的渠道、方法及过程作了细致入微的论述，认为“张之洞与日本因应时变不乏互利互益的共识，但各有严守的界限，交涉上彼此引援，又互抱戒心。”[⑤]二是教育文化思想方面。汪婉从张之洞的教育改革思想入手，讨论了他派遣人员赴日视察教育的实际举措。[⑥]陆胤以张之洞系统对“东文”“东学”的态度转变为切入点，深入考察戊戌前后张之洞等人对日本新学理、新语汇等日本文化“前迎后拒”之实情。[⑦]还有不少学者从中日比较研究的角度，重点比较了张之洞著《劝学篇》与福泽谕吉著《劝学篇》的思想异同。[⑧]三是军事方面。陶德民以西村天囚《江汉溯回录》为线索，分

---

① 李少军：《国民革命前日本海军在长江流域的扩张》，《历史研究》2014年第1期。

② 沈大明：《略论张之洞与日本》，《历史教学问题》1993年第5期。

③ 邱荣裕：《张之洞“亲日”外交倾向刍议》，《华侨大学学报》2001年第1期。

④ 孔祥吉、［日］村田雄二郎：《罕为人知的中日结盟及其他——晚清中日关系史新探》，巴蜀书社2004年版，第76—122页。

⑤ 戴海斌：《庚子事变时期张之洞的对日交涉》，《历史研究》2010年第4期。

⑥ 汪婉：《張之洞の教育改革と日本教育視察派遣》，富士ゼロックス小林節太郎記念基金1995年度研究助成論文，1996年。该文后为汪婉博士论文《清末中国对日教育視察の研究》的一部分。

⑦ 陆胤：《政教存续与文教转型：近代学术史上的张之洞学人圈》，北京大学出版社2015年版。

⑧ 王中江：《福泽谕吉和张之洞的〈劝学篇〉》，《二十一世纪》1992年总第14期；崔淑芬：《福沢諭吉の『学問のすすめ』と張之洞の『勧学篇』》，《筑紫女学園大学紀要》2002年（14）。

析戊戌前后日本参谋本部派员游说张之洞的来龙去脉，补充了新资料。[①] 李廷江探讨了日本军事顾问与张之洞的关系，包括日本军方如何与张之洞建立交往关系、如何劝诱他派遣军事人员赴日考察和招聘日人来华等问题，并指出：日本对张之洞的工作是日本对华政策“一元化”的体现，即日本政府、军部、民间三位一体对华展开积极的“亲善外交”，这一形式是近代日本对华政策的重要特征。[②] 学界还围绕张之洞在中日甲午战争时期的表现及战后的反应，进行了不少与本书内容有关的讨论。[③]

总体而言，在这一阶段，不论是史料积累、思维方式还是研究理念都出现了较大突破。尤为重要的是，随着改革开放的不断深入，大陆学者扩大视野，活跃思维，加强了对外学术交流，更新了史学观念和理论。因此，这一阶段的学术研究取得显著进展。张之洞成为学界研究的热门人物，他与日本的关系问题也日益受到学界重视。

三　研究思路

回顾学术前史可以发现，学界大力整理和出版相关资料，并从不同面向推进了张之洞研究，这为本书提供了良好的研究基础。但是关于张之洞与日本的关系问题，仍留有足够的研究空间，大体可从以下三个方面拓展：

一是研究角度的调整。关于晚清中日关系的研究，学界长期偏重清朝中央层面与日本的关系问题，较少注意地方政府及其行政官员与日本的关系问题。随着晚清“内重外轻”权力格局的形成，地方督抚作为执掌直省事务的最高行政长官，在中外关系中发挥着重要作用。处在承

---

① 陶德民：《戊戌变法前夜日本参谋本部的张之洞工作》，王晓秋主编：《戊戌维新与近代中国的改革——戊戌维新一百周年国际学术讨论会论文集》，社会科学文献出版社 2000 年版，第 403—420 页。

② 李廷江：《日本軍事顧問と張之洞——1898 ~ 1907》，《アジア研究所紀要》2002 年（29）。该文后收入李廷江主编《清华日本研究》（第 1 辑），社会科学文献出版社 2014 年版。

③ 卢世菊：《甲午中日战争中的张之洞》，《中南民族学院学报》1994 年第 4 期；田锡富：《张之洞与中日甲午战争》，《江汉论坛》1994 年第 12 期；徐碧薇：《张之洞与中日甲午战争》，《福建师范大学学报》2004 年第 2 期。

上启下位置的地方督抚与日本方面逐渐建立多方联系，对辖区甚至全局产生影响。作为地方督抚的代表人物，张之洞与日本的关系值得深入探讨。张之洞如何成为中日关系的关键人物？他经历了哪些转变？又对中日关系产生了什么影响？这些具体问题的讨论有待加强。

二是研究资料的扩充。本书将综合中日史料，整理张之洞与日本关系的基本史事，避免只运用单一语言史料以偏概全。前人研究大多依据各个版本《张之洞全集》收录的资料，并挖掘与之相关的档案、年谱、信函、报刊等文献，推进具体问题的认识和理解。不过，需要注意的是，张之洞与日本的关系是中日双方互动下的一环，若单重视中文记录不能窥见史事全貌。随着近些年观念、政策的改变，以及中日文档案加速数据化、影印出版，本书将基于常见史料，扩充中外电子数据库、未刊档案及近出资料，综合对读中日两方文献资料，为史实重建作基础研究。

三是研究范围的扩展。首先，研究内容可从教育、思想、文化方面延展至政治、外交、军事、经济等方面。在这些方面，还有大量史实尚待厘清。譬如，甲午战后，张之洞在湖广总督任上招聘了哪些日本军人？他们在华进行了怎样的活动？其次，应当重视王朝政治中“人”的作用。张之洞在中日关系中扮演了何种角色？他与各类日人如何建立联络进行交往？各类或隐或现、错综复杂的人事关系在张之洞与日本的关系中发挥了什么作用？最后，避免偏重一方说辞，需注重张之洞和日本的双方互动情形。

基于上述考虑，本书的主要内容如下：

第一，张之洞与日本的初步认识。考察甲午战争之前张之洞对日本缺乏必要了解、日本朝野对张之洞高度关注的基本情况，分析双方这种不对等认知形成的原因。

第二，张之洞与日本关系的变化。考察张之洞在甲午战争期间与日本的间接对抗、在战后围绕《马关条约》的落实问题与日本的直接交锋，以及 1898 年前后与日本酝酿“联交”的具体情形。

第三，张之洞与日本“联交”的深入。主要从 1898 年以后张之洞与日本的军事交往和经济交往两个方面，考察他采取的举措以及日本方面展开的活动，探讨这些交往为两湖现代化发展带来的利弊。

第四，张之洞“以日为师”对清末变革的影响。从体制变革、思想与实践等方面，讨论张之洞师日举措对清末中央以及地方变革的各个方面产生之影响，以此理解张之洞在中日关系中的地位。

第一章 彼此之初识

1863年，张之洞殿试一甲第三名，赐进士及第，授职翰林院编修。此后，除去两度外放试差、学差，他一直在京为官。1881年底，张之洞奉旨补授山西巡抚，次年接篆任事，开始了二十余年执掌封疆的生涯。1884年，张之洞改任两广总督，1889年调任湖广总督，直到1907年奉调进京入参军机，其中1894年、1902年两度署理两江总督。随着自身处境以及内外环境的改变，张之洞逐渐参与到晚清中日关系的发展过程。从1863年入京为官，至1894年因中日甲午战争爆发而调任署理两江总督，这三十余年的时间是张之洞与日本方面初步认识的阶段。张之洞对包括日本在内的外部世界如何认识？基于这些认识，他与日本方面进行了怎样的接触？而日本朝野对张之洞的关注重点有哪些？双方形成这些初步认识的原因是什么？尽管学界对上述问题多少有些涉及，但仍有一些问题没有得到很好解决。本章将围绕这些问题，论述张之洞与日本方面彼此初识的基本情况。

第一节　张之洞的对日认识及与日接触

一　张之洞对日本的认识

（一）张之洞对外认识的变化

张之洞对日本的认识属于其对外认识的组成部分。由于这种从属关系，有必要分两个阶段梳理交代张之洞的对外认识情况。

第一阶段是张之洞任职京官时期。他是心怀家国大事的传统文人，而非灵活应对外部冲击的近代官员，对外部世界缺乏深刻的了解与认识。具体可从张之洞在涉外事务上初露锋芒的事实和外人对张之洞这些强硬言论的反应两方面加以印证。

一方面，京官时期的张之洞在对外事务上初露锋芒。1879 年、1880 年之交，他就中俄《伊犁条约》数次上疏提出对策并获召见，"随时赴总理各国事务衙门以备咨询"。① 此时张之洞虽然略闻洋务，具备"各国通例，惟沿边沿海，准设外邦领事""激土耳其以宿憾，使仇俄"② 等浅显的外部基础常识，但总体上没有超出传统的对外观念和政治理念。在上疏建言"以急修武备为主"的同时，他"更筹讲法"：责以义、折以约、怵以势。其中，"责以义"的对策仍然显示出"天朝上国"的姿态，内称：

> 自我圣祖以来，与俄国久通盟聘，不以藩属畜之，并不以外夷目之……我有四德，俄不知报。咸丰八年，乘我方有兵事，给奕山而攘我乌苏里江东之地五千里，又诳我沿边常住卡伦以外之地万余里。文宗念旧盟，重邻衅，闵两国生灵，因而畀之。环海四洲，莫不以俄为曲。今又乘我天子冲龄，边圉甫定，挟小惠以徼大利，俄之君臣，独不畏罹违天不祥之咎乎。③

张之洞自谦此番言论是"书生论事"。若以后见之明来看，他幻想俄国应当"畏罹违天不祥之咎"，确是书生之见。究其原因，主要是他受到周遭环境、个人见识等因素的制约。光绪初年，供职翰詹科道的一些京官频频主动议论国事，成清流党之势，推以李鸿藻为首，张之洞、张佩纶为主力。④ 光绪初年，清流党常常高谈议政，特别是 1879 年合力抨击弹劾崇厚使俄签订《伊犁条约》事件后在朝中愈发得势。不过，

① 胡钧：《张文襄公年谱》卷一，天华印书馆 1939 年版，第 22 页。

② 《熟权俄约利害折》（光绪五年十二月初五日）、《详筹边计折》（光绪五年十二月十六日），赵德馨主编：《张之洞全集》第一册，武汉出版社 2008 年版，第 22、26 页。

③ 《详筹边计折》（光绪五年十二月十六日），赵德馨主编：《张之洞全集》第一册，武汉出版社 2008 年版，第 25 页。

④ 黄濬：《花随人圣庵摭忆》（中），"同光间南北派系"条，中华书局 2008 年版，第 518 页。

他们的言论和认识是“以儒家传统观念为基础”。[①] 从张之洞、张佩纶的日常交往来看，包括张之洞在内的清流党对外部世界关注不多、知之甚少。在崇厚使俄案前后的公事之余，二人常常“相约前往琉璃厂搜购古玩、书画、文献以及交流鉴赏心得”，商议编纂《畿辅先哲录》,[②] 与传统文人的日常生活无异。在与同僚的私下讨论中，张之洞的言论也偏重内政治理。他曾致信潘祖荫，认为传统官僚的施政重点是“清保甲，绝盗贼，缉会匪，禁邪教，其法不外乎勤下乡三字”。[③]

另一方面，由于在对外事务上初露头角便锋芒毕露，张之洞开始受到外部世界的关注，但留下的印象不佳。1880 年，英国《泰晤士报》及时报道“官衔不高但以文化和文学技巧闻名”的张之洞关于中俄交涉的强硬建议，并称他的奏折是数百份奏疏中最需注意的一份。[④] 两年后，日本驻华公使向日本政府报告张之洞补授山西巡抚的情况，强调：“内阁学士兼礼部侍郎衔张之洞，在前年伊犁谈判时，提交万言的上疏，要求斩崇厚、不许俄约，其后屡屡议论政事，在当时清廷颇有议论家之名。”[⑤] 更有甚者，外人将张之洞视为“声名狼藉”（notorious）、带有排外乃至仇教观念的官员，称他就 1875 年马嘉理事件上疏建言“抵抗所有外国人的要求”“展现了对基督教的仇恨——被他视作瘟疫且是对神圣的孔教的一种侮辱”，甚至将张之洞对四川东乡冤案的处理也误认为是一心想“将外国人和他们的宗教清除出这片土地”。[⑥]

第二阶段是张之洞执掌封疆以后。他转变对外观念，在实践中认识到讲求洋务的必要性。尤其是亲历中法战争以后，他对外部世界的认识愈发理性明智、积极务实。

---

① 林文仁：《南北之争与晚清政局——以军机处汉大臣为核心的探讨（1861—1884）》，中国社会科学出版社 2005 年版，第 103 页。

② 广州图书馆主编：《张之洞致张佩纶未刊书札》，前言，广西师范大学出版社 2012 年版，第 6—7 页。

③ 《致潘伯寅》（三十二），赵德馨主编：《张之洞全集》第十二册，武汉出版社 2008 年版，第 10 页。

④ “Russia And China”. *The Times* (London, England), Jul 01, 1880, pg. 5, Issue 29922.

⑤ 《臨事第十三回張之洞山西ノ巡撫ニ被任ノ件》（1882 年 1 月 9 日），日本国立公文書館藏，档案号：公 03229100。按：下文所引日文档案，凡原件没有标题者，均按发收关系拟出中文标题。

⑥ “China”. *The Times* (London, England), Jun 18, 1884, pg. 6, Issue 31163.

在执掌封疆的第一站山西，张之洞开始意识到洋务的必要性。当时，愈发频发、处理棘手的教案问题，促使他认为应对外部事务的重点在于“交涉”，为此而不得不讲求洋务：“照得地球上下各国通商以来，中外交涉事体繁多，自应筹知彼知己之法，为可大可久之图……而各国使命所历，几遍天下。遇有交涉事件，恐难以空疏无据之材出而肆应，自不得以远距海疆，阙焉不讲”。因是初任巡抚独当一面，张之洞虽有“经营八表”的雄心，但缺乏实际施政经验，讲习洋务的作为粗略。他在省垣设立洋务局，“延访习知西事、通达体用诸人，举凡天文、算学、水法、地舆、格物、制器、公法、条约、语言、文字、兵械、船炮、矿学、电汽诸端，但有涉于洋务，一律广募。或则众美兼备，或则一艺名家，果肯闻风而来，无不量材委用”。[①] 看似万事都想讲求，但缺少头绪、没有章法，甚至连洋务人才都难以访求。

张之洞这种无所适从的困境在他调任两广总督后有所改变。尤其是亲历中法战争后，他对外认识愈发理性，办理洋务也愈发务实。张之洞于光绪十一年（1885 年）五月上《筹议海防要策折》，提出储人材、制器械、开地利三条要策，“三者相济为用，有人材而后器械精，有煤铁而后器械足，有煤铁、器械而后人材得以尽其用。得之则权利操诸我，失之则取予仰于人”。[②] 这是他在中法战后首次呼吁兴办洋务，并于此后逐步实践。其表现有二：一是提出的对外策略更为理性明智。1887 年，张之洞力劝清廷勿与葡萄牙签订《会议草约》以免澳门被葡萄牙占据，上疏辩驳就中利害，极力坚持缓行立约，并提出“细订详约”“画清界限”“界由外定”“核对洋文”“暂缓批准”五条补救之策。[③] 日本《官报》便评论张之洞“所议深切详细，正中其弊，是以耸动清廷”。[④] 二是推行的洋务活动更为积极务实。在张之洞的认识里，洋务不再是以处理教案为重点的棘手事务，而是包括“安内攘外，关税厘

---

① 《札司局设局讲习洋务（附单）》（光绪九年四月初一日），赵德馨主编：《张之洞全集》第五册，武汉出版社 2008 年版，第 20 页。

② 《筹议海防要策折》（光绪十一年五月二十五日），赵德馨主编：《张之洞全集》第一册，武汉出版社 2008 年版，第 298 页。

③ 《详陈澳界利害立约尚宜缓定折》（光绪十三年四月二十四日），赵德馨主编：《张之洞全集》第一册，武汉出版社 2008 年版，第 510—513 页。

④ 《澳門港譲與ニ關スル奏議》，［日］《官報》1888 年 5 月 10 日。

金，教案海防，种种皆与吏治民生相涉”的“今日要政”。[①] 正因如此，他决定引进、学习西方器物。具体而言，军事相关事务效仿德国，“查各国武备，近以德国为最精”，主要向德国方面购买枪炮军舰、雇募武官等；其他商业和工业相关事务则较多倚赖英国。这种情形一直延续到甲午战后。当然，这一时期张之洞的对外认识仍存在许多不足，表现在处理外事常带感情色彩。他在中法战后选择效仿德国军事，其理由除去上文所言德国武备最精，还盲目认为德国“亲睦中华，确有协助之诚。去年开战以来，凡粤省与德商办诸事，从不以局外宣战等语借口推谢，皆系依期到粤。故军事需用西人，惟该国人尚为可信”。[②] 张之洞对西方知识制度的了解也不全面、未见根本。譬如他在两广任上创办水陆师学堂，1889 年时鉴于“近来万国辐凑，风气日开，其溺于西人之说，喜新攻异者固当深戒，然其确有实用者，亦不能不旁收博采，以济时需”，增设洋务“矿学、化学、电学、植物学、公法学”五种。[③] 其中新设公法学的理由是因通商交涉、避免“滋事端”。可见，张之洞是从日常施政的现实角度考虑公法学的设置，而不是以维护国家主权为初衷。

总的来说，张之洞对外认识从守旧趋向求新的转变，既受客观上时势使然的影响，也是主观上个人改变的结果。

客观形势的影响可从两个层面来看。一是国家层面的大势所趋，主要是中法战争的刺激使得全国风气为之一变。1886 年，长期关注清朝动态的日本军事间谍曾根俊虎向日本政府报告称：“清政府的文明进步在光绪十年与法国开战之前非常缓慢，但开战后进步非常明显。基于现今的实地侦探，可列举该政府的目标要点数条，包括对内修改收税抽厘之方法，重视外邦贸易之平衡、谋划国库之富饶、改革扩张海陆之兵备、镇压内寇、抵御外侮、架电线、设铁路、开矿山、讲究庶民之便

---

① 《札司道讲求洋务》（光绪十二年六月二十日），赵德馨主编：《张之洞全集》第五册，武汉出版社 2008 年版，第 112 页。

② 《雇募德弁片》（光绪十一年五月二十五日），赵德馨主编：《张之洞全集》第一册，武汉出版社 2008 年版，第 299 页。

③ 《增设洋务五学片》（光绪十五年十月十八日），赵德馨主编：《张之洞全集》第二册，武汉出版社 2008 年版，第 295 页。

利、开辟人才拔擢之道、起用通晓外交政略及诸般技术之人等等。"[①]日本商人也认为："自中法开战以来，长眠数百年的清朝官员一觉醒悟，西洋开化的风潮有浸漫全国之势"。[②] 这可认为是中法战后日本朝野对清朝的普遍印象。在这样的时代背景下，亲历中法战争的张之洞选择跟随时代潮流，改变对外观念。

二是张之洞的任职环境影响了对外认识。张之洞任职京官时期与西人的接触不多，所处环境较为传统。升任晋抚后，因辖区闭塞，他的施政以内政为主。但调任两广后，张之洞的任职环境发生显著变化。两广地处沿海，是清朝最早与外部往来交流的区域，"广东远控南洋，距各国洋界最近，交涉事件尤为繁要"。张之洞在粤办理的涉外事务明显增多，获取的外部知识随之增长。譬如他对"西例凡生长于某国之地，即可隶籍为某国之民，领取'属民'票据，恃为护身之符，遇有犯事，地方官不能以华法治之"[③] 的认识便是从"光绪十一年（引者：1885 年）南海县民何回生走私一案"的实际处理中获得。同时，张之洞对外交涉也愈发熟练自如、颇有自信，不再是像晋抚时期那般战战兢兢："此间洋情，经年以来，略悉鬼蜮伎俩，大抵洋与粤相习，其虚实长短，粤中备知，且仰给藉助于我者甚多"；甚至尝试将他的交涉经验与态度影响清廷，"以后凡遇洋使搅扰事体，务望总署电询粤省，考其实在情形，有无办法，再与定议，必可挽回不少。"[④]

个人因素主要体现在张之洞主观意愿的变化，主动了解、学习西方的知识器物。尚在山西时，张之洞已筹划"荟集条约档案、中外图籍，以便查核而资讲求""所有新出关涉洋务各书，随时向津沪购买，刻即筹款附赴苏顾募机匠便员，令其在上海购买外洋新式织机、农器数种前

① ［日］曾根俊虎：《清國政府ノ概況》，［日］伊藤博文编：《秘書類纂·外交篇》中卷，秘書類纂刊行会 1936 年版，第 218 页。

② 《筑地活版制造所社长平野富二致外务省通商局长电》（1889 年 5 月 3 日），日本外務省外交史料館藏：《2. 活字並印刷機械類清国各地へ販路取調方東京築地活版製造所長ヨリ出願ノ件　明治二十二年》，档案号：B－3－5－5－1_ 001。

③ 《详陈澳界利害立约尚宜缓定折》（光绪十三年四月二十四日），赵德馨主编：《张之洞全集》第一册，武汉出版社 2008 年版，第 511 页。

④ 《上阎丹初先生》（八），赵德馨主编：《张之洞全集》第十二册，武汉出版社 2008 年版，第 30 页。

来，以为嚆矢。”[①] 督粤后，张之洞进一步落实该计划，委托通晓西学或外语之人翻译西方书籍。他曾致信邀请王韬编辑《洋务丛书》，“分疆域、军制、刑律、税则、学校、国用、官制、商务、工作、邦交、教派、礼仪十二门，或采近作，或译新书”。[②] 对待西方的书籍、报刊，张之洞不仅积极翻译推广，还主动带头阅读。督粤期间，他常常从香港、澳门的报纸上获取新知，阅读西方书籍也是以吸收知识为主要目的，少有批判和偏见。譬如，《铁路述略》一书属西人著作，在当时清朝官绅中颇具影响力。后起的“泛清流”京官盛昱称“吾反覆此书，而后知铁路决不可行也……今铁路已开六十年，再阅六十年必败。吾已死，不及见。吾此字必不灭，或有人收拾之，将服我之先见也”[③]，并数次上折反对修建铁路。而已与清流党保持一定距离的粤督张之洞在读完《铁路述略》后，将书中观点“英地四万里铁路，执事等众需十六万五千人”[④]，转化为建言修建卢汉铁路的依据。相较之下，张之洞的视野更为广阔，对待西方器物的态度更为开明。

再考察张之洞的用人情况，更能充分说明他在主观意愿上积极学习西方的变化。1882 年他刚任晋抚不久，保举人才多达 59 人，具有西学背景通晓洋务者不及 5 人，其用人标准是学术才略、治理内政方面表现是否优异。而在甲午战后，张之洞两次荐举人才共计 26 人次，具有西学背景通晓洋务者占了大多数，恰与晋抚时期保举的人才情况相反。[⑤] 这是他主动留用、招揽洋务人才的必然结果。蔡锡勇是张之洞在兴办洋务过程中极力留用的人才和重要幕僚，曾被驻日公使奏调充当驻日参赞

---

① 《札司道讲求洋务》（光绪十二年六月二十日）、《札司局设局讲习洋务（附单）》（光绪九年四月初一日），赵德馨主编：《张之洞全集》第五册，武汉出版社 2008 年版，第 113、20 页。

② 张敏：《晚年王韬心影录——介绍王韬散见书札文稿》，丁日初主编：《近代中国》第 12 辑，上海社会科学院出版社 2002 年版，第 289—290 页。

③ 盛昱：《书〈铁路述略〉后》，《意园文略》卷一，《续修四库全书》编纂委员会编：《续修四库全书》一五六七，集部别集类，上海古籍出版社 2002 年版，第 246—247 页。

④ 《请缓造津通铁路改建腹省干路折》（光绪十五年三月初三日），赵德馨主编：《张之洞全集》第二册，武汉出版社 2008 年版，第 184 页。

⑤ 详见《胪举贤才折（并清单）》（光绪八年四月二十日），赵德馨主编：《张之洞全集》第一册，武汉出版社 2008 年版，第 65—68 页；《荐举人才折（并清单）》（光绪二十一年六月十八日）、《保荐人才折（并清单）》（光绪二十一年十二月二十九日），赵德馨主编：《张之洞全集》第三册，武汉出版社 2008 年版，第 269—270、340—341 页。

理事。对此，张之洞断然拒绝，声称蔡锡勇“现系海防洋务最为得力之员”，请求清廷“俯念粤东海防紧要，准将三品衔候选知府蔡锡勇留粤差遣”。[①] 随着洋务事业的扩大，张之洞也随时留意、招揽新的洋务人才。譬如，钱恂是张之洞幕府中的得力干将，但前人对张之洞为何招揽他入幕多语焉不详。钱恂自1889年随薛福成出使欧洲，复随许景澄、龚照瑗等公使在欧洲各国辗转数年，历游欧洲甚至北非。在数年的驻外使馆生涯中，他著有《师船图考》《帕米尔图说》《中俄界约斠注》等书，并与金楷理（Karl Kreyer）合著《德意志志》《法兰西志》若干卷。[②] 而在这一时期，调任两湖的张之洞为继续推进译编洋书计划，于1891年致电驻俄公使许景澄“译刻洋书，请尊意斟酌，有切要而力能译者，即就使馆觅通人译之”。[③] 鉴于钱恂兼具中学、西学功底以及译书经验，许景澄向张之洞推荐了他。由二人的往来电报推断，钱恂与金楷理合著诸书似是受到张之洞的委托、资助。[④] 正因此层关系，甲午战后张之洞奏调钱恂入幕办事，称其“学精才敏，洋务博通，尤能研究中外商务”，[⑤] 自然是对此前委托钱恂译书的切实判断。此后，钱恂为张之洞联络日本发挥了重要作用。钱恂之子钱稻孙于解放后撰写了钱恂事迹，内称：“南皮张文襄公总制两江，旋移湖广，奏调回国参赞幕府。自是在鄂中劝文襄公练军队兴学校，文武兼重，躬督自强武备诸学堂，复筹遣员弁游学日本。鄂中新政实举于此。”[⑥]

---

① 《蔡锡勇留粤补用片》（光绪十年十二月二十七日），赵德馨主编：《张之洞全集》第一册，武汉出版社2008年版，第265页。

② 参见钱恂《归潜记》，出版地不详，1909年版，线装，国家图书馆藏，档案号：133098\古籍馆普通古籍阅览室。

③ 《致俄京许钦差》（光绪十七年九月初一日发），赵德馨主编：《张之洞全集》第八册，武汉出版社2008年版，第100页。

④ 《致俄京许钦差》（光绪十八年正月二十一日发）、（光绪十八年二月十九日发），赵德馨主编：《张之洞全集》第八册，武汉出版社2008年版，第118、120页。

⑤ 《光绪二十一年七月十二日京报全录》之“张之洞片”，《申报》1895年9月13日第14版。

⑥ 钱恂：《归潜记》，出版地不详，1909年版，线装，国家图书馆藏，档案号：133098\古籍馆普通古籍阅览室。按：钱稻孙系受陈垣委托而撰写钱恂事迹，由堂弟钱乘雄致信亚达先生（似是谌亚达）：“关于我伯父的事迹，已由我堂兄钱稻孙先生写好，今寄上，请转陈校长为荷。”该信夹在陈垣藏书《归潜记》中。陈先生逝后，该书被赠予北京图书馆，即今日国家图书馆。

（二）张之洞对日认识的不变

出任疆臣后，张之洞对外认识从守旧趋向求新。不过，作为对外认识的从属，张之洞的对日认识在他任职京官及执掌封疆的初期变化不大。

张之洞对日态度强硬，集中表现在中日发生冲突、关系较为紧张的时期。在中日甲午战争爆发之前，两国的冲突点主要是琉球问题和朝鲜问题。因任职所限——不论是京官还是疆臣时期，张之洞都难以围绕上述冲突与日方直接接触、交涉。但他数次上疏表达对日本的不满，刻意调整奏疏措辞，将“日本”“东洋”等中性用词多改称“倭”。不仅如此，张之洞向朝廷建言对日策略，也表现出强硬态度。1884 年，在日本势力的策动下，朝鲜发生甲申政变，进而引发中日两国冲突。对此，他向总理衙门建议：

> 朝鲜之变，闻敕吴大澂往。窃谓此事必宜迅速大举，能不与日树敌固善，然日人贪横，既已决裂，必更发兵，乘此胁高丽而夺其政。我欲不较，又多要求，恐欲不战而不能。吴诚稳练，似须添劲兵宿将。拟请敕北洋酌量。若宋庆、曹克忠速多带数营与吴同往为妥，军威果盛，日或稍戢。北洋封河抽兵无防，出征驻防劳费，正等我能胜日，法虏之气自夺，北洋之防自固。时令机会均不宜迟误，万一既挫而复增兵，则无益矣。[①]

可见，张之洞主张对日强硬，呼吁清廷添兵入朝，不误战机，速胜日本。

实际上，张之洞对日态度强硬的背后，存在轻视日本的心态。1879 年，日本侵吞琉球，改设冲绳县。中日两国为此交涉数次，并于次年展开“分岛改约”的谈判。[②] 与此同时，中俄两国围绕《伊犁条约》的交涉也在进行。在两面受敌的情况下，张之洞上折建议清廷：“日本宜连和

---

① 《请敕北洋抽兵与吴大澂同往朝鲜 致总署》（光绪十年十一月初二日发），赵德馨主编：《张之洞全集》第四册，武汉出版社 2008 年版，第 354 页。

② 参见王芸生编著《六十年来中国与日本》第一卷，第四章“日本吞并琉球”，生活·读书·新知三联书店 1979 年版。

以伐其交。俄人远来，专恃日本为后路。宜速与联络，彼所议办商务，可允者早允之。但得彼国中立，两不相助，俄势自阻。”① 这并非他对日本方面的退让，而是对日、俄两国实力的区别认识。由于日本较之俄国弱小，清政府应以“宜酌允商务以饵贪求，姑悬球案以观事变，并与立不得助俄之约”的方法，暂时缓和与日本的冲突，待“俄事既定，然后与之理论，感之以推广商务之仁，折之以兴灭继绝之义……中国之兵力财力纵不能胜俄，何至不能御倭哉，相持一年，日本穷矣”，所以“抚俄犹可言也，畏倭不可言也”。换言之，张之洞认为当时清朝亟须应付的“头号敌人”是俄国，可待俄事定后再清理与日本的“旧账”。此时，他对日本的印象只是“蕞尔”小国，所谓“贫小之日本”。②

张之洞对日态度强硬又带有轻视意味，表明他对外交涉的态度主要受到“以夷制夷”传统观念的支配，强调集中精力对付实力更强、矛盾更突出的“敌人”。由此便不难理解，在中俄围绕《伊犁条约》谈判僵持之际，张之洞甚至向清廷提出自以为高明、实际损害国家主权的“下策”：如果与俄作战不克，可“赐”“捐”边疆领土给英、日，诱使各国出兵俄国，如“东捐台湾山后以赐日本，使之复库页岛以断东海口……俄之精锐竭于外，俄之乱党起于内”。③ 这是张之洞在“以夷制夷”外交观念下进行轻重缓急的区分：就当时清朝面临的周遭局势而言，塞防更为重要急迫，可以适当牺牲部分权利以拉拢其他“夷狄”，换取对俄交涉的胜利；而海防压力稍轻，虽然遭受日本威胁，但因日本实力弱小未成气候而不必过分担忧。

由此可见，张之洞对外认识虽然发生很大改变，但对日认识变化不大，依旧不重视甚至轻视日本。“抚俄犹可言也，畏倭不可言也”充分反映出他对外认识中的变与不变。一方面，对外认识发生改变。张之洞放弃传统的天朝上国姿态，转为认可、学习欧美列强的知识器物，愈发

---

① 《谨陈海防事宜折（附片）》（光绪六年七月初十日），赵德馨主编：《张之洞全集》第一册，武汉出版社 2008 年版，第 32 页。

② 《日本商务可允球案宜缓折》（光绪六年十月初一日），赵德馨主编：《张之洞全集》第一册，武汉出版社 2008 年版，第 42 页。

③ 《详筹边计折》（光绪五年十二月十六日），赵德馨主编：《张之洞全集》第一册，武汉出版社 2008 年版，第 26 页。

重视西方。另一方面，从属于对外认识的对日认识保持不变。日本仍是张之洞旧有观念中的“弹丸”小国，这也是当时大部分清朝官绅的对日认识。

二 张之洞与日人的接触

在中日关系正常状态下，张之洞与日本方面进行了若干接触，具体可分为私人往来和政事往来两种。

私人往来主要是日本方面对张之洞的主动拜访，双方谈论的内容不超出中国传统经典。1879 年日人竹添进一郎对张之洞的拜访，为后世所熟知。竹添被誉为“日本汉学界的耆宿”，汉学功底扎实。他曾随同日本驻华公使森有礼赴华，并遍游中国，拜访不少知名文人学者，如潘衍桐、王韬、宝廷等人，与他们互赠文字、讨论学术。① 而张之洞也是竹添的拜访对象，二人交谈的内容仅限于学术范畴，中规中矩。张之洞后于私人信函中谈到对竹添的印象，“前日曾与相见，文学颇优，识趣亦正”②。即使是如此平常的见面，日人仍费了少许周折。据张之洞晚年回忆：“官翰詹时，有日本学人竹添光鸿来京求见，拒之。乃恳总署介绍，奏明请旨。诏令与见。执礼甚恭。”③ 作为朝臣，张之洞谨遵规矩不擅自与外人联系，请旨之后才会见竹添。这是当时常见之事。④ 同治年间及光绪早年，具有深厚汉学功底的日人常常来华游历考察、拜访名儒文士。而张之洞的做法是清朝名儒文士较为典型的反应：不主动寻求见面，但会在清廷允许的范围内与日人进行礼貌的学术交流。

政事往来在张之洞出任疆臣后陆续发生。任职粤督时期以及调任鄂督

① 参见［日］東亜同文会编《对支回顧録》（下），原書房 1968 年版，第 198—200 页；以及潘衍桐《两浙輶轩续录》卷四十六，清光绪十七年（1891 年）刻本；王韬《蘅华馆诗录》卷四，清光绪六年（1880 年）弢园丛书本；宝廷《偶斋诗草》内次集卷四，清光绪二十一年（1895 年）方家澍刻本。

② 《致潘伯寅》（十五），赵德馨主编：《张之洞全集》第十二册，武汉出版社 2008 年版，第 6 页。

③ 《抱冰堂弟子记》，赵德馨主编：《张之洞全集》第十二册，武汉出版社 2008 年版，第 507 页。再，参见许同莘编《张文襄公年谱》卷一，商务印书馆 1947 年版，第 21 页。

④ 竹添曾欲拜访殷兆镛，也是“入都介使臣告总理衙门请谒殷公，总理衙门以闻，于是竹添进一与兆镛修士相见礼倡酬甚欢。”费树蔚：《礼部侍郎吴江殷公传》，闵尔昌录：《碑传集补》卷四，沈云龙主编：《近代中国史料丛刊》初编 991—1000，文海出版社 1973 年版。

初期，他曾与日本驻广州、汉口领事就一些日常涉外事件进行政事往来，其中大部分是非针对性的统一交涉。1884 年中法战争期间，张之洞曾主动致信日本驻香港兼广州汕头琼州署领事官町田实一，要求日本船只添挂一面用汉字书写“日本国”字样的旗帜，避免战时遭到误伤：

> 法人背约启衅，先开兵端。现右各海口俱已严防，如有法船窥伺，即当迎数［敌］，于其和好各不［国］船只，自应照旧往来，以通贸易。惟船上旗帜，各国虽有定式，诚恐中国兵民洋面兵船来［未］能周知，难以分别。拟请嗣后各国来往兵、商船只，除悬挂本国旗号外，另加一旗，上用华字大书某国字样，俾可一望而知，较为妥协，相应照会。为此照会贵署领事官知会各船查照辨［办］理。此本部堂保各国船只之意。至于愿加此旗与否，悉听贵署领事馆斟酌可也。

这是张之洞统一发给各国驻华领事的信函，并非针对日本。对此，町田予以拒绝：“查此办法业已将来文抄录申呈本国外务大臣察看，候回文如何，然后再为照复。现在可为晓谕本国商船，经香港进离省城时，于船桅前头上仍悬挂本国旗号，自可一望而知。”① 这类非针对性的统一交涉事件不在少数。1889 年张之洞奉旨调任湖广总督，在离粤前邀请英、法、德、日等国领事赴黄埔参观他一手创办的水陆师学堂“并述以告别之辞”。② 日本驻广州副领事宫川久次郎应邀前往，并在事后向日本外务省详细报告了参观情况：

> 在广东府下游十五英里的黄埔，以前设有海军兵学校，称作水师学堂，雇佣英人一名德国人二名，专门教授海军的必要课程。而前两广总督张之洞计划进一步扩大该校规模，作为海陆军兵学校，新聘英人两名，新建校舍，改称水陆师学堂。目下建筑已经落成，正在装修内部，并计划招收包括原学校在内的学生合计 250 人，现

① 《國旗揭揚ニ付照覆》，［日］伊藤博文编：《秘書類纂·雜纂》其 3，秘書類纂刊行会 1936 年版，第 380—381 页。

② 《張之洞各國領事ヲ兵學校ニ招待ス》，［日］《官報》1889 年 12 月 10 日。

> 有120名学生应募。此前张之洞曾邀请小官参观。该建筑……内有会客室一所，讲堂四所，宿舍六十余间，学生食堂二所，正屋外设厨房浴室等。另外，还有机械场一栋，机械尚未装好。……一间宿舍住两名学生，另设有温习室。该校教授的课目尚未确定，打算先不划分海陆军而统一上课。①

日本方面也会主动进行非针对性的统一交涉。1890年前后长江流域教案频发，“各国领事收阅无名或假名揭帖。查此揭帖与从前所有可忧之事之揭帖大相仿佛，现在之揭帖仿佛从前煽惑人欺侮外国人并中国人之入教者”。各国领事联名照会湖广总督张之洞，要求“以尽善尽美之法保护外国人并中国入教之人，并迅饬地方官访拏造帖之人以及散发之人”。该照会由驻当地首席领事俄国领事发起，文字不太通顺。由于教案与日本关系不大，日本领事只是联名参与，甚至认为张之洞已下令严厉取缔，当地不会出现更大的骚动。②

当然，还有小部分政事往来是张之洞与日本方面展开针对性的单独交涉，主要涉及他推行的各类洋务活动。在粤督任上，张之洞已将日本铜矿作为开铸制钱的主要原料。广东钱局于1889年初开炉试铸，采用“日本紫铜六成参配英国白铅四成熔成扁块”。张之洞认为东洋铜矿是“上等洋铜”，且其价格低于内地铜矿价格。③ 此后，他持续关注并拟购日本铜矿：“闻包日本铜厂之法商现已倒闭”，“拟乘此法商倒歇铜积价减之时与立合同，购定十年，每年运粤四百万斤”，终因价格太贵而放弃。④ 转任湖广总督后，张之洞仍欲设法购入日本铜矿，抵鄂不久便与日本驻汉口领事町田实一会面，询问日本产铜矿之价格。同时，他还致

---

① 《在广东副领事宫川久次郎致外务次官青木周藏电》（1889年12月7日），日本防衛省防衛研究所藏：《清国広東水陸師学堂の義に付報告の件》，档案号：陸軍省－壹大日記－M22－6－12。

② 《在汉口领事町田实一致外务大臣青木周藏电》（1890年3月11日），日本外務省外交史料館藏：《1. 長江地方暴動ノ件》，档案号：5－3－2－0－2。

③ 《开铸制钱及行用情形折》（光绪十五年八月初六日），赵德馨主编：《张之洞全集》第二册，武汉出版社2008年版，第220—221页。

④ 参见《致东京黎钦差》（光绪十五年二月十四日发）、（光绪十五年二月十六日发）、（光绪十五年二月二十四日发），赵德馨主编：《张之洞全集》第八册，武汉出版社2008年版，第3—4页。

电清朝驻日公使黎庶昌，询问"闻日本领事言铜价大减，圆亼头铜每百斤华银十两，洋银十四五元，确否。如确，洞愿包二十年。"[①] 实际情况却是日本铜价在洋银十八元以上。但张之洞没有放弃，曾再派秘书官蔡锡勇赴日本领事馆商议铜价。对此，日本方面颇为重视。町田实一推测，"如果铜价尽可能廉价的话"张之洞将"购买若干"，并迅速致电日本外务大臣询问不同铜种之价格、要求寄送样品。日本外务省与农商务省数次商议此事，在上海的三井物产会社也有意向报出价格、承担订单，可惜最终未能与中方谈妥。[②] 日本驻汉口领事馆于 1891 年闭馆，直至 1898 年开馆。在这一时期，张之洞主要通过清朝驻日本公使与日本方面进行联系。1893 年，他汇款六百元招聘日本织工十人入湖北织布局，并聘用翻译官一名，便是经驻日公使汪凤藻居中联系而成。[③] 不过，张之洞聘用的这批日人在织布局内仅充作底层技术工人，稍涉职权的"洋匠"仍由英人担任。

张之洞与日本方面的私人往来、政事往来次数较少且中规中矩。他没有逾格的举动，在逐渐主动学习、效仿西方器物的过程中也没有将日本视作值得关注、学习的重要对象。

三　张之洞不重视日本的原因

在任职京官时期及出任疆臣早期，张之洞为何不重视日本？可从以下四点展开讨论。

第一，张之洞对中国传统文化具有强烈优越感。在这一时期，一批具有深厚汉学功底的日人相继赴华游历考察、拜访中国文士。这种中日两国间的文化交流并不对等，更多是反映中国周边国家对中华文明的尊崇。对于竹添光鸿的来访，张之洞的关注重点是他"冠西冠，服唐服，

---

① 参见《致东京黎钦差》（光绪十六年正月十九日发），赵德馨主编：《张之洞全集》第八册，武汉出版社 2008 年版，第 42 页。

② 日本外務省外交史料館藏：《24. 本邦産銅種及価格等取調方在清国漢口領事ヨリ依頼ノ件　附清国ヘ銅売込望人有無取調ノ件　明治二十三年》，档案号：B-3-5-7-1_001。

③ 《致日本汪钦差》（光绪十九年三月二十五日发）、（光绪十九年四月十一日发），赵德馨主编：《张之洞全集》第八册，武汉出版社 2008 年版，第 144 页。

其心亦苦矣。闻其言今秋尚欲南游，谒孔林也”[①]，强调日人如何推崇中国传统文化。为了与中国士人深入交往，这些日人也往往有意如此为之。竹添“与中国学者交流广泛，如与张之洞等人往来。与清朝学者应接时，他常穿着和服，以代替洋服，极大地赢得对方好感。”[②] 在这种氛围中，张之洞的对日认识与传统文士无异：日本不过是受到中学霑濡的周边国家之一。

第二，张之洞认为中国学习西方的进程快于日本。1880 年前后，他致信好友张佩纶，称“闻日本新用重价买一铁船，察验乃是朽木所为，君臣浩款而已。书此以助喷饭”[③]，轻视日本的态度溢于言表。其时，清朝的海军实力强于日本。李鸿章创设的北洋水师势头正盛，1879 年、1880 年陆续向英、德订购了巡洋舰及铁甲舰。这便不难理解，张之洞为何将日本购船一事视为笑谈。即使到了 19 世纪 90 年代，日本的现代化建设已完全不逊于清朝，而且张之洞也在亲自倡导推行洋务活动，但他对日本的认识还是没有太大变化。1893 年，汉阳铁厂在张之洞主持下建成。对此，他颇感自豪：

> 窃惟采铁、炼钢一事，实为今日要务。海外各国无不注意此事。而地球东半面，凡属亚洲界内，中国之外，自日本以及南洋各国各岛暨五印度，皆无铁厂。或以铁矿不佳，煤不合用，或以天时太热，不能举办。中国创成此举，便可收回利权。各省局厂、商民所需，即已甚广。且闻日本确已筹备巨款广造铁路，原拟购之西洋，若中国能制钢轨，彼未必舍近留远。是此后钢铁炼成，不患行销不旺。[④]

放眼亚洲，唯独中国建成铁厂。而日本没有铁厂，甚至有可能成为中国铁厂制品的出口市场。张之洞自然不会认识到日本的实力。各国纷

① 《致潘伯寅》（十五），赵德馨主编：《张之洞全集》第十二册，武汉出版社 2008 年版，第 6 页。

② ［日］東亜同文会编：《对支回顧録》（下），原書房 1968 年版，第 200 页。

③ 广州图书馆主编：《张之洞致张佩纶未刊书札》，广西师范大学出版社 2012 年版，第 128—129 页。

④ 《豫筹铁厂成本折》（光绪十九年二月二十五日），赵德馨主编：《张之洞全集》第三册，武汉出版社 2008 年版，第 79 页。

纷要求派员来鄂参观铁厂，更加深了他的自豪感。俄国曾于 1893 年 5 月派人考察铁厂情况[①]，同年日人也辗转向张之洞表示："日本现亦拟创设铁厂，拟派员来华观看湖北铁厂"。张之洞将此视为对自己推行洋务事业的鼓励和认可："是外国皆汲汲于炼铁一事，则中国铁厂尤宜多方护持振兴，以期畅旺"[②]。如此一来，清王朝成了学习西方的"先进"，派员参观汉阳铁厂的日本则是观摩中国的"后进"。

第三，甲午战前张之洞倡导洋务主要以欧洲列国为学习对象，罕有注意日本。在军事方面，他以德国为师，在其他方面则主要依赖英国。譬如，张之洞创办的湖北织布局虽然聘用了少量日本织工，但更重视高水平的英国技师。直至甲午战争爆发后，张之洞建言清廷开煤炼铁，强调"泰西英、法、德、俄各大国，无不视为自强要图，当务之急，讲求新法，角胜争长"，仍忽视日本。[③] 日本并非他认识中的"大国"，日本各类自强举措也没有受到他的认可。考察张之洞所用中外人才的知识背景，更能直观地反映他重视欧美、忽视日本的情况。他在两广设立洋务处，内有提调蔡锡勇、德文翻译委员辜鸿铭、法文翻译委员张懋德、英文翻译委员邝其照及办事委员王存善、许如驷、王秉恩各员[④]，无一人具有日本相关知识背景。不仅如此，张之洞引进的洋员中，具有较高技术水平的外才绝大多数来自德国、英国、比利时以及美国。[⑤] 这种情况在甲午战后才逐渐改变。实际上，张之洞对日本缺乏必要的了解与他对日本的不重视，两者互为因果。

第四，张之洞对日认识有限，与日本自身发展水平不足有关。1886 年至 1889 年这一时期日本开启工业革命，"在经济发展水平上次于日本的中国，以中日战争为限，沦为半殖民地；日本则利用这次战争的机会，

---

① 《製鐵所ノ現狀》，[日]《官報》1894 年 2 月 14 日。

② 《拟定铁厂开办后行销各省章程片》（光绪十九年十月二十五日），赵德馨主编：《张之洞全集》第三册，武汉出版社 2008 年版，第 135 页。

③ 《铁厂著有成效请奖出力各员折》（光绪二十年七月二十四日），赵德馨主编：《张之洞全集》第三册，武汉出版社 2008 年版，第 189 页。

④ 《札司道讲求洋务》（光绪十二年六月二十日），赵德馨主编：《张之洞全集》第五册，武汉出版社 2008 年版，第 112—113 页。

⑤ 吴剑杰：《论张之洞湖广任内的外才引进》，《武汉大学学报》2003 年第 2 期。

得以挤入帝国主义列强中的最后一席。”① 甲午战争前，日本国家实力有限，无法引起清朝像对待欧美列强那般的足够重视，也无力将势力深入张之洞主政的两湖地区。此时，日本对长江流域的扩张处于起步阶段，缺乏足够的扩张能力和手段。以日本的贸易情况为例，“与沿海乃至北方地区不同的是，尽管日本按条约可以进入汉口、九江进行贸易，却由于长江航线为英国怡和、太古轮船公司和中国轮船招商局所控制，日本尚无力插足其间，因而在甲午战争前，日本货物的输入和长江沿岸土货输往日本，很少能由日本商人直接在长江口岸经办。”② 能够进入长江中上游的日本船只、人员寥寥可数，远落后于以英国为首的西方列强。表 1.1 来自江汉关的海关报告足以证明这一观点：

表 1.1　　**1892 年、1902 年各国船只在汉口贸易情况比重表**③

国家	1892 年				1902 年			
	吨位	国外贸易和沿海贸易总额	过境贸易	税收与关税总额	吨位	国外贸易和沿海贸易总额	过境贸易	税收与关税总额
英国	62.87	60.63	55.35	58.74	43.41	48.79	9.97	45.07
美国	0.07	0.02	19.79	1.23	0.75	1.02	29.21	1.91
德国	0.31	0.17	…	…	20.74	10.35	0.02	11.50
法国	…	…	…	…	…	…	2.11	0.12
瑞典挪威	0.45	0.22	…	0.30	0.14	0.01	…	0.02
俄国	1.85	3.22	…	11.40	1.83	2.86	…	16.12
澳大利亚	5.07	3.00	…	3.96	0.16	0.47	33.19	1.64
比利时	…	…	…	…	…	…	0.04	…
日本	0.11	0.02	…	…	10.46	6.58	…	5.06
中国	29.27	32.72	24.86	24.37	22.51	29.92	25.46	18.56

① ［日］高桥幸八郎等编：《日本近代史纲要》，谭秉顺译，山东大学出版社 1984 年版，第 196 页。

② 李少军：《简论甲午战争前的日本对华贸易——以日本驻华领事报告所述为中心》，《近代中日论集》，商务印书馆 2010 年版，第 296 页。

③ ［英］穆和德等：《近代武汉经济与社会：海关十年报告（汉口江汉关）》（1882—1931），李策译，天马图书有限公司 1993 年版，第 34 页。

日本船只在汉口的贸易总额，于甲午战前微不足道，至甲午战后才迅猛发展，尤其是1898年以后受到日本在长江开辟航线、于汉口重开日租界等事件的积极影响。[①] 时任江汉关代理税务司的斌尔钦指出了这种显著变化："值得注意的一点是德国旗和日本旗在这份表格里占据了显要位置。在长江相当大的范围里，见到船只挂这两面旗帜是相当晚的事情。看起来它们还在致力于扩大贸易比例。"[②] 因此，日本方面受限于自身实力，无法与张之洞进行频繁联系，不足以引起他的注意，更不必说改变他的对日印象。

在上述四点因素的影响下，张之洞形成了对日本的初步认识。在任职京官时期及出任疆臣早期，他对日认识变化不大，不重视甚至轻视日本，与日本方面的公私往来次数较少且中规中矩。与之形成鲜明对比的是，张之洞对欧美各国的认识，经历了守旧到趋新的显著转变。

第二节　日本朝野对张之洞的关注

在19世纪下半叶的大部分时间内，日本受限于自身实力，对华扩张有心无力。但日本方面未雨绸缪，深入仔细地调查了解中国相关情况，为日后对华扩张做准备，并稳扎稳打地扩大在华利益。在这一过程中，张之洞成为日本朝野关注的重要对象。日本《官报》从1883年创刊之初便开始频繁报道清朝的动态，其中对张之洞的报道占据了不小比重。本节以日本《官报》对张之洞的报道为切入点，论述日本朝野以怎样的眼光、出于怎样的意图观察张之洞。这也是日本朝野观察晚清中国的一部分。

一　日本《官报》对张之洞的报道

日本《官报》于1883年7月2日创刊，系日报，节假日及星期日休刊，由政府公开发行，其旨趣是宣传政府的"政道主义"。《官报》

① 具体数据可参见［英］穆和德等《近代武汉经济与社会：海关十年报告（汉口江汉关）》（1882—1931），李策译，天马图书有限公司1993年版，第68—69页。

② ［英］穆和德等：《近代武汉经济与社会：海关十年报告（汉口江汉关）》（1882—1931），李策译，天马图书有限公司1993年版，第34页。

相关事务由太政官（1885 年改内阁）下属部门负责，其稿件均由政府机构选取、提供。在创刊之初，日本政府就通过行政命令要求相关机构及个人义务订阅，以此增大报纸的影响力。此后三年，《官报》的订阅数量主要依赖行政命令中的义务订阅。后世有学者梳理明治时期的新闻史，认为《官报》的义务订阅政策使得以往在官员中拥有大量读者的政党性报纸《东京日日新闻》最受打击。[①] 1886 年，《官报》统一将《府县公报》《法令全书》作为附录，扩大地方订阅量，1888 年又主动降低报纸费用，刺激民间订报的积极性。[②] 由此，《官报》不仅在日本中央、地方政府保持惯有的义务订阅数量，还逐年扩大了民间的自愿订阅数量。据统计，1889 年至 1902 年，其日均发行数量达到 41981 份。[③] 这足以证明《官报》在日本朝野具有广泛的影响力。

“外报”栏目是《官报》的重要组成部分。创刊之初，山县有朋便指出，《官报》应揭示内外政略以启示政府。[④] 日本内阁及外务省是“外报”栏目主要的新闻提供者。该栏目的报道形式几经改变：初期刊载公使、领事报告以及外国新闻抄译，前者多涉及各国自身及与日本的通商贸易情况，后者则留意国际要闻；1886 年起按国别进行报道；1890 年另辟“通商报告”栏目刊载公使、领事报告。自此，“外报”栏目主要是抄译、介绍外国报纸的内容。

在“外报”栏目中，涉及中国的内容繁多，大致有三个特点：一是消息来源较多、报道量大，除刊载日本使领的报告外，还转载《申报》《京报》《沪报》《字林沪报》《澳洲商业博物馆周报》等不同语言、国别报纸的报道，其报道数量多于其他国家的报道数量。二是信息量大、内容广泛，涉及当时中国政治、经济、军事、教育、社会生活各方面，对中国要人的动态也常有反映。三是注重时效，在当时的通讯条件下，刊载涉华报道在时间上一般相差一个月，重大新闻则缩短为半个月

---

① ［日］伊藤正德：《新聞五十年史》，鱒書房 1943 年版，第 103—104 页。

② 参见［日］梶谷育郎《初期『官報』の分析》，《東京大学日本史学研究室紀要》2006 年（10）。

③ 数据系综合［日］印刷局编《印刷局長年報書　第 16—29 回（明治 22—35 年）》（大蔵省印刷局 1912 年版），以及［日］《官報》历年的发行天数统计而来。

④ 《参議山県有朋建議官報発行ノ件》，日本国立公文書館藏：《公文別録・太政官・明治十五年～明治十八年・第二巻・明治十五年～明治十六年》，档案号：別 00007100。

左右。

自从张之洞成为具有重要影响的疆臣后，日本《官报》对他进行了持续关注。从 1884 年至 1899 年，该报有关张之洞的报道达 190 次之多。从这些报道中，可以看出日本方面究竟关注张之洞哪些情况。下文以时间为序，分三个部分予以介绍。

（一）张之洞任两广总督时期（1884—1889 年）

在此期间，《官报》报道最多的是张之洞的军事举措，尤重海军建设。受中法战争的刺激，张之洞着手改造两广海军。《官报》报道了他创办水陆师学堂及建造、订购军舰两事。1887 年 8 月，张之洞与巡抚吴大澂联名奏请创办水陆师学堂，“水、陆师均各额设七十名”，水师“学英国语文，分管轮、驾驶两项”，陆师“学德国语文，分马步、枪炮、营造三项”。[①]《官报》刊载张折全文，认为张之洞是“为南洋防备而培养武官”。[②]《官报》的报道一般以简明扼要为标准，但对认为重要的资料则抄译全文，可见对张之洞这一举措的重视程度。同年，《官报》多次报道两广军舰建造的情况，涉及张之洞下令在本省建造及委托福建船政局协造军舰十艘，以此“编成广东舰队”。1888 年初，福建船政局建造“广甲”及广东造船所初制“广戊”两艘军舰完工。《官报》认为粤局军舰不及闽局，但因雇佣西人，“日后必能造出精良军舰”。[③]此外，《官报》还数次报道张之洞购买德国枪炮的情形，指出其用意在镇抚内乱，而非训练军队。[④]

关于张之洞从事的对外交涉，《官报》也十分留意。因地理位置以及历史传统等缘故，两广的对外交涉频繁。《官报》报道了张之洞在省会开设交涉机构“外国事务所”、筹议保护南洋各埠华民、建议清廷在南洋各地设立领事等情况。1887 年，清朝与葡萄牙签订《会议草约》，“定准由中国坚准葡国永驻管理澳门以及属澳之地”。[⑤] 张之洞上疏剖析

---

① 《创办水陆师学堂折》（光绪十三年六月十四日），赵德馨主编：《张之洞全集》第一册，武汉出版社 2008 年版，第 549 页。

② 《海陸軍學校創設ニ關スル奏請書》，［日］《官報》1887 年 10 月 22 日。

③ 《軍艦落成》，［日］《官報》1888 年 2 月 8 日。

④ 《兵器購入ノ依瀬》，［日］《官報》1887 年 9 月 14 日。

⑤ 王铁崖编：《中外旧约章汇编》第一册，生活 · 读书 · 新知三联书店 1957 年版，第 505—506 页。

利害，极力坚持缓行立约。[①] 虽结果未能如愿，但他维护国家主权的坚决态度与努力给日本人留下深刻印象。《官报》连续两日刊载他的奏折，并评论此事“不仅于国家有重大利害，而且属于张之洞管辖的港口，张氏所议深切详细，正中其弊，是以耸动清廷。”[②]

《官报》还报道过张之洞设置广东铸钱局、整顿铁务、推进市政建设诸事，多少都涉及西方文物制度。对照张之洞晚年所作自传性质的《抱冰堂弟子记》，《官报》对张之洞所言施政要点大致都有报道，但较少关注他维护传统教育和经济的措施。

（二）张之洞任湖广总督时期（1889—1894 年、1896—1899 年）

这个阶段是张之洞为官生涯中历时最长、备受瞩目的时期，而《官报》在该时期对他的报道，无论次数还是内容都远远多于其他时期，主要包括以下几个方面。

一是有关经济事务的报道。这占据了《官报》有关张之洞报道的大半篇幅。该报首先关注的是铁路修筑。1889 年，张之洞奏请修建贯通中原腹地要冲的干线卢汉铁路，并筹划分段建设之法。[③]《官报》刊载张折全文，并称赞张折所论“最为明晰深切”，是“缜密之策案”。[④] 张之洞调任两湖后积极推动卢汉及粤汉两线的修筑，也被《官报》多次报道。

《官报》还十分注意张之洞创办的汉阳铁厂。在铁厂建设过程中，诸如各类机器的运抵安装、当地民众的反应、张之洞对产品销路的安排等等，都在报道范围之内。[⑤] 在轻工业方面，《官报》围绕张之洞创办的布纱丝麻四局开办、经营情况，转译刊载了《申报》《沪报》的不少消息。其中值得注意的是，有关湖北织布局招商集股情况的报

---

① 《详陈澳界利害立约尚宜缓定折》（光绪十三年四月二十四日），赵德馨主编：《张之洞全集》第一册，武汉出版社 2008 年版，第 510—513 页。

② 《澳門港譲與ニ關スル奏議》，［日］《官報》1888 年 5 月 10 日。

③ 《请缓造津通铁路改建腹省干路折》（光绪十五年三月初三日），赵德馨主编：《张之洞全集》第二册，武汉出版社 2008 年版，第 183—186 页。

④ 《鐵道敷設ノ諮問ニ対スル覆奏》，［日］《官報》1889 年 8 月 6 日。

⑤ 《北部鐵道用鐵材ノ注文》，［日］《官報》1891 年 8 月 20 日；《上海呉淞及蘇州鐵道ノ起工》，［日］《官報》1897 年 3 月 22 日。

道，学界鲜有提及。[①] 1894 年，张之洞札委恽祖翼和蔡锡勇“拟将布局官本提回五十万两，以供他局之用”，改由民间招商集股“以资协助”。恽、蔡二人制定了《湖北织布局招商集股章程》及《湖北织布局股票条规》，详细说明湖北织布局的机器种类、厂房设备、产布数量等经营情况以及招股要求，鼓动“各省富绅巨贾明达时势者”踊跃集事。[②] 该告示刊发于《申报》和《汉报》，可知此次招股预设的对象主要是长江中下游的绅商。《官报》认为张之洞所办的织布局“被世人寄以厚望”，对其营业现状及前景持乐观态度。但实际上，此次集股后织布局运转仍不顺利，至 1902 年被迫招商承办。

对于张之洞采取的金融与商业相关举措，《官报》也有不少报道。如 1894 年初报道张之洞创办银元局，称其目的是“抵制外国货币流通，官府主持、从中获利”；甲午战后又报道他鉴于“制钱日坏”，有意推行货币改革，“整顿圜法，体恤商民”。[③] 对于张之洞鼓励商业发展，《官报》从机构、政策、举措三方面报道，介绍他设立的汉口商务局，从缓征加机器制造税的政策，以及支持湘绅创办内河轮船、两湖制茶公司等。

二是有关教育事业的报道。主要集中反映张之洞兴办各类学堂的情况，涉及他督鄂早年附设铁政局内的若干研究所、自强学堂、农务学堂和工艺学堂等。譬如，该报多次报道自强学堂，包括学堂的筹备以及 1897 年“统课方言”的改制等内容。其中，从《字林沪报》转载的该学堂筹备期间的招生告示值得相关研究者注意。《官报》认为，张之洞创办自强学堂是“救国家经济之焦眉……现更有培养实际的技术家之必要”，转译刊载告示全文。告示内称：书院分设算学、方言、格致、商务四科，均须考试入学；算学招生为内课 20 名、外课 20 名，方言定员

---

① 此前只有刘望龄编著《辛亥首义与时论思潮详录》（上）（华中师范大学出版社 2011 年版，第 26—27 页）提及，其资料来源是 1894 年 3 月 8 日《汉报》。

② 《湖北織布局株金募集ニ關スル告示》，［日］《官報》1894 年 4 月 2 日。按：《官报》所载的告示，译自《申报》1894 年 3 月 12 日第 4 版。

③ 《湖北造幣局ノ新設》，［日］《官報》1894 年 3 月 8 日；《湖北省發行洋式銀貨及紙幣ニ關スル告示》，［日］《官報》1896 年 6 月 24 日。（原文见《宪示汇登》，《申报》1896 年 6 月 6 日第 2 版）

20 名，其他两科招生人数未定；算学内课及方言学生寄宿，其余通学。[①]

相比之下，对于原本在张之洞心目中占有重要地位的两湖、经心、江汉三大传统书院，《官报》兴趣不大。直到 1899 年，张之洞奉清廷新设书院、讲求实学之命，对三者进行学科改定，均分立经史、天文、舆地、兵法、算学诸科，任命教官。[②] 该报才加大了报道力度，择要介绍它所认定的“特色”，即新增兵法科、经史科内附设政治学、舆地科内附设外交学三项，仍未提传统的经史舆地之学。[③]

总体而言，《官报》的报道侧重新式学堂以及传统学堂的新变化。该报对张之洞兴学举措予以了肯定，曾转载《申报》文章间接认可他推动西学在辖区盛行的作用。[④]

三是有关军事及其他方面的报道。张之洞极为重视军事，将“练兵一事”称作“身心性命之学”[⑤]。《官报》在这方面报道最多的是武备学堂的招考、建设以及经费等问题，常将武备学堂与自强学堂等新式学堂并称，归于兴学举措。而对于张之洞视为要事的编练军队，该报予以关注的程度不如武备学堂，较少报道最为核心的编制情况，而注重新式训练方法以及洋人教官聘用等事项。[⑥]

此外，围绕张之洞处理两湖社会问题的举措，《官报》报道了四个方面，即处理教案、救济水旱灾情、推进慈善事业以及鼓励官民购阅报纸。其中，报道张之洞创办育婴堂，是《官报》眼光独到之处。针对 19 世纪 90 年代长江流域教案频发的情形，张之洞决定筹办育婴堂，并于 1892 年借鉴鄂省各地经验而颁布周详的育婴章程，即《助养章程》和《堂养章程》。前者是对养育有困难者补助费用，后者是

---

① 《自强書院ノ創設》，［日］《官報》1893 年 4 月 19 日。

② 参见陈谷嘉、邓洪波主编《中国书院史资料》（下），浙江教育出版社 1998 年版，第 2486 页；《宪札照登》，《申报》1899 年 3 月 16 日第 1—2 版。

③ 《湖北三大書院ノ學科改定》，［日］《官報》1899 年 4 月 1 日。

④ 《湖北ニ於ケル洋學ノ勃興》，［日］《官報》1897 年 12 月 7 日。（原文见《西学盛行》，《申报》1897 年 11 月 22 日第 1 版）

⑤ 《致武昌梁署盐道》（光绪二十九年六月初六日亥刻发），赵德馨主编：《张之洞全集》第十一册，武汉出版社 2008 年版，第 97 页。

⑥ 《湖廣新軍團編制ノ計畫》，［日］《官報》1898 年 3 月 21 日。

对无养育者的婴儿，设育婴堂收养。[①]《官报》全文转录这些章程，并从近代政府的社会职能角度称赞其“立意颇绵密周匝，是全国育婴事业的模范”。[②]

（三）张之洞署理两江总督时期（1894—1896 年）

1894 年，因甲午战争的缘故，张之洞代刘坤一署理两江。对于张之洞调任赴宁，《官报》作过数次报道。此后，该报还报道他署任江督期间命江苏候补道沈瑜庆接办金陵筹防局、奏请冯子材率兵北上等情况，强调筹防局在“军政上有重要关系，南洋的舰队兵器及沿海沿江的炮台等事务，均归其总理”。[③]

《马关条约》订立后，清廷下诏表明改革意向，“大抵以筹饷练兵为急务，以恤商惠工为本源”。[④] 张之洞也大力呼吁变法自强并力行之。在战后不到一年的时间内，《官报》对他作了不少报道，主要涉及军事变革与经济变革两方面。

一是军事变革方面。在华日本军人曾报告称，张之洞在战后编练新军、创设学堂、设置要塞等，致力于军制的根本改革。[⑤]《官报》也敏锐地注意到张之洞的改革动向，对其“仿德国军制”招募江南自强军、建设南京陆师学堂、购买英德军舰、派遣水师学堂 150 人留学等事项作过报道。

二是经济变革方面。在张之洞的推动下，两江的陆、水交通均出现新发展。《官报》报道了他计划修筑连接沪杭的江浙铁路、由金陵北抵北京的铁路，以及办理内河通商行轮诸事，如创设来往上海、苏州的轮船局，同意江苏绅商设立在苏州、镇江间从事航运的小蒸汽船公司，准许江西绅商在鄱阳湖设立曳船公司等。此外，《官报》还注意到张之洞创办南京造币局，可为厘清史实提供线索。追溯该局渊源，学界往往以民初财政部的资料汇编为准，认为是 1896 年初由江督刘坤一遵照户部

① 《育婴章程》，《申报》1892 年 10 月 14 日第 2 版；《续录育婴章程》，《申报》1892 年 10 月 15 日第 3 版；《接录育婴章程》，《申报》1892 年 10 月 17 日第 2 版。

② 《湖北育嬰堂ノ組織》，［日］《官報》1892 年 12 月 9 日、12 日。

③ 《金陵籌防局總理ノ替任》，［日］《官報》1894 年 12 月 4 日。

④ 世续等：《清实录》（第五十六册）德宗实录（五），中华书局 1987 年版，第 838 页。

⑤ 《陆军步兵中佐神尾光臣致参谋总长彰仁亲王电》（1896 年 4 月 15 日），日本防衛省防衛研究所藏：《津第 23 号報告》，档案号：海軍省 - 雑報告 - M27 - 3 - 3。

所议“拨款遴员购机建厂，仿铸银元，兼铸制钱。”① 而从《官報》参照《申报》相关报道来看，该局创办原系张之洞署理两江时的计划，经他奏准后，“在通济门内复成仓地鸠工，购置英国希登名厂大机器，专造银元、铜钱两种。”②

综上所述，《官报》有关张之洞的报道，最显著的特点是侧重其学习西方、变革求新的举措，而不太关注他守旧的言行——即使言及，亦多是因为涉及西学。譬如，《官报》偶有张之洞发展蚕桑业的报道，但主要从近代纺织业工业化的角度观察。正因如此，如果将《官报》的报道内容与《抱冰堂弟子记》及后世编著的年谱传记相比较的话，不难发现当时日本对张之洞的认知，与包括他本人在内的国人对他的认识，存在不少差异。

二 日本朝野关注张之洞的缘由

这里试将《官报》涉及张之洞的报道及其他涉华报道，以表格形式进行比较：

表 1.2 《官报》报道张之洞次数及涉华报道次数的情况

年份	报道张之洞的次数	涉华报道的次数	占比（%）	年份	报道张之洞的次数	涉华报道的次数	占比（%）
1886 年	2	144	1. 39	1887 年	14	408	3. 43
1888 年	7	286	2. 45	1889 年	14	277	5. 05
1890 年	17	211	8. 06	1891 年	15	229	6. 55
1892 年	8	159	5. 03	1893 年	7	247	2. 83
1894 年	12	208	5. 77	1895 年	12	160	7. 50
1896 年	24	153	15. 69	1897 年	17	202	8. 42
1898 年	28	393	7. 12	1899 年	10	197	5. 08

说明：数据根据《官报》中“外报”栏目“支那”项统计，所占比例统计至小数点后两位。1886 年 5 月之前“外报”栏目未划分国别，故此前情况未作统计。

① 财政部钱币司编：《币制汇编》第 2 册，出版社不详，1919 年版，第 217 页。

② 《南京造幣局ノ設置》，［日］《官報》1896 年 5 月 7 日；《南京造幣局ノ經營》，［日］《官報》1896 年 6 月 6 日。

从上表可见，在《官报》众多涉华报道中，有关张之洞的报道十分突出，其平均关注度达到6%；在1896年时，所占比例竟高达15%。这些报道一定程度上反映了日本朝野对张之洞的重视。仅举一例：上文言及《官报》曾频繁报道张之洞在湖广总督任上创办汉阳铁厂及相关洋务举措，这实际与当时日本政府的关注点一致。1893年前后，时任日本内阁总理大臣伊藤博文收到一份关于张之洞工业计划书的详细报告，涉及汉阳铁厂、大冶铁矿、湖北枪炮厂以及铁政局内的研究所；尤其对汉阳铁厂内的熔矿炉、炼铁炉等机器以及制钢、制轨等部门作了极为详尽的说明。① 那么，日本朝野如此频繁、突出地关注张之洞的缘由何在？

第一，与日本在华整体利益密切相关。《官报》创建“外报”栏目的初衷，是为借鉴学习各国的先进器物制度，反映了日本明治维新以来推进现代化进程的意愿。以此为标准，清朝的洋务活动自是日本朝野关注的对象。以铁路为例，自清朝创议修路始，每次修路举动、议论纷争，《官报》都随时跟踪报道，视修路肩负一国“殖产”之重任。张之洞议修卢汉铁路即属此类——这与日本的“殖产兴业”方针契合。当然，这些借鉴之中也有不少教训供日本吸取。1890年，湖北汉黄德道台向各国驻汉口领事发出照会，指出：外国商人在汉口地区进行红茶交易常常“割价退茶”，致使茶商损失颇重，进而希望各国领事“转谕买茶各洋商，务须公平交易，免去割价退茶等弊，以全商谊而顾大局”。日本驻汉口领事町田实一将此照会及时报告外务省，认为日商虽未涉及红茶贸易，但清朝的情况可为日本横滨地方的对外生丝贸易提供参考。②

不过，与对欧美西学的关注稍有差异的是，早期日本朝野对清朝动态的关注中还夹杂着竞争心态。茶叶是清朝出口贸易的大宗，受到日本的高度关注。在每年春、夏汉口茶市的高峰期，《官报》都有数条交易情况的报道。该报对清朝茶业的日渐衰退亦了如指掌，甚至曾详细分析

---

① 《支那ヒユーナン及ヒユーペーニ於ケル工業計畫》，［日］伊藤博文编：《秘書類纂·実業工業資料》，秘書類纂刊行会1935年版，第177—182页。

② 《在汉口领事町田实一致外务次官冈部长职电》（1890年6月2日），日本外務省外交史料館藏：《9. 外国茶商ノ弊害矯正方ニ関シ清国漢口道台ヨリ在同所領事へ照会ノ件　明治二十三年》，档案号：B-3-5-2-15_001。

原因。[①] 日本农商务省还曾委托驻汉口领事寄送武昌所产茶叶七十斤作为试验样品。[②] 究其原因，主要是日本与清朝在全球茶叶贸易中长期存在竞争。早在19世纪70年代日本便“针对美国市场需求发展茶、丝出口”做了精确调查，“其绿茶在19世纪70年代迅速夺取了中国绿茶在美之首要地位，垄断了美国茶业市场，其生丝也在19世纪80年代战胜中国、意大利、法国生丝的竞争”。[③]

第二，以汉口为支点的长江流域在日本对华扩张过程中具有重要地位。19世纪80年代末期起，日本开启工业革命，对外扩张愈发明显积极。日本朝野更多是从如何维持、扩大日本在华利益的角度来关注张之洞。曾有学者总结，西方国家为积累资本和推进工业化模式，将部分国家转化为“卫星国”，为自身提供原材料、市场以及基础设施。[④] 日本对朝鲜、中国甚至东南亚地区的扩张也大致如此。显然，长江流域是“符合”日本对外扩张、资本积累的理想区域。第二次伊藤内阁结束之后，1898年伊藤博文曾向日本实业家发表演讲，详细阐述对长江流域的认识：

> 华中指的是中国沿海及长江一带。这是中国殷富沃饶之地区，大小河川纵横贯通，水利灌溉极为便利，且农工商事业发达，财力充裕，冠绝全国，而且还是重视发展文化教育、习俗奢侈的中国精华荟萃之地。该地区的中国殷富商贾拥有巨资操控市场，往往凌驾于外商之上。我国商贾在华展开贸易，有必要对该地区倾注精力，应当格外注目于作为中华帝国富源之源头——长江一带，务必托结提携该地方的殷富商贾。[⑤]

---

① 《支那茶輸出衰微ノ原因》，［日］《官報》1887年12月19日。

② 《农商务大臣陆奥宗光致外务大臣青木周藏电》（1890年11月15日），日本外務省外交史料館藏：《6. 清国産茶実在漢口町田領事ヨリ農商務省へ寄贈ノ件　附清国武昌県産茶実買入方同省ヨリ依頼ノ件　自明治二十三年　至同二十四年》，档案号：B－3－5－2－7_002。

③ 李少军：《19世纪后半期中日对外贸易之比较》，《近代中日论集》，商务印书馆2010年版，第240—241页。

④ ［美］马里乌斯·B. 詹森主编：《剑桥日本史（第5卷）：19世纪》，王翔译，浙江大学出版社2014年版，第685页。

⑤ ［日］伊藤博文述：《伊藤博文侯对清政策（附貿易意見）》，修学堂1898年版，第44页。

这是伊藤博文长期观察中国而积累的深刻认识，并非一时感慨。日本民间人士与政府高层的看法也有相似之处。长期活跃于长江流域的日清汽船会社社长白岩龙平呼吁日本应当重视长江流域："人称中国为世界之宝库，其富各处皆有，尤以扬子江一带天惠最丰，各国之竞争在此最烈。我国在此间之地位势力，较之于十年前，虽说有了显著进步，但尚非和平战场之霸者，令人遗憾。"①

作为长江中游的重要支点，汉口及其经济腹地的潜力逐渐被挖掘。1861 年汉口开港后，其作为商业城市的地位日益提升，最重要的优势在于交通。日人清楚意识到，汉口"有长江、汉水、南水三条重要水路……使得货物在当地聚散以通九省。因此，汉口的贸易区域颇为广大。"② 除去传统的水路优势，陆路交通尤其是张之洞督鄂期间对卢汉铁路、粤汉铁路的筹办，对汉口也产生了极为重大的影响。日本对此事的重视，在《官报》上有一定的反映。上文表 1.2 显示，《官报》报道张之洞的第一个高峰是 1890 年前后，达到 8.06%，主因便是集中关注张之洞请修卢汉铁路干线的各方面。《官报》称张之洞接任鄂督是"以非常之人物，在非常之时，临非常之地。"③ 非常之地的含义，与卢汉铁路的议修不无关系。当然，张之洞在两湖"主持的广泛改革实际上改变了地方和区域社会的每一个方面"④，而汉口在他任职期间获得飞速发展。1898 年张之洞开设汉口商务局，《官报》即断定这将"进一步拓展上游四川、云南、贵州诸省的利源，并联络下游沿海诸省"⑤，也能推动日本的对华贸易。

日本不仅敏锐地注意到汉口地位的上升，还积极展开活动，扩大在长江流域的利益。自明治维新以来，日本政府数次颁布法案鼓励臣民开展对外贸易、奖励航海，从政策、资金上予以重要支持。日本驻各国使

① ［日］白岩龙平：《列国竞争之焦点地带扬子江沿岸地方》之"序"，富山房 1916 年版，转引自李少军《近代长江流域与日本关系研究的思考》，《江汉论坛》2011 年第 9 期。

② 《漢口内外貿易其他狀況》，［日］《官報》1899 年 3 月 24 日。

③ 《湖廣總督ノ政略》，［日］《官報》1890 年 1 月 23 日。

④ ［美］罗威廉：《汉口：一个中国城市的商业和社会（1796—1889）》，江溶、鲁西奇译，中国人民大学出版社 2005 年版，第 17 页。

⑤ 《漢口商務局設立ニ關スル公文》，［日］《官報》1898 年 10 月 18 日。

领也在政府指示下，积极推动海外扩张。町田实一以“推进日中贸易的发展”充实壮大日本国力为志向，进入外务省工作。[①] 此后，他作为日本首任驻汉口领事，积极响应政府要求，调查棉花——日本纺织业原材料在当地的“丰歉及市场的商况”[②]。而日本的水产品出口“以清朝为最”，“汉口是清朝中部要港，将来将益发旺盛”。为扩大这一市场，町田和他的继任者们曾受日本农商务省委托“购入在该市场贩卖的水产标本十数种，调查其品质制法等”。[③] 与此同时，日本军方采用各种手段对汉口及其经济腹地，展开侦察并“保护”本国利益。日本陆军军事间谍荒尾精在汉口开设“乐善堂”以经商为幌子，实则收集情报。[④] 海军方面也曾多次进行活动。1884 年中法战争期间，日本政府应英国政府之邀，与英、美、德等国一同派遣军舰赴清朝观战，实则“保护在清朝的中立国人民及财产”。[⑤] 6 月，受旗舰扶桑舰舰长松村淳藏指示，停泊上海的天城舰奔赴汉口考察，下旬回沪，这是日本“军舰溯行汉口之嚆矢”。[⑥] 一旦清朝内部出现不稳定因素，日本便紧随西方列强派遣军舰来华，日后愈发频繁。因长江流域教案迭起，1891 年日本再次紧随英国，先后派遣大和舰、爱宕舰赴上海、天津警备，甚至有意将上海作为常泊港“警备帝国人民居留的各港口，保证贸易的安全便宜”。[⑦] 甲午战后，日本海军“正式开始了对中国江海的扩张”，以长江流域为主。其中，汉

---

① ［日］東亜同文会编：《対支回顧録》（下），原書房 1968 年版，第 97 页。

② 参见日本外務省外交史料館藏《6. 清国及印度ノ綿花生産額価格其他ノ事項取調方工務局ヨリ依頼ノ件　明治二十一年》，档案号：B－3－5－2－39_ 001。

③ ［日］農商務省水産局：《漢口貿易水産製品図説》，凡例，農商務省水産局 1887 年版。

④ 参见［日］井上雅二《巨人荒尾精》，第三章“漢口に於ける梁山泊”，東亜同文会 1936 年版。

⑤ 《佛清啓釁ニ付軍艦派遣ニ關シ仁禮海軍少將ヘ訓令案附關係書類》，［日］伊藤博文编：《秘書類纂・外交篇》上卷，秘書類纂刊行会 1936 年版，第 635 页。

⑥ ［日］小笠原長生编：《東鄉平八郎全集》第 1 卷，平凡社 1930 年版，第 85—86 页。按：《申报》也对此事作了报道：“日本天城舰前日早间由汉口回申，水师提督松村君即乘此船言旋。闻不日内尚欲往燕台云。”（《日船回申》，《申报》1884 年 6 月 28 日第 3 版）

⑦ 《清國派遣艦長特別訓令》（1891 年 6 月 24 日），日本外務省外交史料館藏：《3. 上海ニ大和艦派遣ノ件》，《清国長江地方ニ於テ耶蘇宗徒ニ対シ暴民蜂起一件》，档案号：5－3－2－0－2。天津警备情况参见同一薄册《清国長江地方ニ於テ耶蘇宗徒ニ対シ暴民蜂起一件》内《6. 愛宕艦着津ノ件》。

口就是日本“巡航警备”的重要口岸。[1]

正因如此，日本以汉口为支点，对长江流域的扩张取得显著进展。1905 年，日本驻汉口领事向外务省报告近十年汉口的对外贸易情况：

表 1.3　**汉口对外直接贸易进出口情况[2]（单位：万海关两）**

年份	总额	贸易首位国别及数额	对日贸易额及排位	年份	总额	贸易首位国别及数额	对日贸易额及排位
1895	5378	俄国：4143	39，第四	1896	5649	俄国：3915	44，第四
1897	3596	俄国：2616	67，第四	1898	3934	俄国：3138	61，第三
1899	6622	俄国：4522	213，第四	1900	6961	俄国：5559	277，第四
1901	5605	俄国：3142	298，第二	1902	8866	俄国：2010	1093，第三
1903	12488	俄国：4358	1870，第三	1904	19959	日本：5185	5185，第一

表 1.3 显示，汉口对日本的直接贸易额快速增长，于 1904 年跃居各国之首，是十年前的 132 倍。汉口进口日本的货物具体种类，“主要是铁路枕木、煤炭、铜块以及火柴、棉布。这是由于当地贸易的膨胀及新事业的勃兴而输入，将来这些货物贸易还将增加”。[3] 至于汉口出口日本的货物中，各类土特产占据很大比例。自 1899 年盛宣怀与日本签订互易煤铁合同后，日本极为看重的铁矿石原料出口额亦稳定增加。由上可见，汉口及其经济腹地为日本提供市场和原材料，成为日本进行对外扩张、资本积累的重要区域。

第三，在维护、扩大在华利益的过程中，日本将张之洞视为值得大力拉拢的中国政要。在日人看来，张之洞是思想开明、趋新有为、愿意吸收西学的重臣。《官报》对他报道的显著特点，是关注他在各地施行的洋务举措，且不时透露出肯定之意。早在张之洞督粤时，《官报》已

---

① 李少军：《国民革命前日本海军在长江流域的扩张》，《历史研究》2014 年第 1 期。

② 《当漢口ハ正金銀行支店設置ノ義ニ付稟請》（1905 年 6 月 22 日），日本外務省外交史料館藏：《2. 漢口》，《本邦金融機関設置方在外帝国公館ヨリ具申雑件》，档案号：3－3－3－26。按：原数据单位为“千海关两”，根据《官报》等资料可判断，应是“万海关两”。

③ 《漢口本邦品輸入狀況》，［日］《官報》1905 年 1 月 19 日。

称赞其“讲求海防，奖励西学，于今内治略齐，有以渐振利源之余力一举为之的气象，为中外所刮目”。[①] 这一形象在《官报》报道中愈发清晰鲜明。

同时，日本朝野也注意到张之洞在清朝的地位逐步上升、影响力日益扩大。《官报》的报道反映出日本对清朝政局变化的敏感。19 世纪 80 年代，《官报》关注的清朝要员主要是曾国荃、左宗棠、李鸿章等湘、淮人物。随着左宗棠、曾国荃等湘军领袖相继离世，淮系李鸿章愈发受到日本重视。但甲午之役后，李鸿章及其淮系遭受重创，两江总督刘坤一、湖广总督张之洞渐成地方督抚的翘楚。《官报》的注意力也随之转向刘、张。表 1.2 显示，张之洞受到日本关注有两个高峰，分别是 1890 年和 1896 年。前者是张之洞议修卢汉铁路而调任湖广总督之时，后者是由署理江督回任鄂督之时，他在两江作为的后续影响以及在两湖重新施政的叠加，致使《官报》对他的关注度达到了顶峰 15.69%。这两次关注高峰，也是张之洞在清朝地位上升的两个节点。尤其是他署任两江总督之后，其言行对清朝政局的影响越来越大。《官报》对此多有留意。譬如，此前已有多位重臣奏请开办国家邮政均未果，但 1895 年底张之洞建言开办并推行各省，却得到清廷批允。《官报》格外重视此事，刊载了张折全文。当时，张之洞的建言常被清廷采纳，他在地方的举措也成为他省榜样。1900 年《官报》报道称，上年末四川矿务督办官赴京请训回川途中，经武昌拜见张之洞，特与之商议川省的矿业经营问题。[②] 是年初，四川总督所派赴日阅操员弁丁鸿臣一行回国，同样途经湖北拜谒、请教张之洞。张氏“询东洋事甚悉，亟称其兵制学校之善……并劝归陈乐帅务必选聪强子弟出洋学习，以开四川风气。虽收效稍缓，然蓄艾之谋不可不急讲也。”[③] 此类例子不胜枚举。东亚同文会领袖近卫笃麿曾将张之洞与刘坤一并称“清朝第一流之人物”。[④]“第一

---

① 《鐵道敷設ノ諮問ニ対スル覆奏》，［日］《官報》1889 年 8 月 6 日。

② 《湖北鑛工業ノ整理》，［日］《官報》1900 年 1 月 19 日。

③ 王宝平主编：《晚清东游日记汇编》二（日本军事考察记），上海古籍出版社 2004 年版，第 346—347 页。按：乐帅，奎俊，字乐峰，时任四川总督。

④ ［日］近卫笃麿：《時事評論》，《太阳》四卷一〇号，1898 年 5 月 5 日，转引自［日］中村義編《白岩龍平日記：アジア主義実業家の生涯》，研文出版 1999 年版，第 87 页。

流”包含了对张之洞的言行以及地位影响的总评。这不单是近卫笃麿个人对张之洞的评价，也是包括《官报》在内的日本朝野对他的认知。

小　结

从1863年入京为官，至1894年因中日甲午战争爆发而调任署理两江总督，这三十余年的时间是张之洞与日本方面初步认识的阶段。

随着自身处境及内外环境的改变，张之洞的对外认识发生明显变化，但对日认识变化不大。一方面，张之洞以更加积极开明、为我所用的姿态应对外部冲击，放弃传统的天朝上国观念，主动学习西方知识器物，对待欧美各国从保守感性逐渐变得趋新理性。不过，在清朝被迫打开国门、积极推行洋务运动的历史大背景下，张之洞的改变稍显迟钝，落后于曾国藩、左宗棠、李鸿章等人，甚至被李鸿章讥为“书生意气”。后世称道张之洞是洋务运动的“殿军”，也不无道理。在甲午战前，他基本处于追赶洋务潮流的状态。另一方面，在这股潮流中，张之洞轻视邻国日本，这与他重视欧美各国并行不悖。在中日关系紧张之时，他展现出强硬的对日态度，并存有轻视日本的心态；在中日关系正常状态下，他与日方的私人往来、政事往来次数不多且中规中矩。张之洞不重视甚至轻视日本，源于他受到的传统观念影响，以及对清朝、日本及其他列强实力的不同认识和判断。

相比之下，日本对清朝各方的了解，远远高于清朝官民对日本的关注。在这一阶段，日本因国力有限，对华扩张有心无力，但仍未雨绸缪，积极调查、深入了解清朝各方，为日后对华扩张打下基础。其中，张之洞是日本朝野高度关注的清朝政界要员之一，曾受到日本《官报》持续、频繁、突出的报道。日本重视、认可他学习西方、变革求新的各项举措，包括军事、经济、教育、外交等方面，而不太关注他的守旧言行。1890年《官报》以“湖广总督之政略”为题报道张之洞因请修卢汉铁路而调任两湖一事，评价他“以非常之人物，在非常之时，临非常之地”。这实则也反映了日本高度关注张之洞的缘由：一是关系到日本在华的整体利益，二是关系到日本在华的区域利益，即以汉口为支点对长江流域的扩张，三是对清朝政界要员的重视，张之洞具有极大的利用空间和价值。

因此，张之洞与日本方面存在明显的不对等认知。张之洞对日本的认知，一定程度反映了当时国人对日本的了解程度。大多数国人尚未意识到这一邻国已悄然崛起，将在日后成为中国对外关系中最重要的国家之一。而日本朝野熟悉掌握清朝各方情况，其背后暗藏对华侵略的野心。充分准备后，日本蓄意挑起中日甲午战争，并强迫清政府签订《马关条约》。自此之后，中日关系出现巨大转折，双方存在不对等认知的现象有所改变。清朝的有识之士纷纷重新认识日本，而此前轻视日本的张之洞甚至成为了师日潮流的引领者。

第二章
从对抗到“联交”

从1894年中日甲午战争爆发，至1898年戊戌变法开启，中日关系经历了战争到和平的转变，因战争结果从平等变为不平等。张之洞在战争时期被动卷入中日纷争，继而在清朝战败后主动参与对中日关系的重新定位。在极力维护国家利权这一主线下，张之洞与日本的关系从对抗走向“联交”。本章的旨趣不在全面阐述张之洞从甲午至戊戌年间的对日言行，而是考察在中日关系转变过程中，张之洞如何从中日关系的被动参与者逐渐变为积极主导者，如何为维护国家利权作出努力。

第一节　甲午战时的间接对抗

中日甲午战争的爆发使中日关系发生根本转变。张之洞不可避免地被时局影响，并在中日交战期间经历了官职的重要变动：1894年11月，因两江总督刘坤一被清廷诏令进京、授命钦差大臣节制全军，湖广总督张之洞署理两江总督。直至战争结束后的1896年2月底，刘坤一正式回任两江，张之洞亦回鄂督本任。在甲午战争期间，张之洞主要负责辖区备战，与日本展开了间接对抗。而日本方面高度注意清朝后方的备战工作，对张之洞进行了不少情报活动。这是双方进行的没有硝烟但又关系存亡的对抗。本节将从张之洞的备战工作和日本的情报活动两方面来讨论甲午战争期间双方的间接对抗情况。

一　张之洞的备战工作

在 1894 年 8 月 1 日中日正式宣战之前，张之洞对战事的关注度不高。这一年初，朝鲜东学党事件爆发，随即日本出兵赴朝，成为中日战争的导火索。6 月 22 日，日本外相陆奥宗光以“第一次绝交书”照会清驻日钦使汪凤藻，声明决不撤出在朝日军。[①] 鉴于“中、东因韩事危险之处”，李鸿章于 24 日电告两江总督兼南洋大臣刘坤一需做江防之备：“日本调重兵，至朝鲜王京，胁议善后，并谣称将用兵入长江内登岸，自系恫吓之言，姑密布闻，祈饬各将严防。”次日，张之洞收到刘坤一所转李电。[②] 这是长江沿岸督抚们收到的最早警报。起初，张之洞对此并未在意，仍忙于湖北各项洋务，直至 7 月 8 日才电询李鸿章，“前由南洋转来尊电，东事已悉。近日情形如何，祈示。”[③] 此后，中日关系进一步恶化，14 日日本政府向清政府提出“第二次绝交书”，意在开衅。南方督抚们开始提高戒备。台湾巡抚邵友濂奏请两江调派南琛、威靖兵轮赴台支援。[④] 两江本已不敷，刘坤一只好向张之洞要回测海号兵轮以备江防。测海号兵轮原属两江，1891 年张氏借清廷节饷增船之旨，奏调改归鄂省。此时日本已禁止向清朝出口煤炭，汉阳铁厂却极依赖相对优质的日本煤[⑤]，故张之洞主要关心如何避免北方局势影响铁厂的运转。张之洞以测海号兵轮需加紧运煤“实难暂离”为由，拒绝了刘坤一的求援，并询问他“东事实情若何，东洋煤不来，江南水陆日需

---

① 参见王信忠《中日甲午战争之外交背景》第七章，沈云龙主编《近代中国史料丛刊》三编 0207，文海出版社 1964 年版；石泉《甲午战争前后之晚清政局》，生活·读书·新知三联书店 1997 年版，第 59—60 页。

② 《寄两江督刘》（光绪二十年五月二十一日），顾廷龙、戴逸主编：《李鸿章全集》第二十四册，安徽教育出版社 2008 年版，第 79 页；《刘制台来电》（光绪二十年五月二十二日亥刻到），赵德馨主编：《张之洞全集》第八册，武汉出版社 2008 年版，第 152 页。

③ 《致天津李中堂》（光绪二十年六月初六日亥刻发），赵德馨主编：《张之洞全集》第八册，武汉出版社 2008 年版，第 152 页。

④ 台湾巡抚邵友濂致总署：《咨呈具奏籌備台海佈防情形並請撥款接濟摺稿》，“中央研究院”近代史研究所档案馆藏，档案号：01－25－035－02－041。

⑤ 《清国ノ石炭缺乏》（1894 年 7 月 9 日），日本防卫省防卫研究所藏：《明治 27・8 年戦史編纂準備書類 8》，《石炭に関する諸件（1）》，档案号：海軍省－日清－M27－8。

煤不少，荩虑想已筹及，作何筹备，祈示。”[①] 可见，中日宣战之前，清朝极力克制战端，备战尚不是张之洞的职责重心。

中日两国宣战后三日，清廷旨令湖广、江苏、安徽等地“联为一气，以清奸宄而固江防”。[②] 此后，张之洞奉旨认真备战，具体可分为以下两个层面。

第一个层面是在辖区进行后方备战。

张之洞在湖广总督任上时，主要从营建炮台、调配人员、购借军火三个方面做了战争准备。首先，以营建炮台为当务之急。张之洞认为“江防首以营建炮台为先务。鄂省虽地处上游，而设险整军本系不可一日不备之事，自须防维巩固，始足以消敌谋而靖人心。湖北长江形势以广济县属之田家镇最为扼要”[③]，因此着力在田家镇附近添设炮台，并亲自前往查勘。其次，对战略要地进行人员调配。在湖北境内，张之洞调整安排了军队驻扎地点：在襄樊、黄陂、麻城等地驻扎部队，负责对内镇慑及缉私；在田家镇炮台、吴王庙炮台等要地调拨兵力驻守，负责备战防外。田家镇炮台最初由熊铁生率五营扼守“分扎南北两岸”，不久奉调北上，张之洞改派佥厚安率镇防南、北、中三营驻守；吴王庙炮台则由吴良儒“募勇一营，名为武胜前营，前往修造设防”。[④] 最后，设法筹措枪炮，主要采取了两种方式。一是向外订购枪炮。张之洞曾向上海瑞记洋行订购军火，包括各类台炮、快炮等八尊，枪四千支以及相应弹药。[⑤] 二是向其他各省寻求帮助，借拨枪炮弹药。其中，最为重要的是张之洞数次向两江总督刘坤一求援军火，如表 2. 1 所示：

---

① 《致江宁刘制台》（光绪二十年六月十七日午刻发），赵德馨主编：《张之洞全集》第八册，武汉出版社 2008 年版，第 152 页。

② 《奉旨著刘坤一电知湖广等省合力战守清奸宄固江防事》（光绪二十年七月初四日），中国第一历史档案馆编：《清代军机处电报档汇编》第一册，中国人民大学出版社 2005 年版，第 215 页。

③ 《筹备江防折》（光绪二十年九月十一日），赵德馨主编：《张之洞全集》第三册，武汉出版社 2008 年版，第 195—196 页。

④ 参见《添募营勇片》（光绪二十年十月初五日）、《筹备江防折》（光绪二十年九月十一日），赵德馨主编：《张之洞全集》第三册，武汉出版社 2008 年版，第 207、195—196 页。

⑤ 《添购枪炮片》（光绪二十年十月初二日），赵德馨主编：《张之洞全集》第三册，武汉出版社 2008 年版，第 200 页。

表 2.1 **光绪二十年七月至十月湖广总督张之洞向两江求援军火统计表**①

发电时间	求援对象	求借军火内容	结果
光绪二十年七月初四日	刘坤一	八百磅阿姆斯特朗式后装炮 2 尊； 大台炮 17、18 尊； 均配齐弹药（每炮须 300 弹）。	允借八十磅炮 2 尊（15 生炮）； 四十磅炮 2 尊（12 生炮）。
光绪二十年七月十二日	刘坤一、刘麒祥	水雷 42 具； 八十磅克虏伯式后膛炮 1 尊； 一百八十磅前膛炮 4 尊。	允借雷药（数目不详）； 八十磅克虏伯式后膛炮 1 尊（15 生炮）。
光绪二十年八月初八日	刘坤一、刘麒祥	林明敦枪 1000、2000 支左右； 弹 100 万颗。	允借林明敦枪 1000 支； 配有弹（数目不详）。

除向两江求援借拨，张之洞还曾请刘坤一令江南制造局代造军火。是年，因湖北枪炮厂刚告成立便于六月遭受火灾，器械损失颇大，直到第二年冬才得以修复、试造枪炮。这致使急缺军火的两湖雪上加霜。张之洞只好再三请求江南制造局代造二百五十磅炮及一百磅快炮各二尊，毛瑟弹五十万颗。② 当然，他的求援对象不止两江，还包括两广总督、陕甘总督及广西巡抚等，向他们借调人员及借拨军火。

1894 年 11 月张之洞正式接任署理两江总督，此后他的备战工作主要集中于两江地区。两江与两湖的备战举措相差不大，也是以营建炮台、调配人员、购借军火为主。张之洞在中路江阴、狮子林等各处设炮台、派重兵，在南路派兵驻扎金山卫及防守上海制造局，在北路着重扼守海州。③ 同时，他还扩大与他省的联络，不惜动用自己的关系网络，借调各省力量协防两江，如请调粤督时期倚赖的抗法老将冯子材募兵来江办理防务，选调湖北的老部下佥厚安、吴友贵、蒋声耀、张彪等人，

---

① 资料来源：《致江宁刘制台》（光绪二十年七月初四日午刻发）、《致江宁刘制台、上海制造局刘道台》（光绪二十年七月十二日午刻发）、《致江宁刘制台、上海制造局刘道台》（光绪二十年八月初八日午刻发），赵德馨主编：《张之洞全集》第八册，武汉出版社 2008 年版，第 153、154、158 页。

② 《致江宁刘制台》（光绪二十年九月初六日未刻发），赵德馨主编：《张之洞全集》第八册，武汉出版社 2008 年版，第 163 页。

③ 《布置江南防务折》（光绪二十一年二月初四日），赵德馨主编：《张之洞全集》第三册，武汉出版社 2008 年版，第 229—231 页。

甚至有意请调尚在台湾的抗法名将刘永福等等[①]。在万不得已之时，张之洞还以“事机日紧，用繁饷竭，捐借极难”为由，向德国德华银行议“借洋款一百万镑，约合银七百万两，供北上诸军及本省海防粮饷、军火、运转各费”。[②] 因为两江是清朝财、物的重要供应后方，又在战争中后期面临敌军威胁，所以张之洞署理江督时期的备战压力远比鄂督时期大，部署两江防备也更加积极。

第二个层面是向清廷提供支援及建议。

一是向清廷提供军事支援。整体来说，为应对日本步步逼近、清朝节节溃败的战事，张之洞对清廷的军事支援较为积极。鄂督时，他主要负责“奉调北行诸军数十营，分别筹拨饷需、军械”[③]。署理江督时，由于两江之于军事战略、国家经济等方面的重要性，他对清廷的支援不只是奉调派遣人员、运送军火北上，还负责各地军需粮饷转运前线的工作。中日战事起后，“江南调派北上各军所有饷项、军械，先经本任督臣刘坤一分饬江宁、上海派员转运清江，交清江及济宁淮军转运局代为接运”，“嗣因北上各军多至五十余营，分扎关内外及调援山东，所有军火多由江南协济。饷项、军械件数繁重，道途遥远，冰雪载涂，兵差络绎，车辆缺少，节节艰滞。淮军转运局兼顾为难，不免有顾此失彼之虑。必须另设专局，以期分运迅速，克赴戎机”。因此张之洞与钦差大臣刘坤一商议，除天津已设转运局外，另在江苏、山东、直隶各地“分设江南转运局，共十三处”，以及在江宁省城设立“江南转运总局，总揽全纲”。[④]

但是，张之洞对清廷的支援存有私心，在与刘坤一的交往中表现得尤为明显。1894年底，江督刘坤一被授命钦差大臣，所有关内外防剿各军均归他节制，实际却处境尴尬，徒具空名。清军主力淮军不在他的

---

① 参见《萃军到江折》（光绪二十一年四月初四日）、《募补护军各营并添练洋操队片》（光绪二十一年四月初四日），赵德馨主编：《张之洞全集》第三册，武汉出版社2008年版，第238—239页；《致台北唐抚台》（光绪二十年十一月二十一日午刻发），赵德馨主编：《张之洞全集》第八册，武汉出版社2008年版，第198页。

② 《用繁饷竭拟借英商炽大洋行款　致总署》（光绪二十一年正月十一日丑刻发），赵德馨主编：《张之洞全集》第四册，武汉出版社2008年版，第421—422页。

③ 《恭报交卸湖广督篆起程日期折》（光绪二十年十月初八日），赵德馨主编：《张之洞全集》第三册，武汉出版社2008年版，第213页。

④ 《设立转运各局折》（光绪二十一年四月初四日），赵德馨主编：《张之洞全集》第三册，武汉出版社2008年版，第239—240页。

实际掌控下，湘军亦分属各员统领；统兵决策由慈禧、光绪和督办军务处控制；援兵拨调及粮饷支配归各省督抚负责。无奈之下，刚离任不久的刘坤一将两江视作救命稻草，向署任江督的张之洞调兵借拨军火，却屡屡碰壁。尤其是刘坤一奏调江南马步二十营北上，引发南洋军火分拨中央、地方的利益冲突。张之洞以辖区防备任务吃紧为由，多次婉拒刘坤一的奏调。对此，刘坤一致电督办军务处表达不满，甚至提出“将江南饷提归农部，另由工部筹款购办枪械、子药”，对张之洞毫无信任。[①]最终，张之洞选择主动退让，但仍对清廷的战争支援有所保留。

二是数次向清廷建言献策。“联络各国”是张之洞提出的核心主张。中日交战不久，他便致电总理衙门，建言五条：一是“就近募勇”；二是“戒诸军坚守”，“果能据险坚持两月，倭畏寒，必不支。我陆军但能自固，倭必不敢越之深入”；三是“海军断倭后路”；四是“设法购船”，不惜重金“拟请敕出使各国大臣及赫德设法密购”；五是“联络各国。英忌倭，实忌俄，颇袒中国。闻德因开战时倭漏知会，亦不悦倭，似宜结约借助……俄虽与倭亲，倭踞朝鲜亦非所愿，宜加意联结。”[②] 在战争后期中日议和期间，张之洞仍反复强调“联络各国”的主张。他曾向清廷建议：“非借兵威不能废约，此时欲废倭约，保京城，安中国，惟有乞援强国一策”。至于乞援强国的具体措施，则是利诱拉拢俄、英、法、德等重要列强，甚至不惜以“回疆数城让俄，以后藏让英，以云南极边地让法”的代价换取“台湾可保，倭约竟可全废，断无战事”。[③] 围绕割让台湾的问题，张之洞也有类似主张，建言清廷“拟向英借巨款，以台作押，冀英保台。若仍不允，或更许以在台开矿一二十年”。[④] 可见他对日本表现出极大仇视，甚至以国家领土主权作为筹码，宁可割与他国，也不愿割

---

① 《致督办军务处》（光绪二十年十二月十四日），中国科学院历史研究所第三所工具书组校点：《刘坤一遗集》第五册，中华书局1959年版，第2126—2127页。

② 《津关辽三防紧急谨陈管见 致总署》（光绪二十年八月二十九日申刻发），赵德馨主编：《张之洞全集》第四册，武汉出版社2008年版，第404—405页。

③ 《倭约意在吞噬中国宁割边壤以联英俄敌日 致总署》（光绪二十一年四月初二日辰刻发）、《展缓换约让英法俄以边地可期保台 致总署》（光绪二十一年四月十三日申刻发），赵德馨主编：《张之洞全集》第四册，武汉出版社2008年版，第436、439—440页。

④ 《致轮墩龚钦差》（光绪二十一年二月十一日卯刻发），赵德馨主编：《张之洞全集》第八册，武汉出版社2008年版，第255页。

与日本。当然，张之洞如此主张，自有一套说辞："无论英、俄、德酬谢若何，其去中国较远，总较倭患为轻"。[①]

张之洞"联络各国"的主张，本质上是"以夷制夷"思想的延续。从大的方向来看，"联络各国"是应对危局不得已而为之的救亡办法。时任日本外相陆奥宗光日后回顾两国和谈的局势，便对李鸿章拉拢欧美列强的策略予以肯定，甚至认为这是挽救清朝安危的重要途径："中国今已临近战败之境，所以希望早日停战。尤其像李鸿章是能预见将来安危的人物，心中已经决定不惜用任何代价来换取和平……他们采取的第一个试探日本政府真意的手段，就是乞求欧美各国为中日两国居中调停"，并批判清朝多数督抚主张"日本如果要求割地，则宁可背城一战"只是"陈词滥调"。[②] 已有学者指出："三国干涉的胜利者是李鸿章，他用过人的胆识和机敏游刃于各国之间，激化列强诸国与日本的矛盾，把身陷险境的大清国从被分割的事态中解脱出来。"[③] 这从侧面证明，张之洞"联络各国"的主张具有一定合理性，但本质上仍延续了"以夷制夷"的思想。尤其是关于割让领土的建言，张之洞解释为"同一弃地，而捐荒远之西域，可保紧要之威、旅，全膏腴之台湾，且可尽废一切毒害中华之约。权其轻重，利害显然。且辽东旅顺，国家根本。台湾归化，康熙初年，而西域开拓，藏卫大定，则在乾隆中叶。先后缓急，亦自不同"。[④] 这种只是针对日本的主张缺乏外交原则和领土主权意识，决不可取。

不论是在辖区进行的后方备战，还是向清廷提供的支援及建议，张之洞的言行都存在很多不足。但整体而言，他在甲午战争期间采取了积极的备战措施，提供了坚定的抗敌策略，并表现出强硬的对日态度。

二　日本的情报活动

中日甲午战争期间，日本曾对张之洞进行了不少情报活动，这是对

---

① 《倭约贪苛太甚宜结英俄德相助　致总署》（光绪二十一年三月二十六日午刻发），赵德馨主编：《张之洞全集》第四册，武汉出版社 2008 年版，第 434—435 页。

② ［日］陆奥宗光：《蹇蹇录》，伊舍石译，商务印书馆 1963 年版，第 102—103 页。

③ 宗泽亚：《清日战争》，世界图书北京出版公司 2012 年版，第 119 页。

④ 《倭约意在吞噬中国宁割边壤以联英俄敌日　致总署》（光绪二十一年四月初二日辰刻发），赵德馨主编：《张之洞全集》第四册，武汉出版社 2008 年版，第 436—437 页。

清朝后方侦察的一个缩影，也是对华整体情报战争的一部分。关于这一时期日本在华的情报活动，学界主要从个人、事件、区域等方面，对著名日本间谍[①]、间谍案[②]以及战争前线的情报问题[③]做了不同程度的研究，但较少注意日本对清朝后方督抚及其辖区的情报活动。下文将论述敌方视角下的清朝后方备战情况以及由此呈现出张之洞的另一种形象，进一步审视这场情报战争中日本方面与张之洞的利弊得失。

（一）日本对张之洞的情报活动概略

甲午战争期间是日本对华情报活动尤为频繁的时期。开战之初，日本方面便安排人员赴清朝沿江沿海要地侦察情况，在华日人陆续回国后情报活动有所减少但并未中断。

而地方督抚是日本情报活动的重要对象。其中，张之洞因个人地位、综治区域等特殊性，受到日方的高度关注。甲午战争期间日本对张之洞的情报活动大体呈现以下特征。一是情报来源广泛。日本各方派遣间谍实地侦察是主要手段，此外还参考清朝刊行的各类报纸如《申报》《字林沪报》《字林西报》等，以及委托他国人员观察报告。后两种手段在多名日本间谍接连被捕后发挥不少作用。二是情报获取及传递及时。根据即时通信条件，相关情报常在数日乃至一日之内送达日本军方及政府。三是内容较为准确。前两点特征确保了内容的可靠性，甚至出现不同渠道提供相似消息的情况。

具体而言，日本对张之洞的情报活动主要包括三方面内容。

一是张之洞的任职调动，因与战事息息相关而备受关注。1894 年 10 月初清廷内召鄂督张之洞，有意让其入军机参与战争决策。不久李鸿章电告张之洞：“公若入赞枢廷，事必有济。”[④] 时人对张之洞入京抱有极大期

① 吴绳海、冯正宝：《宗方小太郎与中日甲午战争》，夏良才主编：《近代中国对外关系》，四川人民出版社 1985 年版；馮正宝：《日清戦争—辛亥革命期の宗方小太郎——「大陸浪人」の役割についての一研究》，《日本歴史》1989 年（494）。

② 总括性的研究参见戚其章《甲午日谍秘史》，天津古籍出版社 2004 年版。

③ 参阅［日］小林一美《明治期日本参謀本部の対外諜報活動——日清・義和団・日露三大戦争に向けて》，［日］膝維藻等編《東アジア世界史探究》，汲古書院 1986 年版；［日］五十嵐憲一郎《日清戦争開戦前後の帝国陸海軍の情勢判断と情報活動》，《戦史研究年報》2001 年（4）。

④ 《李中堂来电》（光绪二十年九月十六日酉刻到），赵德馨主编：《张之洞全集》第四册，武汉出版社 2008 年版，第 407 页。

望，徐世昌曾收到密友来信，内称："张之才能，任大事亦非千万语所能尽。然今日形势，非香帅无以挽回大局。此人之用不用，我国家兴衰成败之所系也。"[①] 日本方面也敏锐意识到此事对清朝政局可能产生影响，在清廷电旨下达后第四日外务大臣陆奥宗光已将情报转给在朝鲜前线的第一军司令山县有朋。[②] 不过张之洞不愿入京，对此后清廷的催促多有犹豫。10月下旬日军越过鸭绿江，占领花园口、九连城。局势危急之下，11月初清廷召刘坤一进京，改令张之洞署理两江总督。日本海军省所属在沪间谍及时报告，分析"张之洞辞任北京的国务大臣之职而任两江总督，无疑符合张的兴趣。盖此任实际主掌扬子江的全谷地即沿江五省。"[③] 张之洞由鄂督改署江督，直接影响备战重要后方的长江中下游五省。这也是日方高度关注他调任两江的原因。日本军方对长江流域的重要性有清晰认识："清朝南部沿岸的首要防备为长江的防备。该江贯穿七省二十一府，全长约一千五百里，内地享其舟楫之利极广。盖清朝的物资，东南丰富而西北匮乏，实赖长江以相济有无，故其通塞与全国安危直接相关。"[④]

二是张之洞对战事的北援，包括兵员和军需。张之洞任鄂督时，日本间谍注意到他派遣两湖军队陆续北上，或乘坐尚属轮船招商局的运输船"海琛"号和"广利"号顺江而下。[⑤] 署理江督后，张之洞因曾任粤督并亲历中法战争，颇为信任两广军队，数次请调江南及北上，并支给粮饷及枪械。这在日本间谍的报告中多有体现。其时，北援军队受限于运输条件及军械短缺，不少士兵暂不携带枪支甚至改穿平常服装北上，

---

① 林开明等编辑：《北洋军阀史料·徐世昌卷》第一册，天津古籍出版社1996年版，第20页。按：信末署名为"喆甡"，即陶仲明。

② 《外务大臣陆奥宗光致驻朝鲜公使大鸟圭介电》（1894年10月12日），日本外務省外交史料館藏：《1. 清国軍隊、軍艦ノ移動並情況》，《日清戦役ノ際ニ於ケル清国ノ軍備並ニ同国ノ情勢報告雑纂》，档案号：5-2-18-0-8。

③ 《上海通信者致海军省电》（1894年11月），日本防衛省防衛研究所藏：《上海通信》，《雑報告　第2冊　明治27年11月至明治28年2月》，档案号：海軍省-雑報告-M27-2-2。

④ ［日］参謀本部編纂：《明治二十七八年日清戦史》第1卷，東京印刷株式會社1904年版，第43页。

⑤ 《九月二十九日上海通信》（1894年9月29日），日本防衛省防衛研究所藏：《9月29日上海通信　28日天津電報による件ほか》，档案号：海軍省-雑報告-M27-1-1；《外务大臣陆奥宗光致驻朝鲜公使大鸟圭介电》（1894年10月12日），日本外務省外交史料館藏：《1. 清国軍隊、軍艦ノ移動並情況》，《日清戦役ノ際ニ於ケル清国ノ軍備並ニ同国ノ情勢報告雑纂》，档案号：5-2-18-0-8。

或许导致日方情报人员认定军队中存在大量壮丁。与此同时，日方还搜集不少军火制造及拨解的情报。汉阳枪炮厂本拟建成规模庞大的军工厂，日本对此极为警惕，曾多次指派间谍探察。但战争爆发前枪炮厂失火几成废墟，日人认为“实属快意”而不再留意于此。[①] 江南机器制造总局是清朝首要的军火制造基地，受到日人持续且高度的关注。日本军方及政府通过实地侦察、与沪局员弁联络等手段，基本掌握沪局主要弹药的制造种类、日均产量、军需运输的情况。南方兵员及军需的北援传统线路主要有两条。一条为沿海线，运送船只出长江口后沿海北上。但日本在海战中陆续取得优势、威胁大陆沿海，迫使清朝或将运输船换旗交归洋行或直接秘密委托洋行，将兵员及军需分开北运。一条为运河线，由吴淞口逆行或由汉口、九江方面顺流至镇江，经京杭大运河运往北方。为稳妥起见，两江负责的北援任务大多都选择耗费更多人力物力及时间的后者。日本在华情报人员熟知其中情形，监视两条线路上各类运输工具的动静以及重要城市如上海、镇江、清江浦、天津等地兵员军需的变化。通过各地情报员详略各异的侦察，日本方面大体掌握张之洞北援的基本情况。譬如，张之洞在鄂时陆续奏派吴凤柱、熊铁生、吴元恺等将领率兵赴津，共计二十一营。[②] 拟定北上的鄂军总数，与日本海军省收到的在津情报大致不差。[③]

三是张之洞在辖区的备战。江防炮台的相关情况最早被日本间谍报告。日本海军大尉黑井悌次郎曾报告张之洞督鄂时期的江防情况：“近日张总督热心于辖区内的防御政策”，撤去浮标、增设炮台炮座，“施行所谓外形上的防备”，其目的“不仅是担心日军之侵袭，而是一为应对清廷关于各省严固防备的谕旨，一为预防哥老会匪的暴动”。[④] 日本间谍对长

---

① 《上海出張員報告》（1894 年 7 月 14 日），日本防衛省防衛研究所藏：《上海及呉淞の景況》，《明治 27・8 年　戦史編纂準備書類 10》，档案号：海軍省 - 日清 - M27 - 10。

② 《筹给北上诸军饷械折》（光绪二十年十月初五日），赵德馨主编：《张之洞全集》第三册，武汉出版社 2008 年版，第 206 页。

③ 《天津通信》（1894 年 9 月 29 日），日本防衛省防衛研究所藏：《9 月 30 日　天津通信》，《雑報告　第 1 冊　明治 27 年 8 月至 10 月》，档案号：海軍省 - 雑報告 - M27 - 1 - 1。

④ 《海军大尉黑井悌次郎致海军省电》（1894 年 9 月 19 日），日本防衛省防衛研究所藏：《大海報第 6 号　明治 27 年 9 月 19 日　清国兵備に関する現況概略　黒井海軍大尉報告》，档案号：大本営 - 日清戦役雑 - M27 - 30 - 142。

江下游各炮台的侦探更具针对性。吴淞炮台既为上海门户，亦是长江防备之前哨；在日方谍报中数次出现该炮台增员添炮、聘请德人指导等内容。[①] 张之洞抵达两江署任刚满一月，即出省查阅沿江沿海炮台、布置营伍，所到之处包括江阴、上海、镇江等地。日本情报人员持续报告他的行程，尤为关注他对吴淞炮台、江南机器制造总局以及镇江两岸炮台的视察情形。例如，日本战时大本营收到的情报中如实摘录《申报》关于张之洞检阅镇江炮台的报道：张氏指令驻防镇江的统领陈湘基“整备添兵，以固防务”，并安置“由德国兵舰运到新式大炮四五尊、格林炮六七尊、快炮十数尊”于炮台，但略去了《申报》对该炮台防务的溢美之词。[②] 南洋水师的活动是日本情报中另一项格外留意的内容。在7、8月间，日本军方已数次派遣间谍赴吴淞实地侦察，探知南洋水师消极备战，虽有派遣军舰北上的计划但未执行；甚至有官兵散发日本海军南侵的消息，假以南方不稳而“避开北洋之招呼”。[③] 因而日本在战争爆发后的一段时间内对南洋水师的情报活动渐减。不过随着战事发展，日军占领旅顺半岛后拟海陆军配合、集中力量与北洋水师作战，威海卫之战后更计划分拨海军入侵台湾。[④] 为防止南洋水师支援北方以及后期阻挠日军南侵，日方从1894年底起连续侦察南洋舰队的日常停泊及异动情况。次年2月，日人注意到张之洞聘请外国顾问并着手改革南洋水师：“胆怯不适任的士官悉被罢免，募集训练有素的外国士官袭任。此舰队预计在3月初准备完毕，将与敌人试一决战。其司令长官由吴奇勋担任。”[⑤] 此外，日本在华间谍曾零散报告张之洞在辖区的其他备战活动，包括发布告示悬

---

① 《一月十九日　上海通信》（1895年1月19日），日本防衛省防衛研究所藏：《1月7日天津通信ほか》，《雑報告　第2冊　明治27年11月至明治28年2月》，档案号：海軍省－雑報告－M27－2－2。

② 《獨國軍艦兵器ヲ清國ニ送付ス》（1895年1月8日），日本防衛省防衛研究所藏：《清国政府の軍艦水雷艇兵器弾薬類の購入》，《明治27・8年　戦史編纂準備書類12》，档案号：海軍省－日清－M27－13。原文见《润州防务》，《申报》1895年1月9日第2版。

③ 《上海派遣員報告》（1894年7月11日），日本防衛省防衛研究所藏：《上海及呉淞の景況》，《明治27・8年　戦史編纂準備書類10》，档案号：海軍省－日清－M27－10。

④ ［日］海軍軍令部編：《二十七八年海戦史》下卷，春陽堂1905年版，第287—288页。

⑤ 《南洋艦隊》（1895年2月21日），日本防衛省防衛研究所藏：《A　清国南北洋の艦隊戦略司令長官の命令（1）》，《明治27・8年　戦史編纂準備書類9》，档案号：海軍省－日清－M27－9。

赏退敌、在辖区各要地聘请外人、架设上海及川沙厅南汇县之间电线等事。如1895年初上海道台刘麒祥遵照张之洞电令，在“吴淞、崇明、上海、川沙各营遍贴，勿论军民人等，如有助战得胜者，皆不吝赏”。[①] 不到半个月，该消息已被日方清楚掌握。[②] 概言之，由于长江中下游战略地理位置差异以及战争局势变化，日本方面偏重张之洞在两江的备战情报，并在战争中后期加大了搜集力度。

（二）日本情况呈现的张之洞备战形象

从敌方观察视角形成的情报内容，呈现更多的是张之洞较为负面的形象。

首先，张之洞对战争前线的援助不理想，甚至有所保留。在日方情报中，两湖、两江派往北方的士兵存在大量“军纪不严”“无勇敢之气象”的弊病，甚至发生新募兵士北行途中纷纷脱逃的现象。北上士兵的整体素质可见一斑，这是清朝旧式军事制度的产物。更有甚者，张之洞对中央的战争支持有所保留。黄海海战后，李鸿章虑及北洋各船修理需时、海口防务紧急，请调南洋水师“南瑞”“开济”“寰泰”三只主力舰北上助剿，但遭到时任江督刘坤一的拒绝。[③] 张之洞到宁尚未接篆署理江督，便收到李鸿章对南洋兵轮的再次请调。他实际与前任刘坤一持相同态度，但不愿贸然与清廷及李鸿章抵牾、背负北援不力的指责。张之洞先致电总署解释南洋四轮“皆系木壳，管带既非出色，炮手又甚生疏”“若出海攻战，万难得力”，并在尚未与李鸿章商妥的情况下强调已“与北洋电商，北洋亦深知其无用”而获清廷理解。[④] 随后，张之洞以清廷应允为由竣拒李鸿章：“南洋四轮断不能派往北洋，已电奏奉旨依议”。[⑤] 其时，日本军方密切跟踪南洋水师的动态，在张之洞拒不派舰后不久，根据某外

---

① 《刘道来电》（光绪二十年十一月十九日酉刻到），赵德馨主编：《张之洞全集》第八册，武汉出版社2008年版，第194页。

② 《1月7日　在清某通信》（1895年1月7日），日本防衛省防衛研究所藏：《雑報告　第2冊　明治27年11月至明治28年2月》，档案号：海軍省－雑報告－M27－2－2。

③ 《南洋大臣来电》（光绪二十年九月初三日到），北平故宫博物院编：《清光绪朝中日交涉史料》第二一卷，北平故宫博物院1932年版，第5页。

④ 《陈凤楼须留防徐州马队调津南洋轮万难得力　致总署》（光绪二十年十月十五日午刻发），赵德馨主编：《张之洞全集》第四册，武汉出版社2008年版，第411页。

⑤ 《致天津李中堂》（光绪二十年十月二十二日巳刻发），赵德馨主编：《张之洞全集》第八册，武汉出版社2008年版，第178页。

国人的谈话获悉“南洋舰队虽已受命应援北洋，但未有一舰出洋，主因是缺乏足够的乘组舰员”的情报，是年12月底进一步确认南洋舰队全部停泊在长江下游沿岸。① 十年后，日本参谋本部编纂战史仍对张之洞的这一举措予以尖锐批评：南洋水师不愿北上是因“看见作为清朝水师精锐的北洋水师于黄海的败绩，畏惧露怯，远溯长江上游屏息”，而张之洞“以援护南洋沿海各口的巡防及炮台为口实”拒绝李鸿章的求援。② 日方批评张之洞是“秦越肥瘠漠不相关”，这与此后清廷因枪支截留问题申饬他“反以江南为前敌”“实属不顾大局”之意颇为相似。

其次，张之洞在辖区的备战也不充分，突出表现在战略要地的防备薄弱。1894年底，上海各地盛传日军不日南侵。局外国家某人致信建议日本军方从长江北岸登陆，直取江阴、南京等地，并附上长江入海口北的军事设施图，具体标明南洋舰队、水雷、新设炮台的位置。③ 此时张之洞也收到日本第三兵船将扰南洋的消息，致电总署强调自己“到任止一月，筹办诸务，昼夜不遑”，并向清廷坦承“崇明以北入江之路向未设防”。④ 张之洞所言有推责之嫌，但他对长江入口防备薄弱的焦虑可印证日方情报的判断。此外，日本间谍关于张之洞检阅吴淞炮台“试验射击，一发都未命中”的报告，⑤ 也基本符合事实。许同莘曾直言，张氏巡阅江口时“设靶江心，命台舰同时发炮，命中亦少，知江防不可恃”。⑥ 江防薄弱的情形导致当地上下对待战事的态度消极。在日本间谍眼中，张之洞亲自巡检几处江防重地未能尽职尽责。上海发出的谍报

---

① 《清國艦隊ニ関スル件》（1894年12月2日）、《南洋艦隊ノ處在》（1894年12月26日），日本防衛省防衛研究所藏：《B　清艦の移動、所在、挙動状況（5）》，《明治27·8年　戦史編纂準備書類9》，档案号：海軍省－日清－M27－9。

② ［日］参謀本部編纂：《明治二十七八年日清戦史》第3卷，東京印刷株式會社1904年版，第266页。因日本参谋本部编撰史料距战争结束为时尚短，相关材料偶有错误。该资料中，南洋水师奉令调动的时间有误，且将张之洞刚署江督的情形误记为刘坤一主政之事。

③ 《12月26日　上海通信》（1894年12月26日），日本防衛省防衛研究所藏：《雑報告　第2冊　明治27年11月至明治28年2月》，档案号：海軍省－雑報告－M27－2－2。

④ 《江南有警种种棘手　致总署》（光绪二十年十一月十八日辰刻发），赵德馨主编：《张之洞全集》第四册，武汉出版社2008年版，第415页。

⑤ 《十二月廿一日　在清某通信》（1894年12月21日），日本防衛省防衛研究所藏：《12月9日　天津通信ほか》，《雑報告　第2冊　明治27年11月至明治28年2月》，档案号：海軍省－雑報告－M27－2－2。

⑥ 吴剑杰编著：《张之洞年谱长编》（上），上海交通大学出版社2009年版，第408页。

称：张从吴淞乘坐炮舰溯流巡检江南制造总局及距该地三里左右的龙华火药制造所，但炮舰“停泊在该兵器制造所附近的河中。总督只是在甲板上看了一下四周便进入船内”；对于火药制造所，“总督仅见其烟囱”。不仅如此，日本间谍观察到两江官民对待战事都很悲观，张之洞“看上去很恐惧（日军）在上海登陆之事”，而当地清军“日日逃亡”。[①] 开战前后，英国为本国利益，围绕上海作局外中立事周旋于中日两国，迫使日本同意不进攻上海[②]。威海卫之战后，日本战时大本营将作战目标转向台湾，这才使得防备薄弱的两江免遭战火。

再者，张之洞未能与其他疆臣齐心抗敌。1894 年 10 月中旬日本军方收到天津发来的一份较为特殊的谍报，内称湖广总督张之洞派员运送慈禧太后六旬庆典的贡品，目下已抵天津，贡品包括笔、墨、纸、枪、炮和火药。[③] 三个月后，天津方面对此事的来龙去脉进行补充：张之洞的贡品价值百万两，为后膛野炮一百零八门，配有炮车等配件以及相当的弹药，“是现今形势下独一无二的好贡品”；不过，张之洞听说李鸿章有再掌清朝全权之可能，后悔将这些价值不菲的物品送往天津，其进呈的深意是欲供给吴大澂直辖的军队，若“此军火落入其竞争者之手，难免遗憾”。[④] 限于史料，张之洞献呈的贡品具体为何尚不能证实或证伪。[⑤] 但是，日方情报反映的张之洞相关人事关系及矛盾确实存在。张之洞与吴大澂关系密切，并于 1894 年 11 月结为亲家。战争爆发不久，时任湘抚的吴大澂自请赴敌。张之洞对他予以力所能及的援助，将北援鄂军的大半

---

① 参见《12 月 22 日 上海某より来電》（1894 年 12 月 22 日），日本防衛省防衛研究所藏：《明治 27 年～28 年 「戦史編纂準備書類 敵兵の状況 敵国の内情 全 乙種 第 5 号」》，档案号：大本営－日清戦役雑－M27－30－142。

② ［日］外務省編纂：《日本外交文書》（明治第 27 卷第 2 册），巖南堂書店 1953 年版，第 420—421 页。

③ 《十月十五日 天津通信》（1894 年 10 月 15 日），日本防衛省防衛研究所藏：《9 月 30 日 天津通信》，《雜報告 第 1 冊 明治 27 年 8 月至 10 月》，档案号：海軍省－雜報告－M27－1－1。

④ 《1 月 14 日 天津通信 劉坤一、張之洞、呉太微等の言動》（1895 年 1 月 14 日），日本防衛省防衛研究所藏，档案号：大本営－日清戦役雑－M27－30－142。按：标题“呉太微”系吴大澂之误。

⑤ 茅海建先生曾对此问题有专门研究，于档案中也未见具体贡品，详见《张之洞的别敬、礼物与贡品》，《中华文史论丛》2012 年第 2 期。吴大澂于 10 月 31 日致电张之洞称“贡品进呈，天颜有喜，以后湘邀优眷，堪慰垂念”，茅先生推测“贡品中很可能有价值连城的精品”。若联系半个月前的日方谍报，似与吴电有相通之处。

奏请归其调遣，署理江督后优先供给营勇饷械甚至情报。然而，吴大澂以书生掌兵，于战事并无帮助。李鸿章曾直言“吴清卿中丞奉命会办北洋，清卿人本平正，颇能和衷，惟平素不甚知兵，凡事悉由鸿章主持，未见赞助之益”。[①] 相反，张之洞对战事前线的核心人物李鸿章充满不信任，战时拒调南洋兵轮、北援偏重吴大澂等事即是明证，战后亦有处处针对李鸿章的举措或传闻。张之洞作为清朝军备供应的后方疆臣与李鸿章产生龃龉，加深了日本方面关于清朝上层不和、不能同仇敌忾的印象。

（三）情报战争中的利弊得失

情报是军事活动的重要依据。甲午战争期间日本获取的张之洞相关情报，曾为日本军方加速战争进程发挥作用。1895 年 1 月中下旬日军登陆山东半岛，准备围攻威海卫。两江援调的步队李占椿军 5 营、万本华军 5 营、张国林军 5 营以及马队陈凤楼军 5 营共计 20 营，遵照清廷旨意前赴山海关，尚在途中。鉴于威海情形危急，张之洞于 22 日致电总署，建议江南 20 营以及将抵沂州的贵州古州镇总兵丁槐军 4 营“由沂州府折而东北行，出山东省城之南，取道莒州等处，直趋烟台，探明威海后路，相机援剿”。[②] 次日，此议获清廷允准。[③] 然而不久，日军截获相关电报，推断上述营勇将是威海卫的增援军，由此加快对威海卫港内的扫荡，并在援军到来之前歼灭北洋水师，避免背腹受敌的危险。[④] 当然，日本方面更多是借张之洞相关情报，摸清清朝后方战备力量以及战略补充能力，从而整体把握清朝的军事实力。比如，在战争中前期各类商用、军用船只将清朝南方兵勇、物资沿海岸线运往北方，上海、海州、天津等地尤为繁忙。这些情况频繁出现在日方军事情报中。日本通过在清朝北部重要港口外围海域临检、定期巡航北方沿海等手段威慑清

① 《论帮办军务》（光绪二十年七月十七日），顾廷龙、戴逸主编：《李鸿章全集》第三十六册，安徽教育出版社 2008 年版，第 42—43 页。

② 《陈援威海各军行军拨械诸策　致总署》（光绪二十年十二月二十七日卯刻发），赵德馨主编：《张之洞全集》第四册，武汉出版社 2008 年版，第 419—420 页。

③ 戚其章主编：《中国近代史资料丛刊续编 · 中日战争》第二册，中华书局 1989 年版，第 229—230 页。

④ ［日］参謀本部編纂：《明治二十七八年日清戰史》第 6 卷，東京印刷株式會社 1904 年版，第 180—181 页。

朝的北援船只，但未能完全封锁北方海域，而且对南方沿海尤其是大陆援台的限制较少。不过，日本在结束威海卫之战后全面压制北洋海面，战时大本营立即训令联合舰队南进南洋“拟全占彼海上主权”，并先行占领澎湖列岛“以此地为根据，压制马鞍群岛以南海面”。[①] 这也是日本军方针对此前相关情报采取的措施。

相比之下，张之洞在这场情报战争中的表现不尽如人意。战争伊始，他意识到日本情报人员在华活动的危害性，尤为注意剃发改用华装的日人，“如查有华服倭人，即照奸细拿办，切嘱美领事不得袒庇，庶免混迹内地，泄我事机”[②]，并数次在辖区内查拿可疑日人。不过，日本的情报来源并不只有在华日人。张之洞鲜少提防其他国家在华人员与日本方面的通信。日本军方曾收到在上海某欧人来信，证实 1894 年底英国舰队进驻舟山群岛一带、南洋水师停留吴淞附近并未远航的情报。[③] 类似情况常有发生，甚至有在沪外人主动向日本军方提出，可介绍熟悉中国北部海岸、长江及吴淞口的领航员，并已有一名“能为贵国船只考虑”的领航友人[④]，以帮助日本海军进犯长江。此外，张之洞对当地中外报纸报道战事相关动态、细节也缺少管理约束。如 1895 年 2 月初日本军方注意到《字林沪报》关于北援的两江军队直赴威海卫救援的报道[⑤]，可为日军截获的相关电报作一参照。可见，张之洞存在警惕日本侦察情报的意识，但防范范围过窄。

情报战争本有攻防两端，若从更高要求来看，张之洞在收集敌方情报方面的作为也难有实济。战争期间，张之洞因掌握军政消息迟缓而选派委员赴威海坐探“务探确情，随时发电”，并与在京友人、驻外公使、前线要员如吴大澂、李秉衡等人随时保持电报联系。这些举措都可

① 《訓令》（1895 年 2 月 14 日），日本防衛省防衛研究所藏：《大本営の命令訓令情報（2）》，《明治 27·8 年　戦史編纂準備書類 1》，档案号：海軍省 - 日清 - M27 - 1。

② 《致总署》（光绪二十年七月二十六日酉刻发），赵德馨主编：《张之洞全集》第八册，武汉出版社 2008 年版，第 156 页。

③ 《在上海欧人某氏ノ来簡抜粋》，日本防衛省防衛研究所藏：《雑報告　第2 冊　明治 27 年 11 月至明治 28 年 2 月》，档案号：海軍省 - 雑報告 - M27 - 2 - 2。

④ 《12 月 26 日　上海通信》（1894 年 12 月 26 日），日本防衛省防衛研究所藏：《雑報告　第 2 冊　明治 27 年 11 月至明治 28 年 2 月》，档案号：海軍省 - 雑報告 - M27 - 2 - 2。

⑤ 《清兵ノ移動》（1895 年 2 月 4 日），日本防衛省防衛研究所藏：《C　配兵及軍隊の移動》，《明治 27·8 年　戦史編纂準備書類 9》，档案号：海軍省 - 日清 - M27 - 9。

视为情报收集，但与近代意义上的情报战争存在不少差距。军事情报的重要特征之一是具有严密的组织性，“任何情报活动都是通过专门的机构和人员进行的”。[①] 但张之洞的情报收集活动更多是针对某个事件临时应急开展，缺乏持续性，更谈不上制定条规以规范机构、培训专人。这导致他无法及时了解战情、深入分析战局，继而影响具体决策。例如，1895 年 2 月张之洞电商台湾巡抚唐景崧，以“南洋不久必有战事……台湾止一兵轮，万无海战之事，若留在台，是置之无用之地”为由，请调南琛舰长回两江。[②] 其时，日本战时大本营已拟定夺取澎湖列岛的作战计划，但张之洞作出的判断与日方的实际行动恰好相反。

战争的结果与军事现代化紧密相关，情报活动即属于其中一部分。张之洞在甲午战争期间积极备战，在地方督抚中表现突出，这是既往史料及论著对他的基本认识。即便如此，张之洞在这场近代情报战争中仍处下风，攻、防均不得力。这并非他一人的问题，反映的本质是清朝军事制度亟待变革。

第二节　《马关条约》订立后的交锋

随着甲午战争步入尾声，中日两国开始围绕《马关条约》的谈判及具体条款的落实进行反复交涉。甲午战后，张之洞在晚清政坛地位上升，成为对中日关系产生重要影响的人物。相比在战时被动地与日本方面进行间接对抗，在战后他更多的是主动与日本展开直接交锋。张之洞与日本方面怎样看待战争的结果及《马关条约》，双方正面交涉的具体情形又是如何，这将是本节讨论的重点。

一　张之洞抵制日本侵略中国主权

（一）张之洞的抵制和挽救

随着清朝海、陆军在黄海海面、辽东半岛相继失利，1895 年 1 月

① 闫晋中：《军事情报学》，时事出版社 2003 年版，第 15 页。

② 《致台北唐抚台》（光绪二十一年正月十九日子刻发），赵德馨主编：《张之洞全集》第八册，武汉出版社 2008 年版，第 241 页。

清政府正式派遣张荫桓、邵友濂赴日和谈，遭到日本政府拒绝。与此同时，日本军队侵犯山东半岛，偷袭威海卫炮台，致使北洋舰队全军覆没。此后，中日和谈再度开启。3 月，清政府派遣李鸿章为头等全权大臣赴日本马关谈判，于 4 月 17 日与日本政府签订《中日马关条约》。

面对清朝军队已不能支的危局，张之洞多次建议清廷“结强援”。有学者指出：张之洞“感到如要解救当前的危急，只有竭力推行以大制小的以夷制夷政策”，其中最重要的强援是英国，次则俄国，“认为‘英乃强邻，尚存大体。’及联英的目的难于达到时，乃退而求其次，主张联俄。特别是三国干涉‘还辽’以后”。联英、联俄未果，张之洞改而考虑联合法、德。而“联结强援的方法是以借款或商务甚至领土等重利饵之”。[①] 可见，他的目的是不惜一切代价抵制日本。这种建言延续了张之洞早年处理外事常带感情色彩的特性。

随后，在反对割台问题上，张之洞表现出坚决的仇日态度，并实施了坚决的抵制行动。以《马关条约》签订为界，分为两个阶段。在第一阶段，张之洞的主张依循“结强援”的旧有思路。察觉清廷和谈意向后，他立即提出坚决反对割让台湾。得知李鸿章将奉旨赴日和谈，张之洞电奏清廷，建言权宜救急之法：

> 似可与英公使、外部商之，即向英借款二三千万，以台湾作保。台湾既以保借款，英必不肯任倭人盗踞，英必自以兵轮保卫台湾，台防可纾。借款还清，英自无从觊觎台湾，其权在我。如照此办法，英尚不肯为我保台湾，则更有一策。除借巨款外，并许英在台湾开矿一二十年。此乃于英国家有大益之事，必肯保台湾矣。[②]

除英国这一求援对象外，张之洞还考虑了俄国。他曾电请清朝驻英国、俄国公使与驻在国政府交涉，同时令姚文栋赴台与台湾巡抚唐景崧一同商量“援外保台”事宜。在第二阶段即《马关条约》签订后，张之

---

① 李国祁：《张之洞的外交政策》，“中央研究院”近代史研究所专刊（27），“中央研究院”近代史研究所 1970 年版，第 69—70、83、90 页。

② 《以台湾作押借英款或许英在台开矿藉资保卫 致总署》（光绪二十一年二月初四日亥刻发），赵德馨主编：《张之洞全集》第四册，武汉出版社 2008 年版，第 427 页。

洞转而赞同驻法公使王之春及台湾巡抚唐景崧关于“割地居民的自决”的新建议，并调整“结强援”的对象。在俄、法、德三国干涉“还辽”的刺激下，张之洞放弃求援于英国，而对法国、德国寄予厚望。同时，他实施坚决的“反割台”行动，不论战时或战后都在清廷允许的范围内接济台湾粮饷枪械以抵制日本。不过，由于台民自决的建议涉及“台湾民主国”问题，超出了清廷所容许的范围。① 在清廷严令禁止接济台湾后，行事向来小心谨慎的张之洞迅速地谨遵旨意不再予以接济。②

最为重要的是，张之洞围绕《马关条约》作出了种种努力，强烈反对签订条约，并在定约后尽力挽救国家利权。在中日和谈时，他已数次上疏清廷反对各项条款，“地险、商利、饷力、兵权，一朝夺尽，神人共愤，意在吞噬中国，非仅割占数地而已”。③ 但是，他的反对左右不了《马关条约》的最终签订。定约后，张之洞“惶悚痛愤，寝食难安”，详细分析和约对清朝产生的巨大危害：如割台、威海驻兵诸条款将使“南洋之寇在肘腋，北洋之寇在门庭，狡谋一动，朝发夕至，有意之挑衅，无理之决裂，无从豫防，无从亿料”；赔款“以资仇敌，民穷且怨”“必由民贫而生内乱”；“通商之害，必由民怒而启外衅”等等。他坚信：“久闻倭人扬言，此次和约，意在使中国五十年内不能自振，断不能再图报复。又闻倭人以中国舆图用五色画界，指示西洋各国，拟与各国瓜分。宣言十年之外，必可立见此局。其封豕长蛇之谋，令人发指。今更以我剥肤之痛，益彼富强之资，逐渐吞噬，计日可待。朝廷虽有守约之信，窃料倭人断无永好之心”。④ 悲愤之余，张之洞对议定的《马关条约》条款进行多番筹划补救。这是他遵照清廷旨令的作为，更是强烈不满和约的反应。尤其针对严重危害清朝国内通商贸易的《马关条约》第六款，他认为“商务条约，字字皆有狡谋深意”，逐一悉心补

---

① 陈忠纯：《张之洞“援外保台”思路演变及其与“台湾民主国”关系考论》，《台湾研究集刊》2011 年第 3 期。

② 戚其章：《张之洞与反割台运动》，《历史教学》1984 年第 10 期；黎仁凯、王姗萍：《甲午战争时期张之洞的保台活动》，《历史教学》2002 年第 4 期。

③ 《倭约意在吞噬中国宁割边壤以联英俄敌日　致总署》（光绪二十一年四月初二日辰刻发），赵德馨主编：《张之洞全集》第四册，武汉出版社 2008 年版，第 436—437 页。

④ 《吁请修备储才折》（光绪二十一年闰五月二十七日），赵德馨主编：《张之洞全集》第三册，武汉出版社 2008 年版，第 256—262 页。

救，曾向清廷列举办法十九条之多。[①]

需要注意的是，张之洞围绕《马关条约》提出的挽救措施并不完全针对日本，而是更多地考虑如何挽回国家利权，尽可能避免列强利用条款加大对华掠夺。受益于“片面最惠国”的不平等要求，西方列强可以均沾《马关条约》的通商条款。张之洞提出补救措施，不仅针对日本“欲尽夺江南商民生计”，也是阻止西方列强的商业入侵。《马关条约》允许外人在内地设厂机器制造，将对中国传统纺织业造成巨大冲击。为与外洋争利，张之洞认为“江苏土货，大利在棉花、蚕丝两端”，鼓励广设织布、织绸等局机器制造，“照此办法，日本虽欲在江苏设机缫丝，固已无茧可买，虽欲设机纺纱，固已无路可销。不独东洋计沮，且西洋之纱亦必不来，洋商丝厂亦不能再添矣。”[②]

总的来说，张之洞在《马关条约》签订前后为挽救国家利权，表现出坚决且积极的态度。他在战后提出的许多建言也获得清政府认可，甚至成为清朝对外交涉的重要参考。甲午战后，张之洞逐渐成为清朝政局的核心人物，为国家内政外交发挥重要作用。

（二）日本对长江流域的扩张及对张之洞的认识

利用《马关条约》各项条款攫取在华权利、发展自身国力是日本政府的既定方略。

早在《马关条约》签订前，日本方面已积极谋划如何扩张在华权利。1895 年 3 月中日休战之时，日本外务省政务局长小村寿太郎向日本政府提交了关于扩张在华通商特权的意见书，内称：

> 最近我国的工业品呈现显著进步，将在东亚市场成为重要的贸易品；加之银币下跌，欧美金本位国家的商品顿时呈现衰退之色，我国输出业得以愈发活力。……夫清朝土地广人口多，富源亦多之难测，足以成为将来我国海产品及制造品的一大市场。（引者：日

① 《恳将中日新约有关商务者电示以便速筹覆奏　致总署》（光绪二十一年六月初五日亥刻发）、《奉旨筹议倭约第六款补救办法　致总署》（光绪二十一年七月初七日戌刻发），赵德馨主编：《张之洞全集》第四册，武汉出版社 2008 年版，第 443、446—447 页。

② 《筹议官助商力官督商办纱厂丝厂　致总署》（光绪二十一年七月十八日辰刻发），赵德馨主编：《张之洞全集》第四册，武汉出版社 2008 年版，第 448—449 页。

本）须乘此机，扩张通商特权。故在即将缔结的通商条约中，应加入最惠国条款，均沾各国所享利益，自不待言；更有必要使之同意下述三项作为媾和条件，曰："通商口岸的增设""铁道的敷设""汽船航路的扩张"。……

上述者，作为今日我扩张通商之途的手段，很有必要且大有前途。而欧美诸国中，与清朝签有最惠国条款者颇多。上述利益我不能独自垄断，欧美诸国将自然均沾。毫无疑问，有此利害关系的英、德、美等国将对我的措施表示必要之满足。虽然在条约上彼我均享此利，但日、清间的贸易如上文所言形势来看，实际上我国商品将占主要的地位，是固信无疑的。①

小村寿太郎的这份意见书，在休战期间、马关谈判乃至和约签订后的中日通商航海条约谈判期间，都被日本政府反复用作重要的参考资料。②马关谈判时，日本代表提出的最初和约条款大量采用了上述意见。

在对和约内容的设想中，日本政府将长江流域视为未来扩张的重要区域。其中关于"通商口岸的增设"问题，小村寿太郎建议："在欧美各国已开诸港之外"再开北京、湖北沙市、湖南湘潭、四川泸州、广西梧州共计一市四港。他建议沙市开口的理由如下：

沙市临长江，在汉口、宜昌之间，国道通北方河南、陕西，是西部四川货物出入的中转地。清朝中部的商业要地，首推汉口，其次是沙市。以前欧美人要求清政府开放宜昌，以经营当地贸易。但宜昌背靠群山，交通颇为不便，且人口稀少，作为商业要地远不及沙市。因此，热切希望以此地作开港。③

① 《清國ニ於ケル通商特權ノ擴張》（明治廿七年三月小村政務局長意見書），［日］外務省編纂：《日本外交文書》（明治第28卷第1册），巖南堂書店1953年版，第193—196页。

② 小村寿太郎的意见书在和约谈判期间作为参考的情况，见日本外務省外交史料館藏《日清講和条約締結一件/講和条約　一》，档案号：2－2－1－0－1_ 4_ 001。再，《日本外交文書》中认为小村意见书于明治27年（1894年）3月提出，有误。根据内容可判断，意见书于1895年提出。

③ 《清國ニ於ケル通商特權ノ擴張》（明治廿七年三月小村政務局長意見書），［日］外務省編纂：《日本外交文書》（明治第28卷第1册），巖南堂書店1953年版，第194页。

对于每个通商口岸的选择，日本政府都经过了细致调查和深思熟虑。五口之中，沙市、湘潭和泸州是长江流域的要地。三地可沟通湘省以及西南地区，因而受到日本重视。在谈及“汽船航路的扩张”问题时，小村寿太郎也将重心放在长江流域。他建议日本政府在已有航路基础上，要求清政府开放三个重要区域：一是长江上游，即湖北宜昌至四川重庆及泸州；二是由长江入洞庭湖，溯湘江至湘潭；三是西江下游的广州至梧州。[①] 在随后的马关议和期间，日本政府对他的建议稍作改动，提出和约条款，新增长江下游的江苏省苏州府、浙江省杭州府两处通商口岸，并在“汽船航路的扩张”一项中添加由上海入吴淞江及运河、而至苏州、杭州一线。[②] 这两项改动都涉及长江流域，足见日本政府对长江流域的重视。

《马关条约》签订后，日本方面加紧向长江流域扩张。因三国干涉“还辽”事件，日本被迫放弃辽东半岛。这引发日本朝野的极大不满，被认为是“日本国民历史上血泪悲痛的一章”。当时《东京日日新闻》甚至无理指责三国干涉使得“以几千万生灵赢得的和平被再次搅乱”。[③] 日本官民视此事件为巨大耻辱，不但不满足于通过侵略战争攫取而来的巨大权利，反而更以“发展国力”作为当下急务。伊藤博文在众议院、贵族院数次呼吁：日本政府、国民应当共同协力增进国家富强，以军备计划最为必要，也不能忽视殖产、兴业、教育、运输等其他事业。[④] 日本以“发展国力”为急务，必然建立在尽可能维持、利用《马关条约》这一不平等体系的基础上。日本坚决维护《马关条约》的各项特权，不容许清朝有任何质疑、动摇之举。对日本而言，

① 《清國ニ於ケル通商特權ノ擴張》（明治廿七年三月小村政務局長意見書），［日］外務省編纂：《日本外交文書》（明治第28卷第1册），巖南堂書店1953年版，第195—196页。

② 《媾和条約》，日本外務省外交史料館藏：《日清講和条約締結一件/講和条約 一》，档案号：2－2－1－0－1_ 4_ 001。

③ ［日］朝日新聞社编：《明治大正史》第2卷外交篇，朝日新聞社1931年版，第163页；《咄！三國の干涉來る》，［日］新聞集成明治編年史編纂会编：《新聞集成明治編年史》第九卷，林泉社1940年版，第252页。

④ 《日清講和後の方針》（1895年1月10日）、《日清戰後の経営》（1896年1月11日），［日］伊藤博文：《伊藤公全集》第二卷，昭和出版社1928年版，第43—50页。

中国南方的特权尤为紧要。1896 年 7 月，第二任台湾总督桂太郎考察台湾、厦门等地后，向日本政府提交建议书，主张日本的势力应“注入南清”，采取“北守南进”策略。该建议得到日本政府及军方的支持。[①]“北守南进”的情势基本持续到日俄战争，而长江流域是日本“南进”目标内的重要区域。

当然，在向长江流域扩张的过程中，日本方面深知张之洞对日本抱有严重敌意并将造成阻碍。中日战争结束后，日本政府收到驻天津领事荒川已次与李鸿章幕僚伍廷芳的谈话报告。在谈话中，伍廷芳私下告诉荒川，张之洞奉清廷旨意，推荐“前日本公使黎庶昌（时任四川省重景府道台）及前横滨领事陈允颐（时任湖南省候补道台）”二人为驻日公使人选，理由浅薄、充满偏见，“不外是黎、陈二人不通晓外语。通晓外语者自然容易与日本高等官吏交情亲密，往往泄露本国机密而误国事。”另外，“李鸿章与日本官吏之间交情亲密，假若派遣其属下及与之相熟的文武官员出使日本，将对清朝不利。这也是张总督选择公使的特别理由。”[②] 当时，清朝朝野不少人怀疑李鸿章与日本方面存在私下联系乃至交易而最终误国。日本驻华公使馆的武官也听到了这种流言，向军方报告称：清朝官民多以为此次战败议和“全是日本政府与李伯（引者：李鸿章）的密谋”，“愚夫愚妇言之尚可，堂堂大臣大吏中也有人如此认为”，并将张之洞作为昧于外事的大臣典型。[③] 张之洞对日本的仇视态度，更体现在支援台湾民众抵抗日本的实际举动上。日本强迫清政府签订《马关条约》割让台湾，遭遇台湾民众的顽强抵抗。张之

---

① ［日］波多野勝：《近代东アジアの政治变动と日本の外交》，慶應通信 1995 年版，第 12—13 页。

② 《新任日本出使清國公使裕庚ニ関スル件》（1895 年 7 月 15 日），［日］伊藤博文編：《秘書類纂 · 外交篇》下卷，秘書類纂刊行会 1936 年版，第 269—270 页。按：根据文意可判断，该报告系驻天津领事荒川已次所作。文中对黎庶昌的职位介绍有误，应是四川川东兵备道道员。再，是年 7 月，张之洞遵照清廷旨令，推荐黎、陈候选驻日公使，见《遵旨保荐使才　致总署》（光绪二十一年闰五月十二日辰刻发），赵德馨主编：《张之洞全集》第四册，武汉出版社 2008 年版，第 443 页。伍廷芳向日本方面提供的消息大致不差。当时在张之洞幕下的郑孝胥曾被询问人选而推荐黎庶昌，张之洞“颔之”。郑孝胥的理由是“其临事虽稍方板，颇为持重……此时且以文学交际，虚与委蛇，使彼政府亦未能遽测中国之情实，似尚为合宜”。（中国历史博物馆编，劳祖德整理：《郑孝胥日记》第一册，中华书局 1993 年版，第 501 页）

③ 《津報第四号》（1895 年 8 月 26 日），日本防衛省防衛研究所藏：《津報第 4 号ほか》，档案号：海軍省 - 雑報告 - M27 - 3 - 3。

洞在听闻割台传言时，便坚信“台湾山险民强，瘴盛雨多”，且台抚唐景崧等人“才略忠勇，必能御倭”。[①] 桦山资纪在侵占台湾镇压民众的过程中向日本政府连连诉苦，认定台湾民众之所以能够长期抵抗是因为得到清朝大陆官吏的支持。他曾电告日本参谋本部，点名指责“张之洞、刘永福等送檄文给贼魁，纠合土民义军起事。”[②] 可见，日本方面对于张之洞的仇日态度乃至实际举措都有深刻了解和认识。

综上所述，张之洞坚决抵制日本侵犯中国主权，抗拒不平等的《马关条约》，设法从中挽回利权，对日本抱有严重敌意。而日本政府将《马关条约》视为发展国力的重要保障，加紧向长江流域扩张，也清楚张之洞在战后对日的仇视态度。因此，在随后围绕《马关条约》如何具体落实的交涉中，张之洞与日本方面直接接触并产生激烈冲突成为必然之事。

二 双方围绕沙市日租界设立的交涉

1895 年《马关条约》签订后，具体条款如何落实成为战后中日两国关系中的重要问题。其中，通商口岸的设立问题是重中之重。日本觊觎已久的沙市、重庆、苏州、杭州四口全在长江流域，这是日本对华扩张的重心区域。而张之洞在甲午前后经历官职调动，从甲午开战不久署理两江总督，到战后回任湖广总督，对全局的影响力有增无减。尤其是围绕四口日租界的谈判事宜，张之洞统筹各地并建言清廷，深刻影响其辖区两江、两湖五省，乃至整个长江流域。长江流域是日本在战后加大扩张力度的目标，也正是张之洞个人影响愈发加深的区域。如此一来，张之洞与日本方面的接触交往更为频繁，交锋冲突也随之产生。

四口日租界中，沙市日租界谈判经历的时间囊括张之洞在两江及两湖施政的时段，充分反映出他在《马关条约》框架下的对日态度。根据《马关条约》规定，中日两国围绕沙市、重庆、苏州、杭州四地设立通商口岸事宜展开交涉，其中沙市日租界的谈判历时三年才告一段

---

① 《致台北唐抚台》（光绪二十一年二月二十三日辰刻发），赵德馨主编：《张之洞全集》第八册，武汉出版社 2008 年版，第 263—264 页。

② 《電報》（1896 年 1 月 5 日），日本防衛省防衛研究所藏：《明治 27 年 ~ 29 年 台湾方面情報綴（1）》，档案号：海軍省 - 日清 - M27 - 99。

落。这是在新条约框架下，中日两国关系调整中出现的重要问题。

关于甲午至戊戌期间张之洞的对日交涉情况，学界重点关注了张之洞反对割台、初期对整体条约的补救等问题[①]。具体到沙市日租界的谈判，前人将此事纳入租界史研究的范畴做了出色研究[②]。下文将梳理沙市日租界谈判的基本史事，重点讨论张之洞在此时间段对日交涉中发挥的作用。

（一）保权让利

1895 年 4 月清朝与日本签署《马关条约》，并于 5 月正式生效。其中和约第六款规定：在已开通商口岸以外，中国应准添设沙市、重庆、苏州、杭州各处“立为通商口岸，以便日本臣民往来侨寓，从事商业、工艺制作；所有添设口岸，均照向开通商海口或向开内地镇市章程一体办理，应得优例及利益等亦当一律享受”“日本政府得派遣领事官于前开各口驻扎”。[③] 10 月 6 日，日本驻华公使奉外务省旨令，照会总理衙门，称“上海总领事珍田捨巳往苏杭沙市等处，选择租界，并查明通商一切事宜”，要求总署电饬“各该地方官与该总领事妥为商办”。在与全权大臣李鸿章确认《马关条约》各款从“全权大臣画押以后六个月”方可照办的规定后，清廷同意了日本的要求。[④]

在这一条约框架下，中日就新开四口日本租界的设置问题展开交涉。

从 1895 年 10 月日本政府照会清廷商办租界起，至 1896 年 10 月中日就四口租界订立《公立文凭》止，是包括沙市在内四口日租界谈判的第一阶段。就沙市而言，第一阶段中日双方进行了三次交涉。第一次即上文已提及的珍田捨巳奉命考察苏杭后，于 1896 年 1 月下旬抵达沙市，与时任荆宜施道台周懋琦进行了一周左右时间的短暂交涉。因初涉此事且行程紧凑，珍田捨巳的主要任务是选定日本租界的预定地址。第二次是

---

① 参阅任放《近百年张之洞研究述评》（《近代史研究》2003 年第 2 期）对张之洞反割台活动的总结；杨天石《黄遵宪与苏州开埠交涉》，《学术研究》2006 年第 1 期。

② 概括性研究参见费成康《中国租界史》，上海社会科学院出版社 1991 年版；［日］大里浩秋、孙安石编著《租界研究新动态（历史 · 建筑）》，上海人民出版社 2011 年版。

③ 《中日媾和条约》，中国史学会主编：《中国近代史资料丛刊 · 中日战争》第七册，上海人民出版社 1957 年版，第 497 页。

④ 李鸿章致总理衙门：《日本派員赴蘇杭等處議劃租界本係照約辦理恐難拒所請》（1895 年 10 月 7 日），“中央研究院”近代史研究所档案馆藏，档案号：01－25－044－01－052。

1896 年 5 月底至 6 月初，张之洞回任湖广总督后特派委员钱恂、余肇康会同当地道台曹南英，与刚任职不久的日本驻沙市二等领事永泷久吉[①]会商。初来乍到的永泷久吉尚未了解相关情形，以“迄未奉政府信，实不敢擅议”拒绝谈判，[②] 但仍与清方议及了租界选址的改动。同时，他迅速向日本外务省请示谈判的具体步骤。[③] 7 月，日本外务省发来谈判要点大纲，对租界的地址、行政权、租界建设费、租赁土地、居住民等各方面做了明确规定。[④] 这可视为日本政府对沙市日租界设定的“理想”章程，也反映它对谈判的态度和底线。日后日方基于这一大纲，对若干条款做了调整。第三次是 8 月初永泷久吉照会新任荆宜施道台俞钟颖，开启新一轮谈判。永泷久吉以大纲为基础起草了一份租界章程，拟与中方逐条商议。这次谈判是真正意义上的深入谈判，双方争执不已。

张之洞是影响谈判的关键人物，极力阻止日本实现其理想章程。甲午战争爆发后，他于 1894 年 11 月正式署理两江总督，直至 1896 年 2 月卸篆，回湖广总督本任。不论官职如何调动，他都积极地就各口设立租界事宜向总署及相关督抚提供大量建议。因此，张之洞对四个通商口岸设立日租界的谈判均有影响，更不用说回任两湖后对沙市日租界谈判的控制力。长期与中方交涉的永泷久吉曾感叹，因受张氏“指挥干涉”，直接负责谈判的清方委员不过是将永泷的陈辩及张氏的训令传达对方的“中介”。[⑤] 更为重要的是，自甲午战起后，张之洞坚决的仇日

---

① 永泷久吉（1866—?），日本新潟县刈羽郡人，英国法律学校及专修学校法律课毕业，历任朝鲜釜山日本总领事馆、仁川领事馆事务代理。1896 年 2 月 22 日起任沙市领事馆二等领事，1898 年 11 月升任澳大利亚悉尼领事馆一等领事。因此永泷久吉几乎全程参与了沙市日租界的谈判。此后他又转任汉口、上海、檀香山等地领事馆领事。1914 年退任后，曾在安田保善社、东京建物会社、正金银行、满洲兴业会社等公司任职，著有回忆录《回顧七十年》。

② 《曹道、余守、钱守来电》（光绪二十二年五月初四日午刻到），苑书义等编：《张之洞全集》第九册，河北人民出版社 1998 年版，第 7006 页。

③ 《帝国居留地設備ノ義ニ付具申》之附件“送電写”（1896 年 5 月 21 日），日本外務省外交史料館藏：《在支帝国専管居留地関係雑件/沙市之部　第一卷》，档案号：B－3－12－2－32_ 4_ 001。

④ 《外务大臣西园寺公望致驻沙市领事永泷久吉电》之附件（1896 年 7 月 4 日），日本外務省外交史料館藏：《在支帝国専管居留地関係雑件/沙市之部　第一卷》，档案号：B－3－12－2－32_ 4_ 001。

⑤ 《居留地取極書案修正ニ関スル復申》（1897 年 9 月 20 日），日本外務省外交史料館藏：《在支帝国専管居留地関係雑件/沙市之部　第一卷》，档案号：B－3－12－2－32_ 4_ 001。

态度使得日本的谈判极其艰难。这几乎是每一位直接或间接接触过张之洞的日本外交官的同感，如珍田捨巳向日本政府报告称：张之洞“痛为反对添设口岸之议，尽可能妨碍其间”，甚至怀疑他“无视清廷的训令”不顾一切阻碍日租界的开设。①

1. 保权

在第一阶段的谈判中，张之洞给日本方面设置的最大难题是沙市日租界的性质问题。这涉及最根本的问题，即租界权力的归属。《马关条约》签订后，张之洞奉旨筹议补救办法。针对四口通商的开设，他建议按照“宁波通商场”办法最妥。宁波通商章程，重点有三：一是改名，“不设租界名目。但指定地段，纵横四至，名为通商场”；二是管权，“地方人民管辖之权，仍归中国”；三是出钱，“巡捕、缉匪、修路一切，俱由该地方官出资募人办理。中国官须力任诸事”。② 如此一来，清政府只需提供一块区域给外国人寄居，最为关键的是界内一切行政、司法诸权力收归中国。《马关条约》内日本希望设立的“租界”，将被几近自由贸易区的“通商场”取代，原本的特权性质荡然无存。张之洞这样为之，自有战后仇日的民族情绪在内，更是希望从日本入手将历年“失于检点”的利权逐步收回。③

清廷有意认可张之洞的提议，视此为挽回权力的一线生机。李鸿章曾坦承，《马关条约》内“声明所有添设口岸均照向开通商海口或内地镇市章程一体办理之语，通商口岸划分租界几成通例”。虽然明知张之洞的提议与旧有办法不同，但总理衙门及李鸿章等人认为“力与磋磨，果能办到，可省无数葛藤”。④

得到清廷的明确表态后，张之洞采取各种方法挽救，以期改变日租

① 《在沙市帝国居留地豫定ノ儀ニ付復命》（1896 年 1 月 24 日），日本外務省外交史料館藏：《在支帝国専管居留地関係雑件/沙市之部　第一卷》，档案号：B－3－12－2－32_ 4_ 001。

② 《奉旨筹议倭约第六款补救办法　致总署》（光绪二十一年七月初七日戌刻发），赵德馨主编：《张之洞全集》第四册，武汉出版社 2008 年版，第 446—447 页。

③ 《致总署》（光绪二十一年九月初五日丑刻发），赵德馨主编：《张之洞全集》第九册，武汉出版社 2008 年版，第 30 页。

④ 总理衙门致南洋大臣、四川总督、湖广总督、江苏巡抚、浙江巡抚：《日本領事赴蘇杭沙市重慶等處履勘租界請飭屬妥籌辦理》（1895 年 10 月 10 日），“中央研究院”近代史研究所档案馆藏，档案号：01－25－044－01－065。

界的性质。他未固执于宁波模式的“通商场”，对海关总税务司赫德提议的“外国租界总界”一说也不排斥。“外国租界总界”，即划定各国总租界区域后再分给各国，但是权归清朝。张之洞甚至对“租界”的英文 concession 及 settlement 加以辨析，认为 concession 有“让与之地”的意味，交涉时应避免使用[①]——虽然日本方面并未在意这两个单词的区别。同时，张之洞还对谈判方式及方法提出对策。他请求总署“不如请其派日领事在沪，予以议定章程之权，由南洋派黄道遵宪与议”，以便四口谈判能“一体坚持力争”；并查照日本国内各国租界章程所言租界由“日本政府所辖”，可备总署及相关督抚“仿行辩论”。[②]

然而，日本不会放弃由《马关条约》攫取而来的各项租界特权，自始至终坚持日租界的“专管”性质。在第三次谈判开始前，日本政府提醒永泷久吉：“日本居留地的翻译应称作日本国租界”，“清朝委员对此痛加抗议，以‘通商地段’‘商埠’‘居住地段’等新译词代用”，认为拘泥于名词字义而生纷争是清朝常用手段，要求他力争租界性质。[③] 日本政府也清楚地知道，张之洞是日本设置专属租界的重要阻碍。珍田曾指责张氏“决不容许日本开设租界”，设计上文所言种种反对方法“秘密训令清朝各地方委员”。[④]

2. 让利

在坚持沙市日本租界权属清朝的同时，张之洞还依据他理想中的“通商场”模式，一厢情愿地对日本作出部分“利”的让步。

最重要的是租界各项工程费用的让步。张之洞希望以“巡捕、缉匪、修马路、筑马头”等工程由清朝筹款办理，“费由我给”换取“地

① 《致总署》（光绪二十一年九月初五日丑刻发），赵德馨主编：《张之洞全集》第九册，武汉出版社 2008 年版，第 30 页。

② 《致总署》（光绪二十二年正月十三日午刻发）、《致总署、苏州赵抚台、杭州廖抚台、武汉谭制台、成都鹿制台》（光绪二十一年十二月二十二日亥刻发），赵德馨主编：《张之洞全集》第九册，武汉出版社 2008 年版，第 101、88 页。

③ 《外务大臣西园寺公望致驻沙市领事永泷久吉电》之附件（1896 年 7 月 4 日），日本外務省外交史料館藏：《在支帝国専管居留地関係雑件/沙市之部　第一巻》，档案号：B－3－12－2－32_ 4_ 001。

④ 《在沙市帝国居留地豫定ノ儀ニ付復命》（1896 年 1 月 24 日），日本外務省外交史料館藏：《在支帝国専管居留地関係雑件/沙市之部　第一巻》，档案号：B－3－12－2－32_ 4_ 001。

方人民管辖之权，仍归中国”。[①] 按照以往清朝各口通商章程的规定，确有“我管界则我任工程，不管则不认”[②] 的向例。“管界”可顺理推出“任工程”，但不意味着中方“任工程”便能获得“管界”之权。此时，中日双方仍在争执沙市日租界的性质问题。但张之洞为争取管界之权，完全未与日本方面谈判妥当，便执意认为清朝可率先修造各项工程，以此达到“中国出钱即权归中国”的既成事实。张之洞的草率决定直接影响了中日的具体谈判。在他的催促和影响下，负责谈判的荆宜施道台也认为应当速办工程“免落后着”以致失权，有意先修道路、堤坝等工程。[③] 更为致命的是，在第三次最为正式的谈判中，永泷久吉提出“租界内的道路沟渠桥梁石垣及码头等，以清政府的费用建设之”。对此，荆宜施道台竟毫无异议，仅抗议“修建方法应随清政府之意”，日本领事不应过问。[④] 在租界性质尚未谈妥之时，清朝轻易许诺负责建筑工程，实际已落后着、主动失利。

张之洞的理想模式也间接满足了日本对租界的选址要求。第一次谈判时，珍田捨巳初拟“从沙市洋码头东南的老炮台起，（引者：往东）沿江长八百丈宽八十丈之地”作为沙市日租界的地址。[⑤] 这块区域的优点是总面积较大，但缺点明显：远离市区，区域狭长、不利于扩充，地势低洼、易遭水害。其实，日人认为沙市沿江最理想的租界地址，在老炮台往西接近洋码头的地区。但日本得到这块土地困难很大，主要是因为这一地皮从西往东已分别被道台衙门、海关、怡和洋行、太古洋行、清朝官商购买；且老炮台即使作为废弃的军事设施租与日本，也将引发

① 《致成都鹿制台》（光绪二十一年十一月初九日寅刻发），赵德馨主编：《张之洞全集》第九册，武汉出版社 2008 年版，第 62—63 页。

② 《致荆州俞道台、梁令敦彦、魏令远猷》（光绪二十二年十月二十八日戌刻发），赵德馨主编：《张之洞全集》第九册，武汉出版社 2008 年版，第 168 页。

③ 《曹道来电》（光绪二十二年四月初六日午刻到），苑书义等编：《张之洞全集》第九册，河北人民出版社 1998 年版，第 6988 页。

④ 《帝国居留地ノ開設商議ニ関スル儀ニ付具申》（1896 年 9 月 27 日）及附件《在大清國沙市口大日本國租界章程案》，日本外務省外交史料館藏：《在支帝国専管居留地関係雑件/沙市之部　第一卷》，档案号：B－3－12－2－32_ 4_ 001。

⑤ 《在沙市帝国居留地豫定ノ儀ニ付復命》（1896 年 1 月 24 日），日本外務省外交史料館藏：《在支帝国専管居留地関係雑件/沙市之部　第一卷》，档案号：B－3－12－2－32_ 4_ 001。

清朝言官的抨击。不过，鉴于这一区域地势较高、面临的长江水势缓慢而便于船舶停靠、商业贸易繁盛且成熟等有利条件，第二次谈判时永泷久吉仍强烈建议日本政府，日租界预定区域的起点应从老炮台向西挪动至海关地界的东端，底线仅是可以除去老炮台遗址，但须立约不许该处让与他国。[①] 让人意外的是，除去怡和、太古的地皮涉及英国而无法擅自决定外，张之洞很快默许了日人要求，“日界移上游，可省筑堤之工，亦尚有便于我之处”，仅指示道台“开议时不宜遽许，须彼于他事肯就我范，方可允之。”[②] 在张之洞看来，移址是为减少修堤费用，而修堤是为保有管地之权。也就是说，他仍以“中国出钱即权归中国”为根本来考虑租界的选址问题。经过多次争执后，1896 年 9 月 10 日道台俞钟颖与沙市日本领事永泷久吉签订草约，预定从清朝官商购地的东界起共三百八十丈长之地，横宽则东界长一百八十六丈间深八十丈，以下一百九十四丈间深一百二十丈为日本租界的地址，只待两国政府的正式批准。[③] 这便是沙市日租界的雏形，与日后定章的租界地址相比改动很小。

需要注意的是，至此中日双方对沙市日租界的性质问题完全没有谈妥。日本始终坚持管界之权归日、工程费用归清，而清朝在采用各种方式争取管地之权。在这种情况下，张之洞却假定权归清朝，甚至不惜让“利”而保“权”。他的错误假设和主动让步，导致清朝在第二阶段的谈判过程中格外被动。

（二）失权守利

1. 失权：日本的强硬照会

在日本通过战争手段强行制定的不平等条约框架下，张之洞试图重新定义“租界”的性质，显然低估了日本的实力与野心。虽然中日双方均坚持租界之权归已，但张之洞指示道台俞钟颖“今专管一层既归总

① 《帝国居留地設備ノ義ニ付具申》（1896 年 5 月 21 日），日本外務省外交史料館藏：《在支帝国専管居留地関係雑件/沙市之部　第一巻》，档案号：B－3－12－2－32_ 4_ 001。

② 《致荆州曹道台、余守、钱守》（光绪二十二年四月二十五日戌刻发），赵德馨主编：《张之洞全集》第九册，武汉出版社 2008 年版，第 126 页。

③ 《帝国居留地ノ開設商議ニ関スル儀ニ付具申》之“巳號写”（1896 年 9 月 10 日），日本外務省外交史料館藏：《在支帝国専管居留地関係雑件/沙市之部　第一巻》，档案号：B－3－12－2－32_ 4_ 001。

署议，则沙市仅议划地”[①]，使得双方的具体谈判仍在继续。不过，不根本解决租界的性质问题，必然影响具体条款的商议。在永泷久吉和俞钟颖画押日界地址草约后，张之洞命令俞抱定“总署总界”之说，即租界专管权力问题交归总理衙门与日本驻京公使谈判，在沙市只设各国总租界而不给日本专属租界，权归清朝；并向永泷久吉发难，要求他预计日本“商人的确须地若干丈，定一期限，尽行纳价租定，不得空指丈数，日久无人承租”。张之洞甚至自信地告诫俞钟颖：“务须坚持，不可稍松。可勿过虑，断不致铤走决裂。”[②]

而日本政府的强硬举措迫使张之洞不得不改变原有设想。在接到俞钟颖的照会后，永泷久吉意识到：若将租界的性质问题搁置待定，后续谈判无法进行。因此，他迅速致电日本驻华公使及外务省，要求日本政府向清廷施压，撤销“总署总界”的决定。[③] 1896 年 10 月 11 日，日本驻华公使林董赴总理衙门递交节略，对“沙市租界未准归我专管”“日本租界以内管理道路以及稽查地面之权本当专属我国，乃有异词”等四事表示强烈不满。随后，林董再次强硬照会称：对于节略，总署“惟在允否两字而已。兹限明日正子为期见复，以便取决可也”。[④] 清廷被迫迅速答应，并于 19 日与日本订立《公立文凭》四款，同意“添设通商口岸，专为日本商民妥定租界。管理道路以及稽查地面之权，专属该国领事。”[⑤] 对此，张之洞亦只能遵照总理衙门电报“毋令启衅”，改令荆宜施道台“沙市新开之口，自应划给日本专界，界内管理之权，应照上

---

① 《致荆州俞道台》（光绪二十二年七月十三日巳刻发），苑书义等编：《张之洞全集》第九册，河北人民出版社 1998 年版，第 7072 页。

② 参见《致荆州俞道台》（光绪二十二年八月初十日未刻发），赵德馨主编：《张之洞全集》第九册，武汉出版社 2008 年版，第 151—152 页；以及《帝国居留地ノ開設商議ニ関スル儀ニ付具申》之“庚號写”（1896 年 9 月 19 日），日本外務省外交史料館藏：《在支帝国専管居留地関係雑件/沙市之部　第一卷》，档案号：B－3－12－2－32_ 4_ 001。

③ 《帝国居留地ノ開設商議ニ関スル儀ニ付具申》之“二号写”（1896 年 9 月 20 日）、“五号写”（1896 年 9 月 25 日），日本外務省外交史料館藏：《在支帝国専管居留地関係雑件/沙市之部　第一卷》，档案号：B－3－12－2－32_ 4_ 001。

④ 日本公使林董致总理衙门：《面告諸節請限期見覆》（1896 年 10 月 17 日），“中央研究院”近代史研究所档案馆藏，档案号：01－25－048－02－016。

⑤ 《公立文憑事》（1896 年 10 月 19 日），日本外務省外交史料館藏：《在支帝国専管居留地関係雑件/沙市之部　第一卷》，档案号：B－3－12－2－32_ 4_ 001。

海办法，归日本自理，其余各节，可酌照杭州章程办理”[①]，不再反对日本所要求的租界性质及权属。

清朝不得已而迅速答应日本要求，是事出有因。其一，张之洞对租界性质提出的异议，本与《马关条约》规定相左，只是一种改变现状的尝试。其二，在强权政治下，清政府只能屈从日本的要求。总理衙门道出了被迫妥协的关键缘由：日本“执定马关约，力争新开口岸专界及界内专管之权”，其公使与总署“辨驳数日，词气坚执，否则即将已定新约作废，势成决裂”。[②] 所谓新约即数月前林董与总署商议后双方签订的《中日通商行船条约》。但对于该约，“日本武臣议士以未得格外利益，类多不满林董之词。林董来署自言政府责其颟顸，撤调回国”。[③] 因此，日本朝野的不满以及上文所述永泷久吉的抱怨电报，都促使林董频频向清廷施压。更重要的是，尚未撤离威海卫的日本军队对清朝形成强大的军事威慑，这是林董“词气坚执”的底气和根本。加之不久前的 9 月日本第二次伊藤博文内阁结束，第二次松方正义内阁成立，西德二郎任外务大臣。日本国内政治变动，也使清廷担忧日本政府或“意存反覆”，故“利害之间，不能不略权轻重”[④]，以免“势成决裂”。

因此，张之洞用苍白的坚持和反抗为清朝争取“权”，结果自然是失败的。

2. 守利：修堤费用之争

作为双方谈判的根本问题，租界性质已由日本强硬解决。清政府失去管地之权后，还能交涉争取的只剩下次要的利益问题。但是，此前张之洞擅自做主，在权属不定时已松口让利与日本。对于几近到手的利益，日本又怎会轻易放过——即便这些利益按向例属于清方。由此引发了中日双方一系列利益之争。

---

① 《致荆州俞道台》（光绪二十二年九月十五日辰刻发），赵德馨主编：《张之洞全集》第九册，武汉出版社 2008 年版，第 157 页。

② 同上。

③ 总理衙门：《具奏日本催開四口租界請互換文憑以商訂製造稅抵換利益》（1896 年 10 月 19 日），“中央研究院”近代史研究所档案馆藏，档案号：01－25－048－02－020。

④ 同上。

在中日两国订立《公立文凭》后至1898年沙市事件发生之前，是双方谈判的第二阶段。这一阶段最重要的争论是修筑堤坝费用归谁承担。围绕该问题，双方进行了三次交涉。

第一次交涉系两国订立《公立文凭》后，荆宜施道台俞钟颖和日本驻沙市二等领事永泷久吉于1896年12月中旬商定《沙市口日本租界章程》草约和别约。双方就租界地址、租地、完税、公审会所、码头趸船等问题逐条讨论后，基本达成一致，并约定28日“先行签名盖印”，“禀候两国政府批回，各存其一为照”。若如此，将完全确定沙市日租界章程。不过，他们留下了两条分歧重大的条款，放入别约：

> 一、沙市日本租界内道路沟渠桥梁堤防码头等一切工程，监督云：“查条约及各口向章，均无归清国办理之例，自应归日本办理”等语。领事云：“必须归清国办理。及据林钦差在总理衙门所议之约之趣旨，各项工程归清国办理”等语。两说互歧，应俟两国政府核示。
>
> 一、监督云：“沙市内地而论，中国商民不得在租界内杂居贸易”等语。领事云：“清国商民杂居有关贸易，必须随便居住贸易，而沙市情形与杭州相同”等语。意见不同，即候两国政府核定。[①]

永泷久吉坚持第一条的重要借口便是清朝曾“承诺办理此工程”，这是此前张之洞擅作主张轻许工程费用的恶果。22日，永泷久吉将草约和别约情况报告日本外务省，认为不应有任何延期而签署该章程。[②]

---

① 参见《帝国居留地取極商議ノ状況ニ付具申》（1896年12月25日）及附件《在沙市口日本租界章程》、《在沙市口日本租界章程別約》，日本外務省外交史料館藏：《在支帝国専管居留地関係雜件/沙市之部　第一巻》，档案号：B-3-12-2-32_4_001。按：俞钟颖后将章程草约报告总署，但未录入别约，见《函陳日本沙市租界章程草約十五條其界内工程及華民雜居兩款尚未商定並詳修隄不便各情》（1897年3月15日），“中央研究院”近代史研究所档案馆藏，档案号：01-18-077-01-001。

② 《驻沙市领事永泷久吉致外务大臣大限重信电》（1896年12月22日），日本外務省外交史料館藏：《在支帝国専管居留地関係雜件/沙市之部　第一巻》，档案号：B-3-12-2-32_4_001。

但此时受日本政府指令，日本驻华公使正在北京与总理衙门商议苏州、杭州日租界章程中的道路建造费用等问题。日本政府希望待苏、杭两地租界章程缔结后，将其作为其他口岸的谈判模板。因此，在与俞钟颖约定盖印的前三日，永泷久吉接到日本外务省的命令，推迟沙市租界章程的签字。[①]

让张之洞意想不到的是，在中日双方交涉的第二阶段，日本政府对谈判作了“让步”。日本政府按原计划，在 1897 年 3 月苏州尤其是 5 月杭州日本专管租界章程签订后，6 月 1 日指令永泷久吉与荆宜施道台展开第二次交涉。日本政府要求永泷依据三点旨趣，援照苏杭成例对上一年的章程草案加以修改：一是清政府负责在章程实施后的一年内修建租界堤防，且日后随时负责修理；二是日本政府负担租界内道路、桥梁、沟渠、码头等工程的筑造及修理，但附加条件是清政府不应征收上述公用地段内的租价地税，且减低租界内的普遍地价；三是清政府许以民众杂居租界。[②] 同时，日本外务省要求驻京公使照会总理衙门，请总署饬令地方官员再与永泷久吉“悉心商议，迅速妥结”。[③] 日本政府以苏杭之例，自办沙市道路桥梁等工程，作出让步；也正是以苏杭无需修堤为由，要求沙市筑堤修理之工程归清朝负责，即想以第二点旨趣换取一、三点旨趣的利益。此时《马关条约》已签订两年有余，日本朝野上下都希望沙市租界章程能够速定。甚至在第二次交涉的前一日，日本首次派遣军舰“大岛”号抵沙市停留二旬有余，“以在谈判中加重日方砝码”。[④] 即便如此，张之洞仍对外坚持，指令道台俞钟颖转告永泷久吉：清方“完全不可能修筑堤坝”。[⑤] 不过，张

---

① 《外务大臣大隈重信致驻沙市领事永泷久吉电》（1896 年 12 月 25 日），日本外務省外交史料館藏：《在支帝国専管居留地関係雑件/沙市之部　第一卷》，档案号：B-3-12-2-32_ 4_ 001。

② 《外务大臣大隈重信致驻沙市领事永泷久吉电》（1897 年 6 月 1 日），日本外務省外交史料館藏：《在支帝国専管居留地関係雑件/沙市之部　第一卷》，档案号：B-3-12-2-32_ 4_ 001 。

③ 矢野文雄致总理衙门：《沙市租界援照蘇杭兩章酌訂希飭地方官與領事妥結》（1897 年 7 月 1 日），“中央研究院”近代史研究所档案馆藏，档案号：01-18-077-01-002。

④ 李少军：《国民革命前日本海军在长江流域的扩张》，《历史研究》2014 年第 1 期。

⑤ 《驻沙市领事永泷久吉致外务大臣大隈重信电》（1897 年 7 月 15 日），日本外務省外交史料館藏：《在支帝国専管居留地関係雑件/沙市之部　第一卷》，档案号：B-3-12-2-32_ 4_ 001。

之洞私下指示下属时松口同意，如若日本先允自行修堤，则清朝可以“准杂居、减地价两条为抵换”。[①] 这是张之洞的谈判底线。道台严格遵守张之洞的指示，在日本未允之前不敢先行向永泷久吉透露，因此双方一直僵持。

8 月底，日本政府又提出新的解决方案，要求将“修堤作为悬案，其余仿照苏杭章程酌议”，尝试开启第三次谈判。[②] 但张之洞再次拒绝日本提议，要求“修堤事须一并定议”。其理由仍是堤防亦属工程，应由日本承担；且“筑堤一事理已极明”而不能称为悬案。[③] 无奈之下，永泷久吉只能照会道台俞钟颖“自负本议不成之责”。自此，中日双方基本中止了沙市日租界的谈判。

修筑堤坝的费用成为中日之间一直无法解决的关键。沙市与苏州、杭州的不同之处在于，该地的堤坝非修不可。虽然租界地址经商议向西挪动后较初选之处地势稍高，但因整个界址仍处沿江低洼区域，随时有被淹浸及冲刷之患，所以日本一直要求修堤“以保全地界之安固”。[④] 清朝也很清楚修堤的必要性。沙市租界谈判伊始，张之洞便在考虑修筑堤坝，坦言沙市界面“江水盛涨即被淹浸，非加筑外堤横堤，不能筑室立埠”。[⑤] 但修堤费用需银十万两左右乃至更多[⑥]，确是一笔不小的开销。永泷久吉曾分析，如果堤坝与马路等其他工程修建二选一的话，自然是

---

① 《致荆州俞道台》（光绪二十三年五月二十七日亥刻发），赵德馨主编：《张之洞全集》第九册，武汉出版社 2008 年版，第 233 页。

② 本段未注明处均见《居留地取極書案修正ニ関スル復申》（1897 年 9 月 20 日）及其附件，日本外務省外交史料館藏：《在支帝国専管居留地関係雑件/沙市之部　第一巻》，档案号：B-3-12-2-32_4_001。

③ 《梁令致荆州俞道电》（光绪二十三年八月十六日午刻发），苑书义等编：《张之洞全集》第九册，河北人民出版社 1998 年版，第 7386 页。

④ 《帝国居留地設定ニ関スル具申》（1897 年 7 月 3 日）及附件“別紙甲號”，日本外務省外交史料館藏：《在支帝国専管居留地関係雑件/沙市之部　第一巻》，档案号：B-3-12-2-32_4_001。

⑤ 《致总署》（光绪二十二年十月二十六日亥刻发），赵德馨主编：《张之洞全集》第九册，武汉出版社 2008 年版，第 167 页。

⑥ 此时，张之洞对外宣称修堤需费二十余万两，或意在证明费用巨大、决不承担。1898 年“沙市事件”时，日本估计堤工需费约八万六千余两。张之洞在同意中日分担费用后，估计约需银十万余两。本书即采此说。详见《致总署》（光绪二十二年十一月十九日丑刻发）、《致总署》（光绪二十四年五月初九日戌刻发），赵德馨主编：《张之洞全集》第九册，武汉出版社 2008 年版，第 172、326 页。

前者“费用极大”。[①] 苏杭章程虽有规定一切工程如道路、桥梁等费用应归日本，但日本以该约内无明文规定修堤为借口，只愿承担修建道路等部分工程，以此换取清朝负担费用更多的修堤工事以及华洋杂居两事。同样，张之洞也不愿意费此“巨款”，一直坚持“界权既属彼（引者：日本），则我无出巨款与他族兴巨工之理”。[②] 更重要的是，若允代筑堤坝，“各国效尤”一体均沾沙市之例，将使清朝的负担加重“何以应之”。[③]

至于华洋杂居一事，中日虽未谈妥，但并非要事。于日本而言，“准许清民杂居是租界繁盛的重要原因之一”，[④] 存在巨大的利益。于清朝而言，这主要涉及对逃匿租界的不法分子如何行使行政司法等权力的问题。但清朝多处租界都已允许杂居，并形成相关预防机制。张之洞也未将此视为极其重要之“权”，只用作谈判筹码以期日本承担修堤。

因此，张之洞坚持“各省情形不同，外海与内江有别”，以“汉口英界以及去年新开德界作样”，[⑤] 不承担堤坝在内的任何租界工程，亦不允许杂居。日本则援引新开四口中的苏州、杭州日租界章程，要求华洋杂居；却不遵循苏杭章程，只同意承担部分工事，强令清朝修堤。两者对比，日本明显是无理取闹。

在中日谈判的第二阶段，张之洞被迫放弃最根本的租界管地之权后，只能尽力挽救次要之利益。尤其修堤一事，他最终的态度可谓坚决——即使曾受到日本军舰的威慑。但与要求管界之权时的反应不同，

---

① 《帝国居留地取極商議ノ状況ニ付具申》（1896年12月25日），日本外務省外交史料館藏：《在支帝国専管居留地関係雑件/沙市之部　第一巻》，档案号：B-3-12-2-32_4_001。

② 《致总署》（光绪二十二年十一月十九日丑刻发），赵德馨主编：《张之洞全集》第九册，武汉出版社2008年版，第172页。

③ 《致总署》（光绪二十三年六月十二日午刻发），赵德馨主编：《张之洞全集》第九册，武汉出版社2008年版，第237页。

④ 《外务大臣西园寺公望致驻沙市领事永泷久吉电》之附件（1896年7月4日），日本外務省外交史料館藏：《在支帝国専管居留地関係雑件/沙市之部　第一巻》，档案号：B-3-12-2-32_4_001。

⑤ 《致荆州俞道台》（光绪二十二年十月初九日午刻发），赵德馨主编：《张之洞全集》第九册，武汉出版社2008年版，第162页。

日本暂且未用更强硬的手段逼迫张之洞就范。张之洞对这一阶段形势的判断较为准确：一则《马关条约》对相关利益没有明确规定，可“抱定马关条约并无修堤修路之语”；二则“苏杭已得便宜，仅止沙市一处，不能尽满其欲”，因此日本“断无废约寻衅之理”。①

虽中日尚未谈妥沙市日租界章程，但从双方的心理底线可见将来继续谈判的可能。日本要求清朝修堤并允华洋杂居；而张之洞坚持不承担修堤，但杂居可商。修堤费用作为最大的争执点，日本曾以“夏涨时关系中国民居甚多，不独租界一处之事，事系通局”② 为由要求清朝承担，虽被张之洞反驳，但日本的这一说法确为日后的谈判留有余地。

再者，沙市日租界的开设是日本打开长江中上游商业贸易的重要步骤，日本并不愿意租界章程的谈判拖延太久。这也是为何日本在这一阶段多次主动要求谈判、甚至作出部分“让步”的主要原因。在现有条约框架下，日本无法再进一步完成谈判，不过是缺少一个合适的事端作为借口。

张之洞对日交涉最显著的“不变”之处是他的交涉方式。张之洞常被日本外交官们指责远程遥控乃至过度干涉租界相关事宜的谈判，而他在交涉过程中又往往夹带个人感情。甲午战后，德、日两国同时向张之洞要求开设租界。他以“中德交谊正笃”“此时正宜与德联络”为由迅速答应了德国的请求③，却因民族感情多番为难日本，并没有体现出太多的外交原则。这一切表象都可归结为张之洞对外交涉缺乏专业性。地方行政官员往往身兼数职，包办纷繁的交涉事务。沙市租界事宜的每一次交涉都是基于日方拟就的大纲或草案进行，清朝只能跟着日本的思路拆东补西匆忙应对。交涉报告体制也远不及日本——不论是实时的情况请示还是事后的系统整理。更有甚者，负责与日本进行谈判的清朝委员

---

① 《致荆州俞道台、梁令敦彦、魏令远猷》（光绪二十二年十月二十八日戌刻发），赵德馨主编：《张之洞全集》第九册，武汉出版社 2008 年版，第 168 页。

② 《总署来电》（光绪二十三年九月十四日丑刻到），苑书义等编：《张之洞全集》第九册，河北人民出版社 1998 年版，第 7397 页。

③ 《致武昌谭制台、汉口恽道台》（光绪二十一年七月初八日戌刻发），赵德馨主编：《张之洞全集》第九册，武汉出版社 2008 年版，第 5 页。

不懂日文，全程只能依靠日方翻译来交换彼此意见。[①] 比之五十多年前国门刚被打开时的交涉情形，此时清政府的对外交涉已有进步。但业余的清朝官员仍然难以招架具有专业素养的日本外交官们。弱国不谙于外交之术，其弊丁沙市租界谈判一事尽显。

第三节 “联交”之酝酿

中日关系经历甲午战时及战后相当一段时间的紧张对抗后，至1898年前后走向缓和、愈发密切。而张之洞逐渐接受日本“重在修好联交”的提议，成为中日关系发生重要转变的积极主导者。他与日本方面酝酿“联交”的缘由、举措以及具体表现是本节将要论述的重点。

一 日本各界对张之洞的拉拢

（一）背景

为尽可能攫取在华利益，日本迫切需要改善战后的中日关系。1896年1月27日，日本正在召开第九次帝国议会。众议院议员和田彦次郎登上演讲台，质问日本政府：

> 《马关条约》第六条规定：自本条约批准交换之日起，至日清通商条约缔结止，清政府对日本官民适用最惠国条款。故该条约被批准交换的明治28年（引者：1895年）5月8日以降，我帝国商人输入清朝的酒烟草药类，应照上述条款与其他最惠国商品一同免税，但实际上至今仍被清政府征收关税。帝国商人未能享受当然之利益，政府何故拖延？政府何故不让清政府速速实行《马关条约》？请求政府就上述问题尽快答辩。

和田彦次郎甚至激烈指责现任内阁在外交上“执以软弱方针，污损

---

① 《帝国居留地取極商議ノ状況ニ付具申》（1896年12月25日），日本外務省外交史料館藏：《在支帝国専管居留地関係雑件/沙市之部 第一卷》，档案号：B-3-12-2-32_4_001。

国权，损害国益。”[①] 他的质问得到今井矿一郎等31名议员的赞成。几日后，临时代理外务大臣西园寺公望进行答辩，答辩书委托众议院议长楠木正隆递至议会，内称：

> 听闻有说法称，对于帝国输入清朝的酒烟草，天津税关违反媾和条约第六条之规定，如从前一样课税。帝国驻该地领事已于明治28年（引者：1895年）9月照会津海关道，要求依据条约施行免税；该道台当即回答同意。上述始末，已在当年10月23日《官报》及11月1日刊行的《通商汇纂》第二十八号上刊登。上海税关最初主张对该物品课税，经同年12月帝国驻清朝公使与总理衙门文书往复后，该衙门电训江海关道施行免税。随后该道台将其旨趣知照帝国驻上海总领事。
>
> 以上之事实，如质问者所言，政府保护帝国臣民当然享有的利益，并无拖延之事。[②]

日本议会上演的这一幕，实际反映甲午战后日本对华关系的两点重要内容：一是日本朝野坚决维护并执行《马关条约》以攫取各项权利，二是日本官民高度重视中国市场。1897年1月，日本内阁总理大臣松方正义向议会说明，上一年日本对外贸易处于入超且输出较往年减少。他指出，对外贸易“直接影响国家的损益盛衰”，呼吁“扩张物产之销路，以期在与列国的经济竞争中立于不败之地”。[③] 而日本扩张海外市场的重点目标就是中国。这在日本对外贸易的数据中得到充分反映，见下表2.2：

---

① ［日］和田彦次郎：《馬關條約第六條ノ實行ニ關スル质问》（1896年1月27日），《第9回帝国議会・衆議院議事録・明治28.12.28～明治29.3.28》，日本国立公文書館藏，档案号：帝00020100，第205—207页。

② ［日］西园寺公望：《眾議院議員和田彦次郎君ヨリ提出ノ質問書ニ對スル答辯書》（1896年2月1日），《第9回帝国議会・衆議院議事録・明治28.12.28～明治29.3.28》，日本国立公文書館藏，档案号：帝00020100，第273页。

③ ［日］松方正义：《松方内閣総理大臣施政ノ方針ニ關スル演説》（1897年1月19日），《第10回帝国議会・衆議院議事録・明治29.12.25～明治30.3.24》，日本国立公文書館藏，档案号：帝00022100，第23页。

表 2.2 **日本出口地域表**（1895—1911）[1] 单位：千日元

年度	总额	中国		欧洲三国		美国		三地区小计
1895	136112	27498	20%	33229	24%	54029	40%	84%
1897	163135	46715	29%	36902	23%	52436	32%	83%
1899	214930	74548	35%	44316	21%	63919	30%	85%
1901	252350	84713	34%	44010	17%	72309	29%	80%
1903	289502	94719	33%	56009	19%	82724	29%	81%
1905	321534	118897	37%	44626	14%	94009	29%	80%
1907	432413	130406	30%	76232	18%	131101	30%	78%
1909	413113	110962	27%	76586	19%	131547	32%	77%
1911	447434	135739	30%	79081	18%	142726	32%	80%

该表显示，对华出口额占日本对外出口额的比重自甲午战后显著提高，常年占30%以上，并在1899年至1905年间居日本对外出口地域之首。这是日本倚重中国市场的直观表现。因此，日本迫切需要缓和与中国的对抗关系，并与之进行更多往来。其时，日本内阁总理大臣松方正义向民众说明对外政策，改言和平的重要性，声言“可取的方针是通商之膨胀……商船的往来是和平气脉相通之因”。[2] 日本用强硬态度与手段维持条约体系的同时，也尝试对华展现较为“温和”的一面，即松方所谓日本不可忘记的“义务”：“作为远东特立的新进文明国家，日本对清朝、朝鲜其他远东诸国，要尽诱掖开导之义务。无他，我国先被文明之恩泽，其恩泽推之近邻，是国家自然的义务。”[3] 松方将日本描绘成新进文明国家友好帮助邻国的形象，刻意美化日本对华扩张的野心。时任日本驻华领事小田切万寿之助对日本如何扩张在华势力有切实具体的领悟：

> 《马关条约》签订、日清战争媾和以来，帝国政府对清朝采取何种政略，自然不是小官所能预知，但窃自推测贵方针所在，毫无疑问是有计划地向清朝推进扩张我国通商航船之利益；同时，诱掖

① 表格引自［日］坂本雅子《财阀与帝国主义：三井物产与中国》，徐曼译，社会科学文献出版社2011年版，第31页。

② ［日］松方正義述：《松方伯時務談》，国民新聞社1897年版，第26页。

③ 同上书，第27页。

> 清朝官民匡正国政，以御外国之觊觎，进而确保我国在东方处于提携者之地位。一言以蔽之，警醒该国也属于方针之一部分。①

小田切万寿之助的言论表明，通过拉拢、“提携”清朝官绅干涉清朝国政，应当成为日本对华扩张的政策之一。

甲午战后，日本与俄国在东北亚地区展开激烈竞争，利益冲突愈发严重，更加迫使日本重新考虑对华关系。1896 年，俄国与清政府签订《中俄密约》建立同盟关系，被日人认为“俄国得以敷设东清铁路、创立华俄银行，致使侵略满洲及进入东亚的策略已踏出第一步。”② 让日本朝野愈发警惕的是俄国在朝鲜的势力扩张。1895 年 10 月朝鲜爆发乙未事变后，俄国在朝势力大为增强。为缓和日俄矛盾，1896 年山县有朋作为日本全权大使受命赴俄，与俄国签订《日俄协商议定书》③。日本外务大臣大隈重信曾向议会解释日俄协定：“不幸的是，28 年（引者：1895 年）10 月京城之变起，继而 29 年（引者：1896 年）2 月之变起，日俄关系之感情在朝鲜受到不少伤害，很不稳定。为调和此感情，政府考虑有必要进行日俄协商……尽力避免日俄之间的恶感和冲突。”④ 其时，日本尚不具备充分的实力与俄国决裂，故表面有所克制，而暗中积极展开战后经营，以遏制俄国在东北亚地区的扩张。其中，军备扩张是重中之重，受到历届日本内阁的高度重视。时任陆军大臣山县有朋直言，日本应以完成东洋和平使命自任，改造国防机关、更新其机能、充实其兵力，“在满洲大陆制衡俄国、与之均势”。⑤ 在这一背景下，日本一些人士为抗衡俄国而致力于调整对华关系，其代表人物是日本参谋次长川上操六（1898 年 1 月升任参谋总长）。他采取的措施之一是派遣将校赴中国要地以“举

---

① 《膠州灣占领事件發生後清官ニ對シ取リタル行動具報ノ件》（1897 年 12 月 31 日），［日］外務省編纂：《日本外交文書》（明治第 30 卷），巖南堂書店 1953 年版，第 556—557 页。

② ［日］德富蘇峯：《陸軍大将川上操六》，第一公論社 1942 年版，第 167 页。

③ ［日］德富蘇峯編：《公爵山県有朋伝》下卷，山県有朋公記念事業会 1933 年版，第 271—274 页。

④ ［日］大隈重信：《大隈外務大臣演説》（1897 年 2 月 26 日），《第 11 回帝国議会·（第 10、11 回議会）衆議院議事録·明治 30. 12. 24 ~ 明治 30. 12. 25（解散）》，日本国立公文書館藏，档案号：帝 00024100，第 193 页。

⑤ ［日］德富蘇峯編：《公爵山県有朋伝》下卷，山県有朋公記念事業会 1933 年版，第 242 页。

日清提携之实”，为将来对俄作战准备。[①] 由此，“日清提携”成为他规划东亚政策中的重要一环。张之洞曾称赞川上操六“尤笃睦谊，于联络中、东各事极为恳切，深可感佩”。[②] 不过，已有学者指出，日本对华具有两面性，“一方面日本为了与俄国对抗，努力与清朝修好，支持清朝内部的亲日势力；另一方面，它并不认为清朝本身具有重要的力量……日中修好的策略只是其整个外交战略中的一部分，并且处于从属的地位。”[③] 从甲午战后数次日本帝国议会的记录来看，不管是众议院还是贵族院，议员关注的重心仍在日本与英、俄、德等西方国家的外交交涉，不太注重对华政策，对华外交只是日本对西方列强外交中的附属品。

在尝试与清朝修好的过程中，日本将张之洞视为清朝官绅中值得拉拢的重要对象。起初，日本着力拉拢的清朝大员是李鸿章。即使经历甲午战争的对抗，战后日本仍寄希望于李鸿章。任职驻华公使馆的日本步兵中佐神尾光臣曾向参谋本部报告称：

> （引者：在清朝内部）反省战败的是亲身经历、亲眼目睹战争之人，及李鸿章一派的人士；至于其他人，则是漫然举例疆域之大、人数之多与我国比较，放言快语，依然处在迷梦之中……
>
> 拥有四亿民众的庞大古国积弊已入骨髓，若进行改良自不容易，需要威望压倒古今、智略冠绝一世的豪杰。但此前属望的李鸿章，是吾人、外国人所属望者，但清朝民众对他多为厌忌。……今（引者：李鸿章）伯殆被视为卖国之臣。此际朝廷断然没有勇气排除众议而重用之，经营善后之难局，进入革新之轨道。[④]

日本军方给予了对手李鸿章很高评价，并对他受到清朝朝野指责和排挤感到惋惜。日本政府也持相同态度，甚至尝试帮助李鸿章恢复旧有

---

① ［日］德富蘇峯：《陸軍大将川上操六》，第一公論社 1942 年版，第 167—168 页。

② 《张之洞致东京李钦差（李盛铎）电》（光绪二十五年四月初七日），虞和平主编：《近代史所藏清代名人稿本抄本》第二辑（张之洞档）四九，大象出版社 2014 年版，第 139 页。

③ 茅海建：《戊戌变法史事考》，生活·读书·新知三联书店 2005 年版，第 466 页。

④ 《津報第四号》（1895 年 8 月 26 日），日本防衛省防衛研究所藏：《津報第 4 号ほか》，档案号：海軍省 - 雑報告 - M27 - 3 - 3。

地位。伍廷芳曾奉李鸿章之命，数次拜访日本驻天津领事荒川已次。荒川已次判断伍廷芳的来访是希望日本方面助推李鸿章恢复旧职，由此建议日本政府：

> 李鸿章本是清朝唯一的政事家，且素来知道日本的国力，特别是战败后表现出敬慕我国的模样——从其言行可以看出。反之，其他的当路大臣悉不明事理，徒与俄国亲近，蔑视日本，大多是对我最为不利者。（引者：建议）利用李鸿章利己之念，先从其希望，在北京开启此次通商条约谈判，让李鸿章自行说服反对者使之心服，让反对者中权力最大、尊俄攘日的翁同龢等人与李鸿章一同分担该条约谈判的责任，也是一策略。①

该建议得到日本外务省的同意，外务大臣西园寺公望随即指示驻华公使照办。② 日本政府担心清朝内部“尊俄攘日”的势力过强，将影响日本在华利益，由此选择暗中帮助李鸿章。而荒川已次所言“尊俄攘日”的势力中，内朝以翁同龢、李鸿藻为代表，外朝则主要是“总督张之洞，也是李鸿章的有力反对者之一，与北京政府气脉相通，其人缘颇好，最近还受命专任修建连接清朝南北的铁路大工事。”③ 荒川已次的报告透露出日本方面对张之洞的两点重要认识：一是张之洞在甲午战后极度仇视日本，并迁怒反对李鸿章；二是张之洞在清朝政坛的地位日益提升。日本军方在战后收到数份关于张之洞推行自强举措的报告，强化了这种认识。如“战后清朝兵制上唯一值得注目的是张之洞战时在南京着手编成的自强军，和袁世凯去年（引者：1895 年）12 月左右在天津港东南十里左右的小站募集编成的新建陆军”④；“署理两江总督张之

---

① 《通商條約談判ニ付伍廷芳談話》（1895 年 8 月 24 日），［日］伊藤博文编：《秘書類纂·〔第 1 卷〕日清事件》，秘書類纂刊行会 1936 年版，第 617—618 页。

② 《北京ヲ日清通商條約談判地トスルノ件》（1895 年 8 月 6 日），［日］外務省編纂：《日本外交文書》（明治第 28 卷第 1 册），巖南堂書店 1953 年版，第 200 页。

③ 《通商條約談判ニ付伍廷芳談話》（1895 年 8 月 24 日），［日］伊藤博文编：《秘書類纂·〔第 1 卷〕日清事件》，秘書類纂刊行會 1936 年版，第 617 页。

④ 《天津派遣員報告　4 月 15 日　新設の兵制》（1895 年 4 月 15 日），日本防衛省防衛研究所藏，档案号：海軍省 – 牒雑報号 – M29 – 1 – 5。

洞在战时尽职于长江的防御工作，购买武器募集勇丁，以应北部急需”，在战后创建新式陆军、设立陆军学堂及铁道学校、设置要塞炮兵、扩招江南水师学堂学生等。[①] 然而，李鸿章在战后未能如日本所期望的那般恢复旧有地位，而是经赋闲、出使俄国后出任两广总督，势力大不如前。张之洞则愈发得势，甚至出现李鸿章的部分权势转移至张之洞手中的迹象。譬如，关于战后张之洞推荐清朝驻日公使人选一事，荒川已次指出，“以前清朝驻外国公使的任免，悉皆委托李鸿章选择推荐，这是惯例。然而此次派遣新任驻日公使之事，清政府不再发给李鸿章任何命令，直接电报遥令两江总督张之洞提供人选。”[②]

在这样的背景下，日本主动修好两国关系，积极拉拢以张之洞为代表的实力要员。长江流域是甲午战后日本对华扩张的主要区域，也是张之洞长期任职的区域。日本方面判断：张之洞是这一区域的重要官员，甚至是清朝地方极具分量并能影响中央的实力大员。虽然在《马关条约》落实过程中遭遇张之洞的顽强阻挠，但日本方面仍设法对他进行拉拢。熟悉清朝内情的日本驻上海总领事代理小田切万寿之助在 1897 年底报告日本政府：“目下该国督臣中的实力派刘（坤一）、张（之洞）二人认识到，在东方局势中可与我国亲依，这是可庆的现象。”[③] 1898 年，赋闲的伊藤博文历访清朝要员回国后，在东京实业家的招待会上发表演讲，呼吁日本加大对华贸易的扩张，并认为李鸿章、张之洞、荣禄、王文韶、廖寿恒、刘坤一等人“绝非一般不学无术的俗吏”。[④] 伊藤博文对接触过的清朝要员之排序说明，张之洞在他心目中的地位已仅次于李鸿章。此后，日本各界要人访华拜访远在内陆的湖广总督张之洞，成为一股趋势。

（二）各方活动

自 1898 年前后起，日本各方对张之洞进行了不同程度的拉拢诱掖。

---

① 《津第二十三號報告》（1896 年 4 月 15 日），日本防衛省防衛研究所藏：《津第 23 号報告》，档案号：海軍省－雑報告－M27－3－3。

② 《新任日本出使清國公使裕庚ニ関スル件》（1895 年 7 月 15 日），［日］伊藤博文编：《秘書類纂·外交篇》下卷，秘書類纂刊行会 1936 年版，第 269—270 页。

③ 《膠州灣占領事件發生後清官ニ對シ取リタル行動具報ノ件》（1897 年 12 月 31 日），［日］外務省編纂：《日本外交文書》（明治第 30 卷），巖南堂書店 1953 年版，第 558 页。

④ 《支那の現狀》（1898 年 12 月 11 日），［日］伊藤博文：《伊藤公全集》第二卷，昭和出版社 1928 年版，第 3—4 页。

具体可从日本军方、政府、民间三方的活动情况展开讨论。

1. 军方

1897 年底，日本参谋本部先后派员赴华开展活动。神尾光臣是日本参谋本部的第一步棋。他长期在华活动，是当时熟知清朝内情的日本将校之一，甚至被认为是“日清融合之端绪”的开启者。[①] 神尾光臣奉日本参谋本部之命赴华的活动路线是先赴直隶，进而南下经上海赴湖北，再访南京后回国。其中，他对湖广、两江的访问不顺：因恰值胶州湾事件爆发，不知日人来访有何意图的湖广总督张之洞以视察堤工为名避而不见，两江总督刘坤一也只派关道接见。但随即张之洞改变态度，力邀神尾光臣再次来华。关于上述史实，学界已有详细论述。[②] 还需指出的是，张之洞对神尾光臣先拒后迎的改变，根本在于日本关于“清朝兵制改革”的提议。这些提议中，聘请日本军事顾问及派遣学生留日两点，极大地推动了张之洞对日态度的改变。日本驻上海总领事代理小田切万寿之助向日本外务省报告，指出：

> 先前神尾陆军大佐考察长江流域之际访问湖广总督张之洞，值张之洞勘查堤工不在武昌，不得已改而会面铁路大臣盛宣怀，劝说清朝兵制改革之必要。其结果是，张邀请大佐来年再次渡航与盛宣怀商议起草改革方案。兵制改革符合张之洞的意愿，前不久他返回武昌后致电上海海关道蔡钧，请蔡将他愿与神尾大佐面商之意通知大佐……[③]

神尾光臣在甲午战后复任日本驻华公使馆武官，积极致力于调整邦交，并随时观察战后清朝的改革。1896 年，神尾光臣曾向日本军方报

---

① ［日］德富蘇峯：《陸軍大将川上操六》，第一公論社 1942 年版，第 80 页。

② 李廷江：《戊戌维新前后的中日关系——日本军事顾问与清末军事改革》，《历史研究》1999 年第 2 期；陶德民：《戊戌变法前夜日本参谋本部的张之洞工作》，王晓秋主编：《戊戌维新与近代中国的改革——戊戌维新一百周年国际学术讨论会论文集》，社会科学文献出版社 2000 年版。

③ 《驻上海总领事代理领事小田切万寿之助致外务次官小村寿太郎电》（1897 年 1 月 4 日），日本外務省外交史料館藏：《清国兵制改革一件》第一卷，档案号：5－1－1－0－14_001。

告张之洞在战后为整顿武备、变革军制而采取训练新军、创办陆军学堂等措施，[①] 因此知晓张之洞对兵制改革的迫切愿望。这便不难理解，他访华的第二站选择逆江而上先行拜访张之洞——以当时两江总督刘坤一与湖广总督张之洞所处的政治地位与两地的地理位置而言，先访两湖再访两江可谓罕事。虽未能与之见面，但神尾光臣提议军制改革恰合张之洞的心意。此后，张之洞对日本的态度急速转变，于1898年初邀请神尾光臣再次来华。神尾光臣率梶川重太郎等4人于1月27日抵沪，至3月19日离鄂，奔波于上海、武昌长达近两个月。大部分时间里，他们停留在鄂与张之洞商量军事、教育等事宜，还有两周逗留上海与盛宣怀、郑孝胥等人商拟陆军制度、士官学堂章程。[②]

神尾光臣提出“兵制改革”问题引发张之洞极大兴趣，这为不久后日本参谋本部大尉宇都宫太郎访鄂打下基础。张之洞对宇都宫太郎等人表现得格外热情。1898年2月，他派武备学堂及自强学堂委员补用知府姚锡光、护军前营统领官游击张彪、都司吴某、千总蒋某、翻译官瞿某共5人随同宇都宫太郎、桥本齐次郎赴日。对此，日本驻沙市领事永泷久吉向外务次官小村寿太郎发出机密报告，内称：

> 此次湖广总督张之洞认为有必要视察我文武教育实况，派遣上述五人，由在汉的桂齐之和参谋本部员宇都宫大尉二人带回国，十一日从汉口出发。而上述视察员预定在我国停留约两个月，根据其视察之结果预计将再派遣留学生。[③]

---

① 《津第23号報告》（1896年4月15日），日本防衛省防衛研究所藏，档案号：海軍省-雜報告-M27-3-3。

② ［日］大里浩秋整理：《宗方小太郎日記，明治30~31年》，《人文学研究所報》2010年（44），第49—52页；中国历史博物馆编，劳祖德整理：《郑孝胥日记》第二册，中华书局1993年版，第645—646页。

③ 《驻沙市领事永泷久吉致外务次官小村寿太郎电》（1898年2月24日），日本外務省外交史料館藏：《1. 留学生派遣ニ関スル在清矢野公使具申并ニ回訓附在英公使へ仝件通報》，档案号：B-3-10-5-3_1_001。按：后又补派汉阳枪炮厂一人。宗方小太郎1898年2月11日记：“武昌自强学堂稽查姚并三武员及瞿道台之侄，与宇都宫等同行赴日本。”（见［日］大里浩秋整理《宗方小太郎日記，明治30~31年》，《人文学研究所報》2010年（44），第50页。）又，蒋某应是蒋德钧，由湖南所派；桂齐之，是桥本齐次郎的化名。

派员赴日考察尚未开始，张之洞已在考虑派遣留学生赴日问题。他还有意对日示好，是年赠送了日本参谋总长川上操六一份礼品，包括速射炮一门、连发枪两挺及配套弹药。① 姚锡光一行考察回国的结果是，张之洞不仅拟从两湖选派学生百人赴日留学，甚至计划在武昌设立一所将领学校，招聘日人训练武官。张彪所辖的湖北新军也开始采用日本式训练。②

不过，随即发生的戊戌政变致使张之洞放缓了师日步伐。1899 年初，日本驻汉口领事濑川浅之进受日本政府指令，与张之洞幕僚钱恂会面。他注意到，"因遭遇北京政变"，此前张之洞提出的各种涉日计划受挫，譬如曾拟招聘神尾光臣大佐来鄂充当教习，如今被迫"谢绝大佐之来访"。濑川浅之进总结称：

> 张总督近来频频注意我国事务，对兵士教育诸事最为热心。满洲派大臣一来忌惮张总督之势望而欲消减之，一来担心湖南人士与我国人相联络以图举事。遂而张总督近来推行事业不得不受北京政府掣肘，而对北京政府的措置颇感慊然。③

戊戌政变后，张之洞一度刻意回避日本，避免引起清廷过多猜疑。在这种情势下，1899 年 4 月，日本参谋总长川上操六派遣军衔更高的福岛安正赴华，为抗衡俄国在华势力而调整中日关系，特地前往长江流域活动两江总督刘坤一和湖广总督张之洞。在南京，福岛安正拜访了刘坤一及其幕僚陶森甲、黄承乙等人，并进行数次谈话。18—26 日，福岛安正在武昌与张之洞及其重要幕僚会面数次，并参观工程营、护军前后营、自强学堂、工艺学堂、汉阳铁厂及枪炮厂等由张之洞一手创办的重要场所，甚至应邀参观姚广顺军与王得胜军在东门外的对抗演习。对

① 《速射砲外一点寄贈の件》（1898 年 4 月 4 日），日本防衛省防衛研究所藏，档案号：陸軍省 - 貳大日記 - M31 - 16 - 34。

② ［日］東亜同文会编：《対支回顧録》（下），原書房 1968 年版，第 276 页。

③ 《驻汉口领事濑川浅之进致驻清朝公使矢野文雄电》之附件"乙号"（1899 年 3 月 17 日），日本外務省外交史料館藏：《清国兵制改革一件》第一巻，档案号：5 - 1 - 1 - 0 - 14_001。

抗演习结束后，福岛安正私下与张之洞的重要部下张彪会晤，提出“于江阴、镇江设有威力之防御工事”“于湖广、两江培养十万强兵”“劝说极力反对革新者游历海外”“酌减长江水师以造水雷艇”“推动北京政府着手国家紧要之事业”等建议，得到张彪的认同。福岛安正离鄂时，收到张之洞的信函，内称：

> 昨汪丞凤瀛达及尊言阅看枪炮之情形，足徵雅怀关爱，感荷无似。本再拟与台端面谈一切，以今日公事繁多，因致未暇。昨日所言枪炮各节外，若尚有紧要之言，请详告汪丞。渠本系办理一切紧要机密之事，必能转达敝处，未尽之言统由汪丞面陈。[①]

此时张之洞仍然极为小心谨慎，将所有涉日事情交由幕僚帮办。福岛安正来华的主要用意是劝说刘、张二人在自强举措——如派遣留学生、招聘教习等方面借助日本力量。他此行的目的在日后逐步实现，更由此收获在华交往的丰富人脉，不仅与南方大员如刘坤一、张之洞建立了直接联系，也加深了与地方官绅如陶森甲、黄承乙、张彪等人的私谊。

然而，1900 年日本紧随西方列强瓜分中国甚至充当八国联军主力，让清朝官绅开始疑惧日本“联交”的诚意。为消除清朝官民对日本的疑惧，进而劝诱清朝师日变革，1901 年 8 月起，已升为陆军少将的福岛安正又一次赴华访问考察。福岛每到一处，即对当地官员解释日军进攻北京是为尽早救出各国使官，避免京城被列强踏为灰烬；还刻意强调日军维持恢复北京秩序有功，曾主动要求清朝于顺天府设置政务所，设法妥当安排联军在紫禁城内的示威行军。[②] 1900 年八国联军侵华时，福岛安正被任命日本临时派遣队司令官，率部参与联军进攻天津，并在占领北京后任联军司令官参谋。作为侵华联军的高级将领，他费尽口舌向清朝官民解释日军行径，既显真实又有诚意，使后

---

① ［日］東亜同文会編：《对支回顧録》（下），原書房 1968 年版，第 276—277 页。

② 《福島陸軍少将来寧中ノ行動報告》（1901 年 9 月 14 日），日本外務省外交史料館藏：《6. 福島少将ヲ清国ヘ派遣》，档案号：5－1－10－0－4_ 1_ 002。

者相信并对日本产生感激之情。张之洞便“以各种最大的好意”接待福岛安正，极力感谢日本“政府之方针和军队之行动，以救清朝之倾败、保护清朝民众的生命财产”。福岛也认为，张之洞“因同文同种之关系深厚”最为信赖日本。① 在清朝官民对日信任增强的基础上，福岛安正劝诱清朝师日变革较为顺利。他游说南方督抚，强调“以日为师”的重要性，甚至提出具体的实施办法，可概括为“练兵、练将、育才”三点。实际上，他的建议与南方督抚的愿望非常相近。1901 年刘坤一、张之洞联衔会奏变法三折，建议教育、军事等体制改革参酌仿照日本办法，并将日本作为清朝官民游历游学的首选国家，这是各督抚大臣“多数意见的集中体现”。② 11 月，在福岛安正的亲自劝说、邀请下，包括湖北在内的清朝南方数省派员参观日本举行的陆军特别大演习，“兼考察学校工厂诸务”③。湖北员弁抵日陪观军演后，还参观了日本高等师范的附属中小学以及女子高等师范学校。④ 据同行参观的钱德培记载，“各省阅操之员，颇有佩服日本设立各学堂培植人才之善。”⑤

几经波折后，日本军方消除了张之洞等清朝官绅对日本的担忧和疑虑，更进一步与之建立了较为稳定、长久的联系。

2. 政府

日本政府人员对张之洞的劝诱活动，以驻上海总领事小田切万寿之助的表现最为突出。

1896 年，小田切万寿之助以二等领事的身份担任日本战后新开通商口岸杭州的首任领事，次年代理上海总领事。以当时通例，各国设立领事的目的“是保护国民在外国当局之下的商业和航务，并向他们的政

---

① 《第 2 報告　漢口記事》（1901 年 8 月），日本防衛省防衛研究所藏：《南清地方旅行日誌》（明治 34 年 8 月），档案号：支那 - 参考資料 - 169。

② 李细珠：《张之洞与清末新政研究》，上海书店出版社 2009 年版，第 110 页。

③ 中国第一历史档案馆编：《清代军机处电报档汇编》第二十三册，中国人民大学出版社 2005 年版，第 26 页。

④ 参见《3. 明治三十四年度　東北地方》，日本外務省外交史料館藏：《帝国陸軍大演習関係雜件》第一卷，档案号：5 - 1 - 3 - 0 - 18_ 001。

⑤ 王宝平主编：《晚清东游日记汇编》二（日本军事考察记），上海古籍出版社 2004 年版，第 431 页。

府提供有利于促进贸易的情报。”[①] 但是，小田切万寿之助在驻沪代理领事任上向日本外务省提出自己的新理解：

> 原本领事官的职责专为办理通商事务，与外交事务划分畛域，固不待论。但驻清、韩两国各港的领事官与派往欧美诸国的同职者处境不同、职权不同，在某些场合出现了局部之外交官的奇怪情况。特别是在清朝，国土广大、民众繁多，中央政府与地方官吏之间脉络不贯通、声气不呼应，出现中央权力时常不达地方，地方权势时常凌驾中央的情况。驻该国各港的各国领事官因有办理事务的必要，自然具备局部之外交官的形体，洵为当今的实际情况。盖驻该国各港的各国领事官，一半带有领事官之名，一半备有外交官之实质，应称作一种异状的官吏。[②]

在他看来，日本驻华领事不再只是传统意义上负责办理通商事务的领事官，在某种程度上更肩负着对外交涉的职责，即所谓“局部之外交官”。因此，甲午战后，以小田切万寿之助为典型的驻华领事积极参与日本对华外交，利用所处的地域优势，与清朝地方官绅频繁进行联络交往。

在任职初期，小田切万寿之助与湖广总督张之洞并无直接联系。但胶州湾事件爆发后，他觉察清朝官绅对日态度发生变化，开始试图拉拢、活动封疆大吏：

> 追溯该国过去之情形，除一二有见识之政治家外，大多数人常蔑视我国为弹丸小国，误认为我国之进步发达是沐猴而冠，外装亲睦之色、内藏轻侮之心。廿八年战争（引者：中日甲午战争）后，多数官民知悉我国之真面目，而起尊敬畏仰之念……忽然胶州湾事件爆发，朝野人心遽然激动。值封疆大吏不能再守缄默之时机，小

---

① 王力：《近代驻华日本领事贸易报告研究（1881—1943）》，中国社会科学出版社 2013 年版，第 1 页。

② 《膠州灣占領事件發生後清官ニ對シ取リタル行動具報ノ件》（1897 年 12 月 31 日），［日］外務省編纂：《日本外交文書》（明治第 30 卷），巖南堂書店 1953 年版，第 556 页。

官见此而把握之，企图让督抚之实力派感到充分亲倚我国的必要，并将此必要禀告北京政府，使京内臣工与封疆大吏一致协同朝此方向前进。

张之洞便是小田切万寿之助的主要活动对象，而蔡钧和盛宣怀成为了他的中间人。蔡钧时任上海道，因职责所需常与小田切万寿之助来往。胶州湾事件后，蔡钧主张"依赖英日两国而摆脱今日之难局"，曾与小田切万寿之助商量办法。小田切万寿之助顺势建议他将这一主张详细"禀陈南洋大臣刘坤一及湖广总督张之洞，进而转达北京政府。如此有力之总督和北京之高官一致协同，方可达到目的。"① 故蔡钧数次致电张之洞，称小田切万寿之助等人谈及"此时如中、英、倭联盟，东方大局可挽……钧与沪上各领事尚投洽，佥以联英、倭为中救援急务"。② 正如小田切万寿之助期望的那样，张之洞对该说辞颇为心动，建言总署"似以兼联英、倭为要策"。③ 而盛宣怀是小田切万寿之助借助联络张之洞的另一渠道。他时任铁路大臣，"原属李鸿章幕下，因许可俄国铺设满洲铁路之事与李鸿章意见不同，转而成为张之洞的股肱之士，隐然于朝野间形成势力"。因此，小田切万寿之助"抵申以来，与此人敦睦交谊，目的是经盛宣怀而与张（引者：张之洞）取得联系"，从盛宣怀处获悉张之洞等地方大员的对日意向。小田切万寿之助的上述工作取得了不错的效果："沿长江一带地区即上自汉口附近、下至上海地方数百里间，稍通时事之人物无不偏袒以日清亲交为利的意见，洵为当今形势"，"当今形势可谓是日清两国缔交以来首次所见之现象。"④

随着局势变化，小田切万寿之助直接联系、亲自拜会张之洞的情况

---

① 《膠州灣占領事件發生後清官ニ對シ取リタル行動具報ノ件》（1897 年 12 月 31 日），［日］外務省編纂：《日本外交文書》（明治第 30 卷），巖南堂書店 1953 年版，第 559、557 页。

② 《蔡道来电》（光绪二十三年十二月初二日申刻到），苑书义等编：《张之洞全集》第九册，河北人民出版社 1998 年版，第 7442 页。

③ 《兼联各国互相牵制或可稍戢凶锋　致总署》（光绪二十三年十二月初十日辰刻发），赵德馨主编：《张之洞全集》第四册，武汉出版社 2008 年版，第 461 页。

④ 《膠州事件ニ關スル當國官吏ノ言動報告及當國沿岸地方ニ我艦隊派遣等ニ關シ意見具申ノ件》（1898 年 1 月 28 日），［日］外務省編纂：《日本外交文書》（明治第 31 卷第 1 册），巖南堂書店 1953 年版，第 346—347 页。

从无到有，并愈发频繁。他一直认为“尽早与清朝重要官员会面，贯达彼我之情意，并使他们在脑中感知厘革国政之急务”是为必要。① 在1898年前后日本军方派员来鄂以及“沙市事件”等日本与张之洞的重要交涉中，小田切万寿之助作为日方重要代表积极周旋，给张之洞留下了良好印象。7月，围绕汉口日租界的谈判，他受日本外务省指示赴鄂，这也是应张之洞的邀请。② 谈判之余，张之洞还与小田切万寿之助讨论借助日本以自强的各项举措，并提出了一份详尽的改革方案，包括：招聘军事教习并练兵五千名；枪炮厂招聘技师；订购制造枪炮的机器并借款；依赖日本机器及资金开设造纸厂和制革厂、聘请日人专管厂务并教导华人工匠；招募日本工匠技师教习制作竹器、漆器、骨角。这足以说明张之洞对小田切万寿之助的倚重。小田切万寿之助认识到这份方案将为日本带来重大利益：“将来制铁事业和军事机器制造事业掌握在日本手中”。他回国述职时向日本外务省正式报告了具体情况，并为促成这一方案“亲自奔走周旋”于日本官商之间。戊戌政变后，小田切万寿之助再次拜访张之洞，判断他“对日本的感情，前后并无何等差别，抱有大为满足之情。”③

至此，小田切万寿之助俨然成为最受张之洞信赖的日人之一。在戊戌政变后以及庚子事变时期，他都是张之洞对日交涉的重要对象。④ 通过日本驻华领事联络清朝地方督抚，成为日本政府对华外交的一条重要渠道。

3. 民间

日本民间的对华活动由来已久。甲午战后最为瞩目的是1898年由东亚会和同文会联合组成的东亚同文会对清朝各地官绅展开的活动。由

---

① 《膠州灣占領事件發生後清官ニ對シ取リタル行動具報ノ件》（1897年12月31日），［日］外務省編纂：《日本外交文書》（明治第30卷），巖南堂書店1953年版，第558页。

② 《致上海盛京堂转小田》（光绪二十四年四月二十七日午刻发），赵德馨主编：《张之洞全集》第九册，武汉出版社2008年版，第322页。

③ 《兵士訓練及学生派遣ノ件ニ関シ湖広総督張之洞ト交涉ノ状况報告附英國練兵ノ件ニ関シ「ベレスフオート」卿張総督商議ノ状况》（1898年12月20日），日本外務省外交史料館藏：《清国兵制改革一件》第一卷，档案号：5－1－1－0－14_001。

④ 参见戴海斌《庚子事变时期张之洞的对日交涉》，《历史研究》2010年第4期；《义和团事变中的日本在华外交官——以驻上海代理总领事小田切万寿之助为例》，《抗日战争研究》2012年第3期。

于学界对这一问题论述较多[1]，兹以东亚同文会会长近卫笃麿与张之洞的交往为例作简略说明。

甲午战后，清政府陆续派员赴日游历游学，受到近卫笃麿的热情招待。张之洞所派员弁也不例外。1898 年《申报》曾报道，近卫笃麿担心张之洞派出的首批赴日考察员弁于“异地不便良多，因拟鸠赀设一行辕，专备华员居处，俾航海到此者，得以宾至如归，并劝令将学校规制教育事宜，一一详细考求，以资取法，暇复历览矿山讲求开采之术。庶中日两国得以渐致富强，日后唇齿相依不受外人之欺侮”[2]，热心可见一斑。11 月底，张之洞派遣张斯栒一行赴日参观军事演习，并在演习结束后考察日本各处学堂、营垒以及工厂，历时二十余日。12 月 17 日，以近卫笃麿为首的日本上下议政院议员及巨商数十人设宴招待湖北员弁。近卫笃麿发表演说，表达日人襄助清朝自强的强烈意愿，内称：

> 今李星使（引者：李盛铎）与阁下因观大阅驾至敝邦，兼视文武诸学校，贵国能释甲午之嫌隙，结同文唇齿之邦交，两国臣民皆深荣幸。窃意目今四面强邻迫压，必上下同心，练兵士育人民，使才智日增，甲兵日劲，庶可免外人觊觎之心。屡见海外报章议论贵国近情，仆等代为不平，深愿从旁襄助，望诸君将此意转达贵国执政大臣。此所本爵之深望也。

次日，张斯栒等人答宴日本“陆海两军省及外务省、宫内省诸大臣及次官，又上议政院议长近卫公、参谋部长等官，来宾廿余人”。[3] 1899 年初，张之洞派遣首批湖北学生赴日游学，并将爱孙张厚琨托付近卫笃麿照顾。而近卫笃麿不负所托，“将之收容于学习院，特别配有教官及擅长汉语的学生各一人，给予贵族院议长官舍一室，监督（引

---

① 参见翟新《近代以来日本民间涉外活动研究》，中国社会科学出版社 2006 年版；邱榮裕《東亞同文会と中国の政治改革（1898—1911）》，立命館大学博士論文，2001 年。

② 《日本睦邻》，《申报》1898 年 6 月 29 日第 1 版。

③ 上海图书馆编：《汪康年师友书札》第一册，上海古籍出版社 1986 年版，第 41 页。1899 年 1 月 8 日《申报》以《中外联欢》（第 1 版）为题，报道了此事。

者：张厚琨）的一切学事动静”。[①]

不久后，近卫笃麿与张之洞进行了直接会面。1899 年 6 月，他奉明治天皇谕旨赴欧美考察，并顺道访华，以长江流域的两位重臣两江总督刘坤一与湖广总督张之洞为重点对象。11 月 1 日，近卫笃麿结束在两江的行程，抵鄂开始为期四天的访问。近卫笃麿向张之洞等人反复强调“同文提携”的主张：“赞同中日两国交情趋向密切，并相信会更加亲密，故希望两国人士展开公私交往益发频繁。又，日本不分官民之别，为助贵国一臂之力之志益深，……贵国之盛衰与我国有密切关系。”应张之洞所请，近卫点评湖北各项新式事业，给予了较高评价，强调“清朝派遣学生赴日、招聘日本教师等事皆善，但清朝从事教育之人更应亲自赴日视察教育”。对此，张之洞极为赞成，“拍案称喜，说‘必然如此’”。不过，两人在日本政府是否应该驱逐康有为、梁启超离境的问题上产生严重分歧，导致谈话不欢而散。近卫笃麿评价张之洞的见识比刘坤一要低数等。[②] 全程陪同的宗方小太郎也认为，张之洞“超脱流俗，但器局偏狭，绝非大臣之才”。[③]

虽然张之洞与近卫笃麿在维新派、革命党等问题上产生严重分歧，但此后在公、私诸事上都保持长期联系。譬如，庚子事变期间，他和刘坤一等人求助近卫笃麿转递联名电奏、事后商议东三省问题，委托照顾赴日游学的次孙张厚瑗[④]等等。后世日人评论称，刘坤一、张之洞二人“颇为公（引者：近卫笃麿）之诚意与高识所倾倒，披襟畅谈，一见如故，对公深深地推服敬重。实现日中关系划时期的结好，此时实在不可不谓之胚胎。”[⑤]

总的来说，日本军方、政府、民间各方人士对张之洞展开了积极的拉拢劝诱，本质上是基于日本国家利益的考虑，当然也有个人的谋划。这些活动为日本方面与张之洞的进一步交往，起到了重要的推动作用。

---

① ［日］工藤武重：《近衛篤麿公》，大日社 1938 年版，第 146—147 页。

② 同上书，第 251—260 页。

③ ［日］大里浩秋整理：《宗方小太郎日記，明治 32 ~ 33 年》，《人文学研究所報》2011 年（46），第 137 页。

④ 李廷江编著：《近代中日关系源流：晚清中国名人致近卫笃麿书简》，社会科学文献出版社 2011 年版，第 449 页。

⑤ ［日］東亜同文会编：《对支回顧録》（下），原書房 1968 年版，第 891 页。

二　张之洞对日态度的变化

在日本各方积极活动张之洞的同时，张之洞对日态度也主动发生了变化。他从以往不了解、蔑视甚至仇视日本，转变为倡行“联交”日本。张之洞的对日态度并非一朝一夕形成，而是甲午战后他对日认识的变化与实践洋务的需要双重因素影响的结果。

（一）对日认识的变化

在甲午战争爆发之前，关于日本学习西方的情形，张之洞已略有了解，但不认可。任职两广总督时，他收到了黄遵宪自荐《日本国志》一书。1887 年，黄遵宪于驻日本使馆参赞任上动笔，“期于有用，故详近而略古，详大而略小”“牵涉西法，尤加详备”，1892 年离任时已“草完明治维新史”，对明治维新的情况花费很多笔墨。① 张之洞曾仔细阅读，并将该书与姚文栋所著《日本地理兵要》比较，认为“二书皆有用之作，惟详备精核则姚不如黄。实为出使日本者必不可少之书”，并应黄遵宪所请，代为咨呈总理衙门。② 其时，张之洞对日本略有了解，但不认可日本的维新举措，而是多存藐视之心。李鸿章也持同样心态，评论《日本国志》称，“虽日本摹仿泰西仅得形似，未必志一国而能赅五部洲之形势，然于东瀛政教图经言之凿凿，如在目中，亦有志之士矣。”③

甲午战后，张之洞逐渐认可日本学习西方器物制度的成效。他在仇日的同时，也开始正视日本的维新举措，于战后所上奏疏《吁请修备储才折》便是明证。该折开篇强调《马关条约》之凶狠，“倭人断无和好之心……日本之和不可恃”，仇日心态明显。该折起初未以“修备储才”为题，而是呼吁“翻约图强”、重在“翻约”④，足见张之洞对《马关条约》的不满。但是，他建言“修备储才”的办法，多以日本为例，作为清朝学习西方的正面参照物：

---

① 吴天任：《黄公度先生传稿》，香港中文大学出版社 1972 年版，第 318 页。

② 黄遵宪：《日本国志》（下），天津人民出版社 2005 年版，第 1009 页。

③ 同上书，第 1008 页。

④ 中国历史博物馆编，劳祖德整理：《郑孝胥日记》第一册，中华书局 1993 年版，第 497—498 页。

一曰宜亟练陆军也……日本用兵皆效西法，简练有素，饷厚械精，攻取皆有成算，弁兵皆有地图，以及登山涉水之具，糇粮御寒之物，无不周备，而又不惜重利，广购间谍。故今日之敌，迥非发、捻可比……查日本武弁皆向德国学习，德国特留兵官六十缺，专备倭人充补。中国若派往学习，令出使大臣与之切商，多留数十名之额，必无不允。

一曰宜亟造铁路也……即以日本论之，该国变法才二十年，而国势日强，几与各大国抗衡，寻其收效之著，实莫如铁路一端。

一曰宜广开学堂也……日本赴德国学兵事之学生，回国即充本国兵官。

一曰宜速讲商务也……考日本与西人通商，专讲精造土货、自运外洋两端，商本亏累，则官助之不以赔折而沮。今该国商利岁入至八千余万元，其取于美利坚者约四千万元，商务盛而交涉得手，国势自振，其明效若此。

一曰宜讲求工政也……即如日本，尤重工政。该国于各通商都会，遍设劝工场，聚民间所造器用百货，第其最精者，亦仿西洋之例，国家予以赏牌，使专其利。是以百工竞劝，制造日精，销流日广。今日本土货，其实在物产不过海菜、铜、煤数端，此外凡所以图中国西洋之大利者，大率皆资之于人力，而非仅取之于地产。[①]

张之洞建言清廷九事，其中过半强调并正面评价日本明治维新的成效。可见他于甲午战败后没有一味仇日，反而加强对日本的了解，认可日本学习西方的举措，甚至出现东、西洋并称的转变。譬如，张之洞奏请新军改练洋操，拟从每府、州各募一营“而各处分练，冀以广开风气”，强调“此即略寓西洋、东洋举国之民人人皆可为兵之意。”[②] 他呼吁学习西方器物，于战前仅言及西洋情形，于战后则不再忽视东洋的日本。当然，张之洞在战后倡言自强诸策，多是列举日本学习西方的事

---

① 《吁请修备储才折》（光绪二十一年闰五月二十七日），赵德馨主编：《张之洞全集》第三册，武汉出版社 2008 年版，第 256—262 页。

② 《选募新军创练洋操折》（光绪二十一年十一月十二日），赵德馨主编：《张之洞全集》第三册，武汉出版社 2008 年版，第 298—299 页。

例，而未将日本视作值得学习的最终对象。

张之洞对日认识的提升，与他了解日本的渠道发生变化紧密相关。最为重要的是，战后张之洞幕中增加了很多具有游历日本经历、熟悉日本情形的幕僚。他们大多是为战时应对备战或战后挽救和约，而被招至幕府。前者如郑孝胥被甫任江督的张之洞招之“急欲一见……先询文学，后讯倭情，将一时许”[①]，黄遵宪“才识闳远，熟悉日本情形”被饬调来江“必于时局大有裨益”[②]。后者如杨枢因“曾到东洋、西洋充当随员，熟悉洋务，精细老练，且通晓洋文洋语”而被请旨调来江南差委，以应付《马关条约》要求的苏州通商交涉事宜。[③] 张之洞招揽这些幕僚的初衷，本是为了抵抗日本。但两国邦交逐渐恢复后，这些幕僚反倒帮助张之洞加深了对日本的认识。如1895年张之洞上疏《吁请修备储才折》，内中颇为熟悉日本情形，这得益于幕僚郑孝胥的帮助。6月，郑孝胥频繁出入张之洞幕中，奉命“拟翻约折稿。即属草，陈八事：一、巡幸，二、铁路，三、陆军，四、海军，五、商务，六、学堂，七、制造，八、游历。十二点而脱稿，约二千余言”。张之洞对此稿较为满意，随后又令沈瑜庆“将前折改稿……仍用余（引者：郑孝胥）所列八条而增易其语气。”该折拟就不久，他传见郑孝胥“谈久之。所说有商务局应办事宜，日本行钞票情形”等。后来张之洞奉旨推荐驻日公使人选，又咨询郑孝胥“黎莼斋在日本声名若何”。[④] 不过，此时张之洞尚未意识到幕僚具备的日本相关知识和背景对自己有何帮助。1897年他奉旨举荐人才，推荐郑孝胥的理由只是“曾充出洋随员，讲求洋务，赅通透澈，能见本源，于商务尤为考求详实”。[⑤] 直至1898年中日两国关系日益密切，这些幕僚具备的日本知识背景成为张之洞刻意强调

---

① 中国历史博物馆编，劳祖德整理：《郑孝胥日记》第一册，中华书局1993年版，第446页。

② 《南洋海防紧要请调朱采黄遵宪来宁　致总署》（光绪二十年十月十一日申刻发），赵德馨主编：《张之洞全集》第四册，武汉出版社2008年版，第410页。

③ 《请调杨枢李圭来江南筹办通商事宜　致总署》（光绪二十一年七月十九日午刻发），赵德馨主编：《张之洞全集》第四册，武汉出版社2008年版，第450—451页。

④ 中国历史博物馆编，劳祖德整理：《郑孝胥日记》第一册，中华书局1993年版，第499—501页。按：黎莼斋，即黎庶昌。

⑤ 《举荐人才折（并清单）》（光绪二十三年七月二十九日），赵德馨主编：《张之洞全集》第三册，武汉出版社2008年版，第436页。

的“长处”。是年，张氏奉旨保荐使才，详细说明黄遵宪“曾充日本及出使英法大臣参赞及新加坡总领事等官，深悉外洋各国情形”、郑孝胥“前充出使日本大臣随员，于东西洋形势、政术，均能得其要领，确有见地”。[①] 与此同时，张之洞主动从日本报刊获取新知，增加了解日本的渠道。他曾致电驻日公使裕庚，“欲译东洋报，以广见闻。中国通东文者难得，贵署有翻译员生，必看彼国报，可否专派一两人译其紧要有关中国政事学术者，按旬交邮政局寄鄂，其薪水由鄂出”。[②]

（二）实践洋务的需要

在甲午战败的刺激下，张之洞加紧对洋务事业的实践。这是延续他一直以来兴办洋务以求强求富的理念，也是响应清廷战后改革自强的要求、顺应国人呼吁变法的时势。

关于经济、教育、军事等洋务事业，张之洞尤为倚重英、德、法诸国。甲午战后，张之洞开始认可日本的维新成效，但仅是对日本学习西方的方法和成绩的认可，仍更推崇西方列强。1896 年，他拟派学生四十人出洋留学，首选国家是英、法、德三国：“学校之盛，近推泰西。合计英、法、德三国，幅员不及中国之半，而所设初学、中学、大学三等学堂，凡二十余万区。所收学生，在堂有额可稽者，共一千七百八十余万人之多。所习则史册、地志、富国、交涉、格致、农事、商务、武备、工作各学。其专门小学堂尚不在此数。魄力雄厚，何患无材”，并请“熟悉各国情形，且兼通英、法、德三国语言文字”的驻法公使庆常代为照料，“法国居英、德之间，居中分派，亦甚便利”。[③] 三国之中，德国最受重视，被张之洞称赞“教法精捷，更驾英、法而上”。特别是在军事相关洋务举措上，包括招聘教习、购买军火、派遣留学生诸事，他师法德国的情形格外突出。

关于外交活动，张之洞主张联俄，与当时大部分清朝官绅的看法及清

---

① 《保荐使才折（并清单）》（光绪二十四年六月初一日），赵德馨主编：《张之洞全集》第三册，武汉出版社 2008 年版，第 499—500 页。

② 《致东京裕钦差》（光绪二十三年七月初一日戌刻发），赵德馨主编：《张之洞全集》第九册，武汉出版社 2008 年版，第 242 页。

③ 《选派学生出洋肄业折》（光绪二十二年正月初五日），赵德馨主编：《张之洞全集》第三册，武汉出版社 2008 年版，第 358—359 页。

廷的外交政策相似。俄国是三国干涉“还辽”的发起者，也是最大的受益者。清朝朝野普遍对俄国抱有好感，张之洞也不例外。《马关条约》签订不久，他上疏清廷请“立密约以结强援”，认为“自惟有俄国最便。缘英以商朘中国之利，法以教诱中国之民，德不与我接壤，美不肯与人兵事，皆难议此”，并将以往俄国对华的侵略举动予以理解宽容，建言联俄：“正宜乘此力加联络，厚其交谊，与之订立密约……应请旨敕下王大臣密行筹议，并电出使大臣，密速筹商妥办”。[①] 清朝官民对俄的好感，不久后转化为具体的外交政策。1896 年，李鸿章受命出使俄国，并与之订立密约。中俄之间“互相援助”的关系以条约形式确定。

由此可见，在甲午战后的一段时间内，张之洞实践洋务主要倚重德、俄、英、法四国。自强学堂的课程设定，充分反映了这一情况。1896 年，自强学堂改制，一律改课方言。张之洞要求“择其最要，分立英文、法文、俄文、德文四门”，“讲究各国语言文字之意，在于培植志士，察邻国之政，通殊方之学，以期共济时艰”。[②] 培养这四种语言人才的背后，反映出他在实践洋务过程中与相关语言国家联系之密切。张之洞在增添俄文时强调“中俄近邻，需用尤殷”，即是此意。不过，外交联络倾向俄国，而自强事业偏重英、法、德等国，这种情形颇为奇怪。幕僚郑孝胥曾私下批评张之洞建言与俄定约：“订密约者，盖欲其有无相通、缓急相助耳，相通相助者有三：人才也，器械也，兵力也”，这三者俄国皆无，反而依赖英德，“如此吴晋之交，至越灭吴，晋但谢以力不能及而已。”[③]

实际上，甲午战后张之洞与西方列强的交往已出现诸多不尽如人意之处，主要有三点。一是难以交涉与管理。署理江督时，张之洞曾委托驻俄公使许景澄与德国政府联系，为“江南练兵”招聘德国将官来华。但 1896 年回任两湖后，他以“鄂力难统用”为由减少招聘人数。这招

① 《密陈结援要策片》（光绪二十一年闰五月二十七日），赵德馨主编：《张之洞全集》第三册，武汉出版社 2008 年版，第 262—263 页。

② 《札道员蔡锡勇改定自强学堂章程》（光绪二十二年六月二十七日），赵德馨主编：《张之洞全集》第五册，武汉出版社 2008 年版，第 492—493 页。

③ 中国历史博物馆编，劳祖德整理：《郑孝胥日记》第一册，中华书局 1993 年版，第 503—504 页。

致德国政府的抗议。德国政府认为张之洞“饬延兵官，旋经辞退，实属轻慢”，令驻华公使与总理衙门交涉，要求张之洞“妥商速结，勿累邦交”。[①] 与此同时，德国方面反复要求应聘将领应“兵事归其专主”，意在掌握兵权。对此，张之洞大为不满：“德将未经订妥，已生如此枝节，恐到后必致不听号令，流弊甚大”。在骑虎难下的情势下，他改称：“即练兵亦恐不宜。若肯为武备学堂教习，薪费虽多，当力为设法”，避免外交纠纷及德人专权。[②] 张之洞虽向德国方面表示让步，但一直心存芥蒂，年末还致电提醒江督刘坤一：“万不宜再令洋将管带，若学堂教习，将弁则可。今年洋情日变，与去年不同，弟确有所见”。[③] 二是经费紧张。张之洞招募德国将官练兵，耗费较大，难以承受。在财政较为充裕的两江，他已向许景澄强调：“已来各员弁所定薪水太大，照此断不能多雇，亦难久留。以后务请为核减”。回鄂督任后，他更是借“鄂省款绌兵少”，将原定聘用德员三人的计划改为“或专订一将，或另订官小者数员”，以减少经费开支。[④] 三是缺乏语言人才。效仿西方推行洋务，以研习语言为先。但鄂省急缺语言人才，尤其是最为急用的德语人才。1896 年，张之洞曾向总理衙门求助，请派同文馆德人教习“赴鄂派湖北武备学堂差”，因“武备教习亦尚需人，且现在鄂省自强学堂增设德文一门，尤须教习”。[⑤] 以上三点难处，恰好与张之洞《劝学篇》内所言师日优势“路近费省”“东文近于中文，易通晓”形成鲜明对比。由此可见，他在《劝学篇》中的思考不是凭空而来，而是与西方列强交往积累的经验之谈。

1897 年底，列强掀起瓜分中国狂潮，导致张之洞对西方列强的认识

---

① 《许钦差来电》（光绪二十二年三月初一日到），赵德馨主编：《张之洞全集》第九册，武汉出版社 2008 年版，第 110 页。

② 《致俄京许钦差》（光绪二十二年三月初二日午刻发），赵德馨主编：《张之洞全集》第九册，武汉出版社 2008 年版，第 111 页。

③ 《致江宁刘制台》（光绪二十二年十二月三十日卯刻发），赵德馨主编：《张之洞全集》第九册，武汉出版社 2008 年版，第 181 页。

④ 《致俄京许钦差》（光绪二十一年七月十四日辰刻发）、《致俄京许钦差》（光绪二十二年三月初一日亥刻发），赵德馨主编：《张之洞全集》第九册，武汉出版社 2008 年版，第 8、110 页。

⑤ 《致总署》（光绪二十二年八月十七日午刻发），赵德馨主编：《张之洞全集》第九册，武汉出版社 2008 年版，第 152 页。

发生重大改变。具体情况可分为三个阶段。第一阶段，张之洞在得知德国出兵胶州湾、俄国强占旅顺口和大连湾等事件之初，对两国仍然抱有幻想。他致电总署称“德有归辽之功，必应酬谢。德无屯兵之岛，必予一地。惟胶湾必宜设法商令退还，恐各国效尤”，“闻俄禁兵登岸，嘱勿惊疑，且告我极力相助，是俄尚有分寸，尚有外面，较之英来文明言索地者稍胜。只可因而用之，密速切恳相助。但议定事成后，大连湾万勿久占，以免他国借口，我当别予酬谢”[①]，希望以其他“较轻”的涉及主权之利益交换德、俄对胶州湾、旅顺口等要地的强占。第二阶段，张之洞转而主张“联合英日”。日本、英国的军方将弁纷纷来华，向清朝官绅倡言三国联盟之说，日本领事亦参与其中。这是个别人员的设想，并非英、日两国的外交政策。但不明就里的清朝地方官绅多为心动，其中包括刘坤一、张之洞、蔡钧、沈敦和在内的长江流域重要官绅。[②] 张之洞提议“联合英日”，主要出于保护长江流域利益的考虑：“今日宜兼联英、倭，方令德、俄稍有顾忌，且免英、倭忌羡，多树两敌，扰动长江以南”。[③] 但他仍不重视日本：“联倭者，所以为联英之枢纽也。倭肯出力劝英与我联，则英不能非理要求，而我可藉英之援助矣。”[④] 张之洞的这一说法并未坚持太久。一是总理衙门批驳了他的主张，因为此时清政府对外政策仍重在联俄。[⑤] 二是英国也加入了瓜分狂潮，藉借款事而欲将长江流域划作势力范围。张之洞闻此“焦愤已极”，“长江不准擅租者，语意可骇，即藏有驻兵保护之举。若果允英款，则形势权利尽为英揽，深入腹心，长江上自滇川，下至吴淞，全为英有，是即分占江南十二省矣”。[⑥]

---

① 《胶州教案危迫拟交涉五条　致总署、天津王制台》（光绪二十三年十一月三十日未刻发），赵德馨主编：《张之洞全集》第四册，武汉出版社 2008 年版，第 460—461 页。

② 参见《岘帅来电》（光绪二十三年十一月三十日）、《寄夔帅》（光绪二十三年十二月十八日），盛宣怀：《愚斋存稿》卷二十九电报六，沈云龙主编：《近代中国史料丛刊》续编 0122—0125，文海出版社 1973 年版，第 720、724 页。

③ 《致江宁刘制台、天津王制台》（光绪二十三年十二月初十日亥刻发），赵德馨主编：《张之洞全集》第九册，武汉出版社 2008 年版，第 278 页。

④ 《日派员来鄂意欲与我联英以抗俄德法　致总署》（光绪二十三年十二月初十日巳刻发），赵德馨主编：《张之洞全集》第四册，武汉出版社 2008 年版，第 462 页。

⑤ 参见茅海建《从甲午到戊戌：康有为〈我史〉鉴注》，生活·读书·新知三联书店 2009 年版，第 247—254 页。

⑥ 《致天津王制台、上海盛京堂》（光绪二十三年十二月二十九日亥刻发），赵德馨主编：《张之洞全集》第九册，武汉出版社 2008 年版，第 281—282 页。

英国对长江流域的野心，将直接影响张之洞的辖区及其利益，遭到他的坚决反对。第三阶段，张之洞曾经寄予希望的德、俄、英各国相继加入瓜分狂潮，剩下的美洲诸国及日本成为他不得不考虑的对象。1898 年初，他电询驻美公使伍廷芳，欲从美国、古巴、秘鲁各国代募将领来鄂充当营官。伍廷芳复电称：“古巴久乱，军懈弛，秘弱小，美国精武备，多将材，无远略志，邦交可信。若均用美员较归一律”。[①] 张之洞并不明了美洲各国情形。美国此时正忙于应付美西战争，无暇顾及中国，更倾向于以“门户开放”的形式维持在华的商业利益。[②] 与此同时，日本加大了对华活动的力度，宣扬中日两国“唇亡齿寒”，宣称自愿扶助清朝以保东亚大局。经历上述三个阶段的改变，张之洞认识到欧美列强对华的野心，也感受到日本联络清朝的“真心”。

综上所述，甲午战后，张之洞对日认识发生变化，开始认可日本学习西方的成效，主动了解日本情形。同时，在洋务实践过程中，他起初寻求欧美列强的帮助，但胶州湾事件后对它们产生极大怀疑。正是在认识和实践的双重冲击下，张之洞对日态度发生变化，考虑改善与日本的关系。

三 “沙市事件”的处理与双方“联交”的转折

日本方面加紧拉拢张之洞，张之洞也受到多方因素影响而改变对日认识和涉日举措。1897 年底日本军方派员赴鄂时，张之洞虽避而未见神尾光臣，但知晓他的来意是“重在修好联交及派人就学”，对他提出的“兵制改革”问题抱有极大兴趣，殷切希望神尾光臣再次赴鄂商谈，“贵国与敝国同种、同教、同文、同处亚洲，必宜交谊远过他国方能联为一气”。[③] 也正是在此时，胶州湾事件爆发。张之洞开始大力主张联日，认为“联倭者，所以为联英之枢纽也”。在等待日本军方再次派员来鄂的这段时间里，张之洞积极考虑改善与日本的关系，并付诸行动。甲午战后，日本政府筹划开通长江航线。1898 年 1 月“大阪商船株式

---

① 《伍钦差来电》（光绪二十四年正月十二日申刻到），苑书义等编：《张之洞全集》第九册，河北人民出版社 1998 年版，第 7481 页。

② ［美］泰勒·丹涅特：《美国人在东亚——十九世纪美国对中国、日本和朝鲜政策的批判的研究》，第三十二章“门户开放政策的重申”，姚曾廙译，商务印书馆 1959 年版。

③ 转引自李细珠《张之洞与清末新政研究》，上海书店出版社 2009 年版，第 222 页。

会社船舶开到汉口”，因缺少码头而看中马王庙码头。负责交涉事宜的日本驻沙市领事永泷久吉向张之洞提出“暂借马王庙码头”，得到他“以两国交谊为重，格外通融，允其暂借”的答复。实际上，张之洞“对此事的处置十分草率，竟未与日方订立正式协定”，致使日后日本常年非法占用马王庙码头。[①] 由此可见，胶州湾事件发生后，张之洞受内、外局势影响，有意与日“联交”，减少了对日本的仇视，也放松了对日本的警惕。

在这一背景下，张之洞与日本方面围绕1898年“沙市事件”的处理，可视为他与日“联交”的转折点。该事件的处理，也能衔接、对比上一节沙市日租界设立问题，更加清晰地看出双方关系发生变化的脉络。此前围绕沙市日租界设立问题的谈判，因张之洞的强烈反对与坚持而陷入僵局。在现有条约框架下，日本无法再进一步完成谈判，不过是缺少一个“恰当”的事端作为借口。日本等待的“恰当”借口便是“沙市事件”。

1898年5月8日，湖北沙市的湖南帮客民在招商局门外撒尿，被局内更夫殴伤。9日，湘人不服，聚众再赴招商局滋事，午后起意放火，焚毁关局，延烧华洋房屋。日本驻沙市领事及馆员、瑞典传教士及家人、海关外国官员等受到财产损失，但均未受人身伤害。此即为“沙市事件”，又称“火烧洋码头”事件。已有学者指出，该事件的性质是一起“平常的刑事案件”。[②]

（一）日本政府的反应

1. 军舰威慑

面对这一平常事件，日本政府的第一反应却是派遣军舰驶赴湖北进行威慑。10日傍晚，日本驻上海总领事代理小田切万寿之助收到沙市方面的确切消息后，立刻向外务省提议“很有必要派遣一只炮舰驶赴沙

① 李少军：《甲午战争后日本在长江流域航运的扩展与强权——以日本长期占用汉口马王庙码头为例》，武汉大学台湾研究所等：“甲午双甲子学术研讨会”，武汉，2014年6月。

② 茅海建：《戊戌变法史事考》，生活·读书·新知三联书店2005年版，第196页。按：茅先生已对事情经过作了概述，其中有几处史事需要注意：一、事情起于8日湘帮在招商局门外小便，而非吵闹；二、9日湘帮闹事，无川人支持；三、英国领事当时不在沙市。可参考永泷久吉的报告、犯事者余以仁等人的口供及道台俞钟颖的晓谕，见日本外務省外交史料館藏：《清国暴徒在沙市帝国官庁襲擊一件（損害要償ノ件）》，档案号：5－3－2－0－15。

市”，获得外务大臣西德二郎同意。[①]

日本政府小题大做，与其对“沙市事件”的性质判断错误存在一定关系。“沙市事件”本是在清政府可控范围内的一起民众内部纠纷。10日下午，张之洞收到荆宜施道监督俞钟颖的报告，内称“领事、税司等均无恙”，并已拿获要犯六名。[②] 该报告与实际情况非常接近，可知事态得到控制，并非排外事件。此时奉旨入京的张之洞尚在赴沪途中，已将两湖事务交由湖北巡抚谭继洵署理，故未多问此事。但是，日本政府收到的“沙市事件”情报全然不同。10日，日本驻沙市领事永泷久吉向外务省及驻北京、汉口、上海等地使领发出第一封相关电报，称昨日“数百暴徒蜂起，众多兵卒亦声援之，烧毁税关、汽船会社及本领事馆，馆员仅以身免”，并打算撤回汉口。[③] 永泷久吉惊魂未定，夸大自身所受冲击，曾被张之洞指责“粗疏不更事”“轻事重报”。[④] 电报内“暴徒”“兵卒声援”“仅以身免”等关键词，将“沙市事件”描绘成一起清朝军队参与其中、针对外国人的严重暴力事件，误导了日本政府的判断。连消息向来灵通的日本驻沪总领事代理小田切万寿之助也怀疑，这可能是因盐厘将归税关管理而引发的一次仇外事件。[⑤] 因此，永泷久吉10日的电报成为日本派遣军舰赴鄂的导火索。

实际上，日本政府派遣军舰的根本目的是欲效仿西方列强扩大在华权利，仅以“沙市事件”作为幌子。甲午战后，日本开始派遣军舰对中国江海进行“巡航警备”。小田切万寿之助曾派人巡视长江沿岸各港，列举“英国常以一二之小炮舰浮于长江，美、法、德诸国也每年少则一次多则

---

① 《驻上海总领事代理小田切万寿之助致外务大臣西德二郎电》（1898年5月10日），日本外務省外交史料館藏：《清国暴徒在沙市帝国官庁襲撃一件（損害要償ノ件）》，档案号：5-3-2-0-15。

② 《张之洞收沙市俞道（俞钟颖）舒守（舒惠）刘令（刘秉彝）来电》（光绪二十四年闰三月二十日），虞和平主编：《近代史所藏清代名人稿本抄本》第二辑（张之洞档）七七，大象出版社2014年版，第100—102页。

③ 《驻沙市领事永泷久吉致外务大臣西德二郎电》（1898年5月10日），日本外務省外交史料館藏：《清国暴徒在沙市帝国官庁襲撃一件（損害要償ノ件）》，档案号：5-3-2-0-15。

④ 《致总署》（光绪二十四年四月十三日申刻发），赵德馨主编：《张之洞全集》第九册，武汉出版社2008年版，第317页。

⑤ 《沙市暴徒ニ関スル件》（1989年5月13日），日本外務省外交史料館藏：《清国暴徒在沙市帝国官庁襲撃一件（損害要償ノ件）》，档案号：5-3-2-0-15。

数回派遣军舰游弋于江面”等情形，向外务省呼吁日本也应每年巡航长江至少一次，“保护商利、炫耀国威”。[①] 1897年德国派遣舰队强占胶州湾后，俄、英等国相继以军舰强驻或示威的手段向清政府提出租借旅顺、大连、威海之要求。西方列强以军事威慑配合外交勒索取得“成功”，进一步刺激了日本。翌年初，小田切万寿之助从胶州湾事件中得出结论：“舰队派遣对清朝各方面的影响中，属政治上的影响最大”，再次建言日本政府派遣舰队巡航中国沿海、加派炮舰常年巡航沿江。[②] 正因如此，3个月后“沙市事件”爆发，日本政府的第一反应是效仿西方列强派遣军舰予以威慑，而不是采取常规的外交手段进行交涉。

5月11日，应日本外务大臣西德二郎之请，海军大臣西乡从道下令“高雄”舰即赴汉口、“爱宕”舰经由汉口驶赴沙市，与当地领事协议保护日本侨民。[③] “高雄”舰按原定计划应赴汉口进行常规巡航警备，但接受海军省训令后，其主要目的变更为针对“沙市事件”。14日，“高雄”舰较原计划提早一日从上海起航，18日抵达汉口执行任务。受“沙市事件”影响，汉口的各国租界内谣言盛传，人心不安。停在汉口法租界前的“高雄”号，夜间时常向对岸照射灯光；[④] 并与英国、俄国、意大利等国军舰一同“保护”侨民，以示威慑。待“爱宕”舰抵达汉口后，“高雄”舰才于6月底奉命返航上海。较“高雄”舰吨数更小的“爱宕”舰则是从日本本土驶出，6月2日抵汉，经两周的引擎维修，于16日开赴沙市。[⑤] 直到7月底“沙市事件”基本议妥，“爱宕”

---

① 《長江巡視復命書（亀山領事官補）　明治三十年》，日本外務省外交史料館藏：《上海総領事館報告書》，档案号：6-1-6-28。

② 《膠州事件ニ関スル當國官吏ノ言動報告及當國沿岸地方ニ我艦隊派遣等ニ関シ意見具申ノ件》（1898年1月28日），［日］外務省編纂：《日本外交文書》（明治第31卷第1册），巖南堂書店1953年版，第347页。

③ 《訓令案》（1898年5月11日），日本防衛省防衛研究所藏：《船舶　2（1）》，《明治31年　公文備考　艦船2卷5》，档案号：海軍省-公文備考-M31-5-293。

④ 《沙市事件》（1898年5月23日），［日］神谷正男编：《宗方小太郎文書》，原書房1975年版，第38页。

⑤ 两艘军舰的活动，参见《清国沙市日本領事館遭難概況》（1898年5月20日），日本防衛省防衛研究所藏：《清国沙市暴徒事件》，档案号：海軍省-公文備考-M31-23-311；《沙市暴徒ニ関スル件》（1898年5月13日），日本外務省外交史料館藏：《清国暴徒在沙市帝国官庁襲撃一件（損害要償ノ件）》，档案号：5-3-2-0-15；以及［日］大里浩秋整理《宗方小太郎日記，明治30～31年》，《人文学研究所報》2010年（44），第56—58页。

舰才奉海军省之命调离沙市，前往福州——因为日本借沙案提出的福州专属租界问题尚未解决。[①] 在日舰来鄂期间，日本外务省曾借口长江流域人心不稳，向海军省提议“爱宕”舰暂驻沙市半年或一年，甚至长期配置一二艘吃水浅、速度快的小型军舰巡航上海、沙市之间。[②] 对此，日本海军省心有余而力不足，初令“爱宕”舰驻泊沙市半年，但在沙市停泊困难、演习操练不便，也无能力另调军舰与“爱宕”舰交接。日本外务省的提议不得已作罢。

在派遣军舰的过程中，日本政府毫不理会清政府的担忧和请求。5月14日，清廷电令张之洞由上海折回本任，接办“沙市事件”。停留上海期间，张之洞从小田切万寿之助处得知日舰赴鄂之事。作为派遣军舰的首倡者，小田切万寿之助刻意透露消息，意在威慑，但又欲赢取张之洞的信任和好感，骗称“高雄”舰“非专为沙案来，且船大不能到沙，可毋虑”，并假意应允商请日本政府令“爱宕”舰毋赴沙市。[③] 实际上，日本政府派遣军舰势在必行，其驻华领事们都对这一意图予以热切期盼和积极支持。“沙市事件”后，撤至汉口的日本驻沙市领事永泷久吉甚至计划乘坐“爱宕”舰返回沙市，坚决拒绝了俞钟颖、张之洞等人关于改乘商船或暂缓回沙的请求。只因“爱宕”舰需在汉口维修数日，永泷久吉最终被迫乘坐商船返回沙市。[④] 虽然尚无足够军事实力迫使清朝屈服，但日本派遣军舰为下一步的外交要挟提供了必要保障。

2. 外交要挟

日本政府意图充分利用此次事件，在军事威慑的配合下向清政府进行外交要挟。在决议派遣军舰事宜后，日本外务省方才命令驻华使领们

① 《外务大臣大限重信致海军大臣西乡从道电》（1898年8月5日），日本防衛省防衛研究所藏：《船舶　2（1）》，《明治31年　公文備考　艦船2巻5》，档案号：海軍省-公文備考-M31-5-293。

② 《外务大臣西德二郎致海军大臣西乡从道电》（1898年5月26日），日本防衛省防衛研究所藏：《船舶2（1）》，《明治31年　公文備考　艦船2巻5》，档案号：海軍省-公文備考-M31-5-293。

③ 《致武昌谭署制台、汉口江汉关瞿道台》（光绪二十四年闰三月二十七日卯刻自上海发），赵德馨主编：《张之洞全集》第九册，武汉出版社2008年版，第316页。

④ 《驻沙市领事永泷久吉致外务次官小村寿太郎电》（1898年6月9日），日本外務省外交史料館藏：《清国暴徒在沙市帝国官庁襲撃一件（損害要償ノ件）》，档案号：5-3-2-0-15。

查明事情原委，尤为关心“是否存在针对外国人或其财产的任何损害”，有意将事件定性为中外交涉事件。虽然此后数日内，日本驻华使领们与清廷、湖北地方官员持续交涉，已了解事件的来龙去脉以及其非排外性质，但仍坚持小题大做。5 月 19 日，日本驻华公使矢野文雄认为“在该事件余温尚存时”提出条件于日本有利，建议政府抓紧制定对华要求，得到了外务省的肯定答复。①

为达要挟目的，日本政府围绕“沙市事件”展开了详细调查，具体包括三个方面。一是“沙市事件”的基本情况以及清政府的应对。驻沙市领事永泷久吉喋喋不休地描述如何遭受清朝民众的攻击威胁，但向外务大臣坦言：这一事件“并无预谋，不过是一时激发”。“高雄”舰舰长也认为，该事件即使存在排外嫌疑，也主要是受德国强占胶州湾的刺激，而非针对日本。即便如此，永泷久吉仍为日本政府寻找了对华勒索的“理由”：清朝地方官员失察，在其监督下的兵勇镇压不力，反而声援“暴徒”，致使日本领事馆轻易遭到侮辱，应由清政府承担全部责任。② 二是日本遭受的实际损失，包括个人损失和机构损失，合计日元24663 元80 钱7 厘。个人损失共计日元 10528 元 91 钱，含驻沙市领事馆领事及馆员、递信省书记官等日人财产损失日元 9627 元 16 钱，和受雇华人的财产损失、因事件受伤的治疗费等。机构损失共计日元 14034 元 89 钱 7 厘，含外务省、递信省邮便局、农商务省商品陈列馆遭受的物品、资金等各类损失。需要指出的是，日方所谓“实际损失”存在虚报。沙市日领事公馆系租自中国民众，原定合同有“遇火延烧，彼不赔屋，我不赔物”语。但日方不仅对遗失或烧毁的物品进行估值，还将所租中国民众房屋的损失及修缮费用约 2500 日元纳入了“实际损失”。③ 三是其他列强的态度。从一开始，日本政府

---

① 《沙市事変ニ関シ附属書類写相添始末申進ノ件》（1898 年 7 月 15 日）及附件“登”号（1898 年 5 月 19 日）、“知”号（1898 年 5 月 20 日），日本外務省外交史料館藏：《清国暴徒在沙市帝国官庁襲撃一件（損害要償ノ件）》，档案号：5 – 3 – 2 – 0 – 15。

② 《去十日以来逐次電信ヲ以テ及具報置キコト暴動ニ関スル詳細ノ状況左ニ可及具報候》（1898 年 5 月 14 日），以及《驻沙市领事永泷久吉致外务大臣西德二郎电》（1898 年 5 月 20 日），日本外務省外交史料館藏：《清国暴徒在沙市帝国官庁襲撃一件（損害要償ノ件）》，档案号：5 – 3 – 2 – 0 – 15。

③ 《驻沙市领事永泷久吉致外务次官小村寿太郎电》（1898 年 5 月 24 日），日本外務省外交史料館藏：《清国暴徒在沙市帝国官庁襲撃一件（損害要償ノ件）》，档案号：5 – 3 – 2 – 0 – 15。

便迫切希望知道各国遭受的损失及处理办法，其中最为重视英国政府的态度。鸦片战争后，英国在长江流域与列强的争夺中一直保持优势，享有巨大利益，在沙市的情形也不例外。此次事件中，英国领事馆、怡和洋行以及与英国密切相关的海关官署均受到波及。但是，永泷久吉仔细调查后认为，由于诸多因素叠加，英国等列强都不如日本“受到如此严重的侮辱和损失”，建议日本政府“没有必要参考他国的要求”而率先谈判，要求获取充分报酬、损害赔偿及惩戒保证。

基于上述调查，日本政府制定对华要求，并正式照会清政府。5 月 28 日，驻华公使矢野文雄遵照外务省 24 日发来的训令，将“沙市事件”定性为清朝“地方官不实力从速弹压匪徒”“失向日本应尽之本分”，照会总理衙门，提出五条要求。[①] 日本政府宣称是为寻求损害赔偿及惩戒保证，其真实意图却是以获取“充分报酬”为重点。五条要求中，第一条“降谕通国将各外国人身家财产一体优待保护，严切设法随时防范。从此以后勿再有如此次之事。而此上谕周详，为日本所钦佩为要”和第二条“速将此次匪徒从重治罪，并将弹压不力之地方官从严议处”，属于惩戒保证，严重侵犯中国主权。第三条“赔补十四万五千圆，即关平银十万五千两”，实际包括两部分赔款要求：一部分是日本遭受的所谓“实际损失”，四舍五入为 2.5 万日元，如上文所言存在虚报；另一部分是沙市日租界沿江堤坝修筑费 12 万日元，与“沙市事件”毫不相干。如果将前者勉强看作日本政府寻求的“损害赔偿”，那么后者完全就是日方要求的“充分报酬”，与第四条“沙市专管租界章程速以杭章为本议定”、第五条“岳州、福州、三都澳均设日本专管租界”同为外交勒索。《马关条约》签订后，中日两国围绕沙市日本专属租界之设立进行了持续谈判，但对日租界内修堤费用和华洋杂居这两点问题一直僵持不下。日本政府一方面违背苏州、杭州日租界章程，不愿承担沙市日租界内全部工程费用，强令清政府修筑堤坝，另一方面又援引苏杭章程，要求清朝许以民众杂居沙市日租界。面对日方的无理取

---

① 见《沙市事変ニ関シ附属書類写相添始末申進ノ件》（1898 年 7 月 15 日）之附件“利”号（1898 年 5 月 24 日）、“留”号（1898 年 5 月 28 日），日本外務省外交史料館藏：《清国暴徒在沙市帝国官庁襲撃一件（損害要償ノ件）》，档案号：5-3-2-0-15。

闹，负责沙市日租界设立谈判的张之洞坚持“各省情形不同，外海与内江有别”，不同意承担修堤在内的任何租界工程，亦不允许华洋杂居。“沙市事件”爆发后，日本政府趁机浑水摸鱼，故意将沙市日租界设立的未结旧案混入“沙市事件”的新案，以期两案并结，攫取最大利益。至于第五条要求，更与沙市全无关系，是明目张胆的外交勒索。永泷久吉在前期调查时已向外务省建言：谈判拟定事项“不应限于沙市一局部”，正符合日本政府的意图。

日本政府从军事威慑和外交要挟两方面向清政府施压，紧随西方列强加入瓜分中国狂潮的行列。长期打探湖北内情的宗方小太郎曾私拟对华要求三条，其内容近似日本政府照会的第二、三、四条，认为据此结案将“颇为妥当”，反之，若日本政府“以此次事件为口实，提出不当要求，与德、俄、法、英诸列强对清朝的残酷手段同出一辙”，自将阻挠日本对华的“远图长虑”。[①] 受宗方小太郎控制的《汉报》也有选择性地刊载日本国内报纸观点，表明日本“不可仿德国因山东之案，多所要挟”“此际所求其办偿者，决不可逸出于公正之范围外”的立场。[②] 显然，宗方小太郎私拟要求实已超出公正范围。较之更甚的是日本政府的举动，暴露了其效仿德、俄等列强瓜分中国的野心，不仅表现在派遣军舰的军事活动上，更落实于正式照会的外交谈判中。

（二）张之洞的“联交”提议

起初，日本政府对华要求急切且强硬，没有留给清政府太多转圜的余地。在接到矢野文雄提出的照会后，总理衙门当即表示：第一、二条要求无太多异议，但第三条赔款及第四条沙市日租界问题因涉及湖北地方需电询张之洞，第五条内福州能否设日本专界还需调查。但是，矢野文雄依旧不依不饶，声言只给一周的答复期限。对此，总理衙门只能抱怨其“催商甚急”，同时催促张之洞核复。[③] 不仅如此，日方在交涉过

---

① 《沙市事件》（1898 年 5 月 23 日），［日］神谷正男编：《宗方小太郎文書》，原書房 1975 年版，第 38 页。

② 《日本各报论沙市事变》，《湘报》1898 年第 101 期，第 403 页。

③ 《沙市事変ニ関シ附属書類写相添始末申進ノ件》（1898 年 7 月 15 日），日本外務省外交史料館藏：《清国暴徒在沙市帝国官庁襲擊一件（損害要償ノ件）》，档案号：5－3－2－0－15；《致总署》（光绪二十四年四月十三日申刻发），赵德馨主编：《张之洞全集》第九册，武汉出版社 2008 年版，第 317 页。

程中的态度也极为强硬。张之洞曾以“在沪时与日本总领事小田切详谈，极明白大局”为由，建议日本政府派遣小田切万寿之助来鄂办理沙案，随即被日方否决。矢野文雄坚持谈判在他与总理衙门之间进行，方能有效使用强硬手段，原因有二。一是总署的弊端向来是“推诿塞责于地方官员”，二是总署“粗知国际大局”“比地方官员更为敏感”，受到日方压迫后能知晓利害。小田切万寿之助也向张之洞强调，“现处局外”“或可来汉面商，但不可决。”①

而张之洞的两次提议，是谈判出现转机的关键。需要说明的是，在“沙市事件”发生之前，日本军方、外务省已陆续对张之洞进行了联日的劝说工作。对此，张之洞颇有动心，不仅曾建议清廷“联交”日本，更在本年2月派遣姚锡光等五人赴日考察。但至此为止，张之洞的倾日意向尚未完全被日本政府知晓。

6月2日，张之洞发出第一次提议，致电小田切万寿之助，透露希望两国“互相取益”的意向，并请求矢野文雄“万勿向总署催促此事，从容商办必极妥，于贵国局面必好，且有无限好处”“若一经催促，不能细商，便与东方大局有无形窒碍”。② 此次提议虽有中日“联交”之意，但表达简略模糊。

对此，矢野文雄虽然以“日本所索仍属公道平允，断不致有伤中日两国睦谊”③ 的外交陈词虚应张之洞，但私下却对他的说辞产生兴趣。鉴于张之洞在清朝高官中地位日盛并已表露出“结托日本之决心”，矢野文雄有意调整日本的要求。4日，他主动赴总署明察暗访，判明张之洞的难处在于此次赔款主要将由湖北地方承担。由此，他向日本外务大臣西德二郎建议减少部分赔款要求，“为将来利用张氏留有余地”。日本外务省以“中国政府应迅速同意条款中的其他各条”为条件同意了

---

① 《沙市事変ニ関シ附属書類写相添始末申進ノ件》（1898年7月15日），日本外務省外交史料館藏：《清国暴徒在沙市帝国官庁襲撃一件（損害要償ノ件）》，档案号：5-3-2-0-15。

② 《致上海盛京堂》（光绪二十四年四月十三日申刻发），赵德馨主编：《张之洞全集》第九册，武汉出版社2008年版，第318页。

③ 《沙市事件ニ関シ張之洞ヨリ再度来電之件》之附件“別紙第一號”（1898年6月4日），日本外務省外交史料館藏：《清国暴徒在沙市帝国官庁襲撃一件（損害要償ノ件）》，档案号：5-3-2-0-15。

矢野文雄的这一建议，但尚未确定具体的减少数额。[①]

6月9日，急不可耐的张之洞向小田切万寿之助发出第二次提议，将“联交”计划详细托出：“现定湖北派五十人东渡学士官，湖南亦派五十人学士官，湖北另派二十人学下士官，又数十人学专门事，又须聘二十人来鄂教官教兵，目前正拟陆续举行。似此大举，实为中国与他国所未见”，并向日本方面正式要求减少赔款、沙市日租界内道路日本自修。[②] 张之洞的详细计划和他的说辞“鄙人并非争此一二十万金，实为恐于联交大局有碍，此关系千百年大局”，是打动日本的关键。

此时摆在矢野文雄面前有两种方案。第一种方案是日本明知“沙市事件”属于非排外性质的情况下小题大做，武力逼迫清朝屈从日本的要求。第二种方案是考虑张之洞的请求。张之洞虽在地方为官，“但其声望及势力对清廷影响不小，且有希望不久参入枢机”。拉拢张之洞可为日本以后在东亚的活动取得便宜。权衡之下，矢野文雄选择了后者。因尚未得到日本外务省的许可，他在随后12日与总理衙门的谈判中，暂时提出新的解决方案，即以张之洞承担沙市日租界的堤防建造费为条件，减少赔款数额。[③] 由上文可知，日本原本要求的赔款中包括了实际损失和堤防建造费。因此，矢野文雄的这一解决方案实质与原条款无异，不过是换了一种表达方式。但他致电日本外务省的建议更为“大胆”：日本的要求应限于第一条清廷颁布谕旨、第二条惩处涉事官民，以及第三条中的实际损失赔款，不涉及原要求中的堤防建筑费用；第四条沙市日租界的具体谈判交由地方负责，即属于不牵涉沙案的他事；第

---

① 《沙市事変ニ関シ附属書類写相添始末申進ノ件》（1898年7月15日）及附件“良”号（1898年6月11日），日本外務省外交史料館藏：《清国暴徒在沙市帝国官庁襲撃一件（損害要償ノ件）》，档案号：5－3－2－0－15。

② 《致上海盛京堂》（光绪二十四年四月二十日未刻发），赵德馨主编：《张之洞全集》第九册，武汉出版社2008年版，第319—320页。按：虽然矢野文雄及日本外务省迟至17日才收到张之洞这份多达千字的电报原文，但矢野文雄已在11日收到小田切万寿之助对张电的简略介绍。小田切万寿之助认为，张之洞希望将沙市事件与租界问题分开讨论。详见《沙市事変ニ関シ附属書類写相添始末申進ノ件》（1898年7月15日）之附件“曽”号（1898年6月10日），日本外務省外交史料館藏：《清国暴徒在沙市帝国官庁襲撃一件（損害要償ノ件）》，档案号：5－3－2－0－15。

③ 《沙市事変ニ関シ附属書類写相添始末申進ノ件》（1898年7月15日）及附件“武”号（1898年6月13日），日本外務省外交史料館藏：《清国暴徒在沙市帝国官庁襲撃一件（損害要償ノ件）》，档案号：5－3－2－0－15。

五条三地设专管租界的要求甚至应被撤销。[①] 若如此，这将是一次较为接近平等的条约。由此可见，矢野文雄已被张之洞说服。不过，日本外务省立即否定了矢野文雄这一过于“平等”的建议，但也仔细考虑张之洞的“联交”计划，决定修改部分条款：第三条索求赔款一节，“清国政府如果依允下关沙市设界覈要条款第四，则此款大加删减”，应止索赔补毁失实数开平银一万八千一百零三两；第四条沙市划设专界一节，“届时应饬由日本领事与该地方官会同商订。但下开覈要条款，清国政府须先允约。第一，专界内作为道路之地基，应免索地价，并豁除地租。第二，专界内修造街道以及常年修补等款，既归日本担承，则应将租界地价酌行核减。第三，清国商民亦准在日本专界内寓居。第四，修堤工款，应于两国政府各认其半”；第五条岳州及三都澳划设专界一节俟日后他国要求而定，但坚持福州一处“及时急宜划设日本专界”。21 日，矢野文雄将日本外务省的决定以节略形式向总理衙门提出。同时，他请小田切万寿之助将内容转告张之洞，强调这是在“公平的基础上做出的修改要求”。[②]

张之洞很快认可了日本方面的“联交”诚意。他对修堤一事不再坚持，改口称此是“彼此两益之事”，实则接受日本上一年所言修堤“关系中国民居甚多，不独租界一处之事，事系通局”。同时，他于 6 月 28 日密陈总理衙门，对近来日本方面的举动表示满意：“矢野于沙案骤松言语，渐近情理，尚知顾全邻谊，所索较初次开口时减让甚多，必系奉到该国政府指示，意在联络邦交。”[③] 上文已言及，张之洞的谈判底线是日本先允自行修堤，则清朝可以“准杂居、减地价两条为抵换”。于张之洞而言，日本政府在占据巨大谈判优势的前提下同意承担一半堤费，已经接近自己的谈判底线，自然是日本政府“意在联络邦交”的

---

① 《驻清朝公使矢野文雄致外务大臣西德二郎电》（1898 年 6 月 17 日），日本外務省外交史料館藏：《清国暴徒在沙市帝国官庁襲撃一件（損害要償ノ件）》，档案号：5－3－2－0－15。

② 《沙市事変ニ関シ附属書類写相添始末申進ノ件》（1898 年 7 月 15 日）之附件“也”号（1898 年 6 月 21 日）、“末”号（1898 年 6 月 21 日），日本外務省外交史料館藏：《清国暴徒在沙市帝国官庁襲撃一件（損害要償ノ件）》，档案号：5－3－2－0－15。

③ 《致总署》（光绪二十四年五月初九日戌刻发），赵德馨主编：《张之洞全集》第九册，武汉出版社 2008 年版，第 326 页。

诚恳举动。

除去日本在条款要求上的改动，矢野文雄的一次“外交失误”也对张之洞认可日本“诚意”多少产生影响。“沙市事件”发生前的4月29日，矢野文雄为谋取福建省铁路铺设权，建议日本政府向清政府提出：“日本愿意帮助中国在军事或其他实用方面接收中国学生施以教育——如果中国决定派遣他们赴日。这可能导致日本的某些开支，但毫无疑问它将对未来产生良好影响”，以此减少与总理衙门谈判的阻力。[①] 矢野文雄提议将以上主张放入照会，遭到日本外务大臣西德二郎的否决。西德坚持以非书面的形式向清政府发出提议，并只考虑由日本政府负责清朝留学生教育的杂费。[②] 但5月7日，矢野文雄与总理衙门交涉，未遵循日本外务省的要求而将提议大为推进：不仅以书面形式向总署提议，还打算由日本政府承担二百名学生一年六万日元的所有费用。矢野文雄坚持的理由是，接受日本教育并受到日本影响的清朝留学生回国后将推进日本势力的扩张，实现清朝教育、军事、工商业等各方面“日本化”。[③] 他的越权举动使得日本政府非常为难，但引起不明就里的清政府之极大兴趣。在最初接到矢野文雄照会后，总理衙门谨慎表示：“现在本衙门甫开东文馆，规模粗立，一切尚待讲求，统俟酌妥办法，再行函告”[④]，并未予以明确答复。6月11日，总署将这一消息转给了张之洞，并询问湖北自强学堂内“东文学生有无年少颖悟堪以派往之人？约

---

① 《驻清朝公使矢野文雄致外务大臣西德二郎电》（1898年4月29日），日本外務省外交史料館藏：《1. 留学生派遣ニ関スル在清矢野公使具申并ニ回訓　附在英公使へ仝件通報》，档案号：B－3－10－5－3_ 1_ 001。

② 参见《外务大臣西德二郎致驻清朝公使矢野文雄电》（1898年4月30日）、《外务大臣西德二郎致总理大臣伊藤博文电》（1898年6月2日），日本外務省外交史料館藏：《1. 留学生派遣ニ関スル在清矢野公使具申并ニ回訓　附在英公使へ仝件通報》，档案号：B－3－10－5－3_ 1_ 001。

③ 《清国留学生ノ教育引受ノ義ニ関シ啓文往復写相添申進ノ件》（1898年5月14日），日本外務省外交史料館藏：《1. 留学生派遣ニ関スル在清矢野公使具申并ニ回訓　附在英公使へ仝件通報》，档案号：B－3－10－5－3_ 1_ 001。按：8月底，日本政府指令驻华代理公使林权助照会清政府：留学生人均每年约300日元的衣食费用应由清政府承担，日本政府将给予一定优待。

④ 《清国留学生ノ教育引受ノ義ニ関シ啓文往復写相添申進ノ件》（1898年5月14日）之附件“坤號写”（1898年5月13日），日本外務省外交史料館藏：《1. 留学生派遣ニ関スル在清矢野公使具申并ニ回訓　附在英公使へ仝件通報》，档案号：B－3－10－5－3_ 1_ 001。

若干名?”[①] 而此时恰是“沙市事件”谈判的关键时期。张之洞以派遣学生赴日、招聘日本教习作筹码示意中日“联交”，要求日本减少赔款，尚未得到日本政府的正式答复。他突然接到这则日本政府“代支经费”接收中国留学生的官方消息，甚至不敢相信，认为若是“代出”经费“似乎过厚”，向总署确认此事“以见其友谊是否真切”。[②] 虽然无法判明张之洞是否将日本的“代支经费”认作是日本政府对自己所提筹码的“答复”，但这无疑是他认可日本“倍敦友谊”的重要因素。

正因如此，张之洞对第二次条款稍作修改后，迅速接受了日本对于“沙市事件”处理的最终提议，并无更多异议。

已有学者细致评议了中日交涉的最终条款[③]，本书不再赘述。但仍需评价的是张之洞抛出的中日“联交”提议在这次交涉中究竟换来了日本哪些让步。明面上，赔款数额的减少是最显著的变化：应张之洞的要求，最终的赔款额是10000两关平银约合13800日元。此外，日本索赔的堤防修造费不标明具体数额，改由两国各认其半。上述变化即是日本作出的让步，避免此前向总署声言“日本政府此次必定不会有过分要求”的张之洞“颜面尽失，且招致嘲笑”。[④] 张之洞的两次“联交”提议，只是促使日本修改苛刻要求后的条款显得不是那么的不平等。日本没有使用强权政治的方式勒索更多赔款，反而张之洞主动提出新修领事馆无偿提供日本使用。至于沙市日本专属租界堤坝修建的费用，若以各国通例衡之，本应全由日本承担。日本借机继续要求清朝承担全部费用，经一番讨价还价后才以双方各认一半收场，仍省下一半的修堤费。永泷久吉事后回忆称，这是作为“沙市事件”的赔偿之一，清朝“理所当然”的让步。[⑤] 从明面上看，日本对索赔金额作出了所谓“让步”。

---

① 《总署来电并致广东谭制台》(光绪二十四年四月二十五日午刻到)，苑书义等编:《张之洞全集》第九册，河北人民出版社1998年版，第7599页。

② 《致总署》(光绪二十四年四月二十六日戌刻发)，赵德馨主编:《张之洞全集》第九册，武汉出版社2008年版，第321页。

③ 茅海建:《戊戌变法史事考》，生活·读书·新知三联书店2005年版，第207—208页。

④ 《沙市事変ニ関シ附属書類写相添始末申進ノ件》(1898年7月15日)，日本外務省外交史料館藏:《清国暴徒在沙市帝国官庁襲撃一件(損害要償ノ件)》，档案号:5-3-2-0-15。

⑤ [日]永滝久吉:《回顧七十年》，一匡印刷所1935年版，第87页。

对清朝而言，最终条款不能称作“平等”，更何况隐性的利权损失。经修改，张之洞同意沙市日租界内道路免地租、地价“随意酌给”，租界地价“酌行核减”并允许华洋杂居。[①] 可见，张之洞的“联交”提议确是中日谈判出现转机的关键。但这无法阻止日本攫取在华利益，只是让日本的勒索不再过于明目张胆，而是有所收敛和减少。

“沙市事件”还直接促成数年悬而未决的沙市日租界谈判问题之解决。基于“沙市事件”的善后条款，荆宜施道台俞钟颖与日本驻沙市领事永泷久吉于8 月 18 日签署《沙市日本租界章程》。若将其与两年前日本政府在谈判初期制定的“理想”大纲比较，则会发现：日本政府对租界地址、专管权力、地基分等、竞拍出租、华洋杂居等条款的要求，在与清政府数次争执后最终基本得到满足，作出的最大让步只是工程费用——这本系日本政府的无理要求。于日本而言，几乎达到预定目标，是一次成功的交涉；于清朝而言，则一让再让，是一次失败的交涉。

有学者就张之洞受困于“沙市事件”而未能进入清朝权力中枢的史实，推测这可能影响了戊戌维新的最终走向。[②] 但若就已知的历史来看，正是由于“沙市事件”的意外发生，张之洞才得以继续掌政两湖，推动日后湖北地方乃至长江流域的对日往来和革新，最终为辛亥年的武昌起义埋下伏笔。

小　结

从 1894 年中日甲午战争爆发至 1898 年戊戌变法开启，张之洞与日本的关系经历了三个阶段的变化。

第一阶段是甲午战争期间，张之洞被动卷入中日战争，遵照清廷旨令进行了后方备战工作。这是他与日本方面展开的间接对抗。张之洞在辖区积极备战，表现出强硬的对日态度。对此，日本方面也进行了不少

① 《致总署》（光绪二十四年五月初九日戌刻发），赵德馨主编：《张之洞全集》第九册，武汉出版社 2008 年版，第 326 页。

② 茅海建：《戊戌变法史事考》，生活 · 读书 · 新知三联书店 2005 年版，第 218 页。

情报活动，主要包括张之洞的任职调动、对战事的北援、在辖区的备战等内容。因而从敌方视角形成了张之洞在战争中较为负面的形象，体现在他援助战争前线不理想甚至有所保留、辖区备战不充分、未能与其他疆臣齐心抗敌等方面。日本获取的张之洞相关情报帮助日本军方加速战争进程，并借此摸清清朝后方战备力量。相比之下，张之洞在这场近代情报战争中的表现不尽如人意，攻、防均不得力。

第二阶段是甲午战争结束后，张之洞主动参与中日关系的处理，秉持的思路是坚决抵制日本侵犯清朝利权。他与日本方面进行了直接交锋，设法挽回国家利权，并对日本抱有严重敌意。而日本政府坚持《马关条约》不容动摇，加紧对长江流域的扩张。双方的直接交锋在《马关条约》条款落实过程中表现得尤为突出，以沙市日租界的谈判为典型。谈判初期，张之洞就租界权属问题与日方激烈争执，一厢情愿地让与部分利益以期“保权”。日本政府以强硬照会与清政府签署《公立文凭》，确定租界归日专管。此后，张之洞被迫放弃最根本的租界管地之权，尽力挽救次要之利益。其中，日租界内修堤费用和华洋杂居这两点问题成为双方最大的争执点。日本政府无理取闹，要求清朝修筑堤坝并允华洋杂居。而张之洞不同意承担修堤等租界工程，亦不允许华洋杂居。双方僵持不下，但仍为日后继续谈判留有余地。

第三阶段是戊戌前后，张之洞调整思路，扮演了与日“联交”倡导者的角色。基于扩大在华乃至东亚利益的考虑，日本迫切需要调整与清朝的关系，其军方、政府、民间视张之洞为值得拉拢的重要对象并展开多番活动。与此同时，在认识和实践的双重冲击下，张之洞对日态度发生变化，考虑改善与日本的关系。由此，他与日本的关系开始缓和，并酝酿与日“联交”。双方“联交”的重要转折点是 1898 年“沙市事件”。此次事件中，日本以军事威慑、外交要挟双重手段攫取在华权利，并重提沙市日租界设立问题。而张之洞提出与日“联交”，计划派遣学生留日、招聘日本教习来华，以此换取日方让步。此后，日本政府正式确认张之洞的“联日”意向，并调整了谈判勒索的条件。最终，双方就“沙市事件”的处理达成一致，并促成沙市日租界设立问题的解决。

总的来说，张之洞在这一时期与日本的关系变化急速且显著。围绕沙市日租界问题的谈判，他作了两次重要改变。第一次是 1896 年底中日两国就四口租界设立问题签订《公立文凭》后，张之洞被迫放弃租界属权要求，但对租界修堤费用等剩余利益坚持不为所动。第二次是“沙市事件”后，他对剩余利益有所松动，在随后涉及清朝权利的事件如沙市日租界、汉口日租界的开设谈判中作出让步，与日方的联系日益密切。张之洞这两次改变都是受制于日本的强权政治和军事威慑，但他的进一步举措却截然不同。这种差异反映了自1897年底张之洞逐渐接受日本的史实：此前仇视日本，为挽救国家利权与日本针锋相对，此后则愿意牺牲部分他认为次要的国家利权与日交好。1898年“沙市事件”后，张之洞加速了学习日本的步伐。是年8月，他制定出一份涉及军事、教育、经济多方面的师日方案，在日后逐渐予以实践。虽然不久后受戊戌政变影响，张之洞与日本方面的交往出现困难甚至有中断迹象，但双方都尽力促成军事、教育、经济等方面交往的深化。在随后中、日政府围绕驱逐康有为、梁启超离开日本的交涉中，张之洞甚至占有举足轻重的地位。他“将驱逐康有为与派陆军学生留日、接受日本军事顾问两事联系起来”，使得日本政府接受这一要求“已经配合张之洞在日本进行反康宣传了，并对康有为的处置意见也早已决定”。[①] 张之洞与日本关系发生显著的改变，并成为中日关系的关键人物。

① 茅海建：《戊戌变法史事考》，生活·读书·新知三联书店2005年版，第555、557页。

第三章
双方“联交”的深入

1898 年以后，张之洞与日本方面建立密切联系，并在政治、教育、军事、经济等方面展开深入交往。1898 年，张之洞已出任湖广总督近十年，对两湖地区具有极深的影响力，直到 1907 年才离任，奉调进京入参军机。学界对于这一时期张之洞在辖区的治理情况已有详细讨论，其中不少涉及他与日本方面的交往，尤其在教育和政治方面的研究成果颇丰。本章不打算对张之洞与日本方面“联交”的深入进行面面俱到的叙述，而是重点考察军事、经济等方面张之洞如何扮演重要角色、采取了哪些举措，与日本方面进行交往的利弊纠葛，以及他的这些活动对辖区的现代化发展产生的影响。

第一节 基本情况

张之洞与日本方面进行的交往，大致可分为“走出去”和“引进来”两个方向。

第一个方向是“走出去”，即张之洞派遣各类员弁赴日游历、游学。

从事件的发生时间来看，张之洞最早派遣员弁赴日是为了游历、考察。1898 年 2 月，姚锡光、张彪等武员 4 人及翻译官 1 人随同日本参谋本部员宇都宫太郎、桥本齐次郎赴日考察“文武教育实况”，这是张之洞派出的首批人员。此后，张之洞多次派员赴日游历，呈现两个特点。一是游历考察的范围逐渐扩大、内容逐渐细化。起初，赴日游历以考察教育、军事为主。张之洞首次派员游历的目的是“详考各种学校章程，以资仿效”①。姚锡光的访日报告也证实，他们考察的内容涵盖文、武各类学校。② 需要指出的是，张之洞学习日本军事的意愿尤为强烈。是年9月中旬，他收到总署通知“拣派熟悉洋操营务镇道大员，酌带武员一二名”赴日参观陆军特别大演习，但实际派员多达十人，还反复叮嘱员弁在阅操后前往重要场所游览考究。旋即戊戌政变爆发，张之洞遭受总署阻拦，仍辩称“此次所派人员既系阅操，兼资游历”③，终在日方周旋下实现。他所派要员方友升等人在观操后还重点考察日本军舰制造情形，前往横须贺镇守府参观横须贺造船所、机关学校及练习所。④ 这可视为张之洞为日后订购日式炮舰、鱼雷艇所作的准备。随着与日本方面交流的深入，他逐渐扩充派员赴日考察的范围、内容。1904年，张之洞要求所派游历官邓沅等人“再留三个月，于一切政治、学务、兵备、警察及工厂、农商等业，各就性之所近，详加考察”，反映出他对工厂、农商等经济相关情形的关注。在扩大考察范围的同时，张之洞也注重细化考察内容，尤为重视日本相关制度。譬如，1901年他为筹办鄂省中小学，札委罗振玉等人赴日“考求中小学堂普通学应用新出教科书本……并分赴日本各学校详细考察管理学堂之章程规则及各堂教法之实事”，次年奏陈鄂省学堂制度办法亦强调派员考察日本情形“以资参酌”。⑤ 二是游历形式从官费游历发展为私费游历与官费游历并进，而游历人员也从地方高级官员延伸到基层官吏。1905年，张之洞要求湖北实缺各州县官吏必须自备斧资出洋，赴日“实有半年为限。到东后，凡属有关政法之事，如学校、警察、监狱、道路、水利、财政、武备、制造及一切农工商渔等实业，均须随时留心察考，纵不必人著一书，亦须摘

---

① 《札委徐钧溥会同姚锡光等前往日本游历详考各种学校章程》（光绪二十四年正月二十三日），赵德馨主编：《张之洞全集》第六册，武汉出版社2008年版，第109—110页。

② 姚锡光：《东瀛学校举概公牍：查看日本各学校大概情形手折》，《湘报》1898年第119期，第473页。

③ 《张之洞致小田切万寿之助电》（1898年11月3日），日本外務省外交史料館藏：《2. 明治三十一年度　京阪地方》，《帝国陸軍大演習関係雑件》第一卷，档案号：5-1-3-0-18_001。

④ 日本防衛省防衛研究所藏：《明治31年12月15日　清国文成官等観覧の件》，档案号：海軍省-公文雑輯-M31-14-244。按：标题“文成官”为“文武官”之误。

⑤ 吴剑杰编著：《张之洞年谱长编》（下），上海交通大学出版社2009年版，第835、712、751—752页。

要记录”，并规定此后“续经补选各员，均应于到任之先一体派往游历一次，著为定章”。[①] 张之洞积极倡导，直至逝世前还建议清廷派人“前往日本，考察大学制度及一切设备建筑事宜”[②] 作为分科大学之参考。

相比之下，张之洞派遣员弁赴日游学的时间稍迟。1898 年他派员赴日游历考察的同时，也在酝酿派员游学的事宜。但迟至第二年，张之洞所派第一批游学人员才抵达日本。起初，张之洞派员游学的重心在军事。1898 年 8 月，他拟定赴日员弁共计 110 人，“以学生五十人入武备学堂学习以储将佐，以弁勇五十人入教导团学习以储弁目，以学生十人入农务、商务、工艺学堂学习以裨民事”[③]，可见其对军事游学的高度重视。此后，游学范围逐渐扩大。张之洞加大了对师范、警察专业学生的派遣力度，[④] 还在日本自设矿路学堂（后改为铁路学堂），选拔湖北学生赴日学习，以期培养铁路人才。[⑤] 但是，鉴于留日学生展开各类政治活动日益激进活跃，张之洞有意调整了游学内容：“近来东游学生习气甚坏，必宜预防。鄙意不如令该生等分习农、工、商、实业各学，较无流弊。”[⑥]

当然，张之洞派员赴日游历游学，既是出于自强的愿望，也是遵循清廷的旨意。1901 年 1 月，清廷颁布新政改革上谕，令内外官员参酌中西政要议奏“如何而国势始兴，如何而人才始出，如何而度支始裕，如何而武备始修”之办法，亟须变革政治、教育、经济、军事各方面。[⑦] 对此，以刘坤一、张之洞为代表的地方督抚积极响应。他们在江楚会奏中倡言游学日本，“观其实政，睹其实效，见其新器，求其新书，

---

① 《鄂督张饬湖北实缺州县出洋游历博览周咨札（汉口）》，《申报》1905 年 5 月 3 日第 5 版。

② 吴剑杰编著：《张之洞年谱长编》（下），上海交通大学出版社 2009 年版，第 1001 页。

③ 《饬北盐道等拨解赴日本游学学生各经费》（光绪二十四年八月十一日），赵德馨主编：《张之洞全集》第六册，武汉出版社 2008 年版，第 159—160 页。

④ 吴剑杰编著：《张之洞年谱长编》（下），上海交通大学出版社 2009 年版，第 734 页。

⑤ 张继煦：《张文襄公治鄂记》，湖北通志馆 1947 年版，第 15 页。

⑥ 《致武昌端署制台、梁署盐道台》（光绪二十九年正月二十八日丑刻发），赵德馨主编：《张之洞全集》第十一册，武汉出版社 2008 年版，第 71 页。

⑦ 中国第一历史档案馆编：《光绪朝上谕档》第二十六册，广西师范大学出版社 1996 年版，第 461 页。

凡吏治、财政、学制、兵备，一一考询、记录”。[①] 随后，张之洞指派员弁参观日本东北地区军事演习，不仅注重军事交流，更要求他们“兼考察学校工厂诸务”[②]，包括日本高等师范附属中小学、女子高等师范学校等教育相关场所。[③]

第二个方向是“引进来”，即张之洞从日本引进各类人才、文教制度以及器物。

首先，张之洞招聘日本文武员弁尤为积极，引进人数长期处在各省前列。据日人统计，1908 年时受雇在鄂日人 43 名，人数仅少于直隶、盛京、江苏、四川，[④] 几乎全是由张之洞招聘而来。他们在鄂履行的职责各异，呈精细化趋势。1904 年，张之洞甚至招聘日本女教习在敬节学堂“讲习女子师范家庭教育，以备将来绅富之家延充女师之选”，在育婴学堂“讲习保育幼儿、教导幼儿之事，以备将来绅富之家雇用乳媪之选”。[⑤] 值得注意的是，在引进日人的过程中，张之洞将聘用军事人员放在较晚的时段。1898 年，张之洞首次聘用日人来鄂充当日文翻译，随后还陆续招聘日本技师教授农、商。直至 1899 年底，湖北才聘用了首位日本军事教习。这反映出张之洞招聘军事教习比较慎重，避免外人揽权。他曾采取不少预防措施，甚至提出“请贵国（引者：日本）教员就华教习学中国语文及中国经学，华教习就贵国教员学日本语文及理化等科，彼此互换知识，作为学友”[⑥] 的策略，既防止日人揽权，又培养华人教师，一举两得。

其次，张之洞引进或借鉴日本文教制度，对辖区的相关制度改革产

---

① 《遵旨筹议变法谨拟采用西法十一条折》（光绪二十七年六月初五日），赵德馨主编：《张之洞全集》第四册，武汉出版社 2008 年版，第 27 页。

② 《为派员赴日参观阅兵并兼考察学校工厂事》（光绪二十七年九月二十日），中国第一历史档案馆编：《清代军机处电报档汇编》第二十三册，中国人民大学出版社 2005 年版，第 26 页。

③ 《3. 明治三十四年度　東北地方》，日本外務省外交史料館藏：《帝国陸軍大演習関係雑件》第一卷，档案号：5－1－3－0－18_001。

④ 参见《清国傭聘本邦人名表　明治 41 年 1～4 月調查》内所收各省资料，日本外務省外交史料館藏，档案号：政－15。

⑤ 《札学务处办敬节、育婴学堂》（光绪三十年六月初十日），赵德馨主编：《张之洞全集》第六册，武汉出版社 2008 年版，第 438—439 页。

⑥ 吴剑杰编著：《张之洞年谱长编》（下），上海交通大学出版社 2009 年版，第 763、766—767 页。

生重要影响。他大力支持翻译工作，尤为重视军事相关章程制度的翻译。1899 年初，张之洞“为锻炼加强武备学堂、自强学堂、两湖书院学生的体力”，加设体操一科为正科，命陶森甲雇聘侨居南京的日本人翻译日本体操教范。[①] 同时，他委托清朝驻日公使李盛铎抄译日本陆军学校详细章程“以凭会核详议具奏”，[②] 并指派幕僚钱恂赴日出任湖北留日学生监督，随时留意日本军事制度。钱恂随即编写《日本军事教育编》，指出“日本维新以来，君臣士民，毅然尽改旧政，务从西法，而尤汲汲于陆军，岂不以举世尚武，战术竞进，非大变旧制，不足以御侮，并不足以图存耶”，并“就其练将诸学校，先译纲要三十余种”。[③] 这些举措为日后两湖仿照日本陆军制度，推进军事改革打下基础。此外，张之洞也积极推动教育、新闻相关制度的翻译工作。他曾派遣罗振玉等人赴日考求中小学所用教科书，“参酌采择，妥为编纂”[④]，还指令钱恂等人翻译日本的新闻条例以为借鉴[⑤]，控制辖区言论。当然，在引进或借鉴日本文教相关制度的同时，张之洞仍致力于维护中国传统文化。[⑥]

最后，张之洞从日本陆续购进器物，推动辖区的现代化进程。他在两江总督、湖广总督任上曾数次订购日本所造军舰，而这些日产军舰成为清末“长江舰队主力”，[⑦] 推动了两湖地区的军事现代化。在经济现代化进程中，张之洞尤为依赖日本制造的钱票。1899 年初，他委托日本印刷局代印钱票数百万张，年末安排尚在日本的幕僚钱恂点收银元票百万张中的头批八万张，次年又请“照原式再印二百万张”，还曾托日

---

① 《秘報第十一号》（1899 年 1 月 24 日），日本外務省外交史料館藏：《清国ノ部》，《在外武官報告　第二卷》，档案号：5 - 1 - 10 - 0 - 7_ 002。

② 《咨驻日公使李盛铎抄译日本陆军学校详细章程（附单）》（光绪二十五年十一月初七日），赵德馨主编：《张之洞全集》第六册，武汉出版社 2008 年版，第 276 页。

③ 钱恂编译：《日本军事教育编》，序，江楚書局，清光绪二十五年（1899）铅印本。

④ 《札罗振玉等赴日本考求编译教科书并咨驻日公使督察照料》（光绪二十七年十月二十五日），赵德馨主编：《张之洞全集》第六册，武汉出版社 2008 年版，第 397 页。

⑤ 《张之洞档存钱守（钱恂）致日本电》（光绪二十六年三月十九日），虞和平主编：《近代史所藏清代名人稿本抄本》第二辑（张之洞档）四九，大象出版社 2014 年版，第 400 页。

⑥ 陆胤：《从“同文”到“国文”——戊戌前后张之洞系统对日本经验的迎拒》，《史林》2012 年第 6 期。

⑦ 姜鸣：《龙旗飘扬的舰队：中国近代海军兴衰史》，上海交通大学出版社 1991 年版，第 425 页。

本代印小额的一千文之票、较大额的一两银币票[1]。

还需说明的是，与日本深入"联交"，是张之洞权衡利弊后作出的"最佳"选择。一方面，张之洞认定日本是值得学习的对象，并且愈发坚定这一认识。1898 年前后，他开始倾向"以日为师"，认为其优势在于"中、东情势风俗相近"。[2] 尤其是日本效仿西法以图富强的措施，为张之洞提供了"欲借富强以保中国，保中国即所以保名教"[3]的经验。1902 年，张之洞奏陈湖北各类学堂兴办情形，称"日本教育总义，以德育、智育、体育为三大端，洵可谓体用兼赅，先后有序，礼失求野，诚足为我前事之师"[4]。两年后，他私下向黄绍箕阐明设立存古学堂的用意，强调"救时局、存书种两义并行不悖，日本前事可鉴"。[5] 张之洞以"礼失求野""前事可鉴"形容日本教育改革情形，实质认可了日本保存旧有汉学文化同时推进现代化建设的做法。另一方面，张之洞在一定程度上意识到日本的对华野心，却认为日本的危害较西方列强为轻。在列强逼近的环境中，清朝不得不依赖外力方能保全以至自强。在张之洞看来，日本是对清朝最"利大于弊"的外力。甲午战后，张之洞开始认可日本学习西方的成绩，但仍认为日本与清朝处在平等地位、拥有相近实力。直至庚子事变后，他才逐渐意识到双方关系的不平等，甚至认为清朝需要仰仗日本帮助。1902 年英、日结成同盟后，张之洞发现："清、韩内地骚扰，日、英可因时因地设法处理"以抵抗俄国对华的侵略，但"赖人保全，清、韩并列，令人痛心，国势微弱至此，更无可说矣"。[6] 而在张之洞内心，日

---

① 吴剑杰编著：《张之洞年谱长编》（下），上海交通大学出版社 2009 年版，第 600、613、835 页；《致东京杨钦差》（光绪三十一年三月初七日戌刻发），赵德馨主编：《张之洞全集》第十一册，武汉出版社 2008 年版，第 200 页。

② 《劝学篇》，赵德馨主编：《张之洞全集》第十二册，武汉出版社 2008 年版，第 175 页。

③ 辜鸿铭：《张文襄幕府纪闻》，中国史学会主编：《中国近代史资料丛刊·戊戌变法》第四册，上海人民出版社 1957 年版，第 279 页。

④ 《筹定学堂规模次第兴办折》（光绪二十八年十月初一日），赵德馨主编：《张之洞全集》第四册，武汉出版社 2008 年版，第 88 页。

⑤ 《致瑞安黄仲韬学士（温州电局专送）》（光绪三十年六月十二日丑刻发），赵德馨主编：《张之洞全集》第十一册，武汉出版社 2008 年版，第 140—141 页。

⑥ 《致江宁刘制台、保定袁制台》（光绪二十八年正月十一日卯刻发），赵德馨主编：《张之洞全集》第十册，武汉出版社 2008 年版，第 356—357 页。

本的地位仍处在西方列强之下。与各国谈判修改通商航海条约时，他数次强调“如诸大国俱能允从，日本自不能独异”[①]，将日本视为跟随英、德、美等“大国”的国家。究其原因，主要是张之洞默认了日本方面宣扬的“唇亡齿寒”说，即日本需要借助中国的力量方能抗衡欧美。在日俄战争尾声，张之洞向清廷建言“现在因应及将来善后”，称：

> 此次日本若于东三省不占最优权利，慨然送还中国，断无此事。然所得过奢，则既食前言，又招欧忌，彼亦不为。日本为中国，正所以自为，然欲强日本，则不能不存中国。俄专欲愚中国，吞中国，纯乎损我益彼。日本既擅北海之权，则不惟阻俄人之横行，并可抑胶澳之恣肆。故无论如何定议，日本在东方得何权利，皆胜于俄人远甚。[②]

张之洞认为日本只能在“存中国”的基础上壮大自身实力、扩大在华利益，较之俄国等西方列强“吞中国”的危害较小。正因如此，他权衡利弊之后，选择加强与日本方面的交往。

总的来说，张之洞与日本方面进行交往一直较为顺利。即使他不满日方的某些举措，譬如曾抱怨应聘来华的日本铁路工程师“最喜揽分外之事……以后必渐思干预江西路事”，但仅是针对个别人员，随后便“另行探询”其他日人。[③] 本章将基于前人研究成果，围绕张之洞在军事、经济方面与日本的交往情况，于第二、三节展开具体讨论。

第二节 张之洞与日本的军事交往

19 世纪末 20 世纪初，民族危机日益加深，中国军事力量受到内、

---

① 《致外务部，上海吕大臣、伍大臣，保定袁宫保》（光绪二十九年三月十五日辰刻发），赵德馨主编：《张之洞全集》第十一册，武汉出版社 2008 年版，第 78—79 页。

② 《陈日俄议和中国因应善后之策 致军机处》（光绪三十一年六月二十二日戌刻发），赵德馨主编：《张之洞全集》第四册，武汉出版社 2008 年版，第 549 页。

③ 《致江宁端制台》（光绪三十三年六月初十日丑刻发），赵德馨主编：《张之洞全集》第十一册，武汉出版社 2008 年版，第 352 页。

外严重冲击，由传统形态向军事现代化过渡迫在眉睫。在此背景下，张之洞选择聘用日本军人等外部力量充当技术官、教习、顾问，以求军事技术、教育、制度等方面逐步变革。[①] 张之洞对日本军人的聘用，以及日本应聘军人在鄂的活动，是本节讨论的重点问题。

一　张之洞对日本军人的聘用

据笔者所见，自 1898 年 4 月招聘日本陆军步兵大尉大原武庆担当湖北武备学堂日文翻译起，张之洞在湖广总督任上至少招聘日本军人 36 人，居各省前列（见表 3.1）。即使在日本本国备战用兵、亟须用人的背景下，张之洞仍能从日本招募人数最多、官职不低的军事人员。日本军方曾统计，日俄战争期间清政府聘用的日本军事人员中，湖广招聘人数最多，达 8 人。若以军衔论之，较之袁世凯所聘日人最高军衔为少佐者 1 人，张之洞所聘日人中含 2 名大佐，级别更高。[②] 自张之洞离开湖北至清朝覆亡的这一时期，湖北聘用的日本军人总人数仍居各省前列，但极少添募新人，大多是对张之洞时代的旧人一再续约。[③] 这充分反映出他在清末政府招聘日人问题上拥有重要话语权，备受日方重视。

张之洞对日本军人的聘用，可从以下两个方面展开讨论。一方面，

---

① 聘用日本军人的定义，是指由日本军方派遣、受清政府聘用的授有军衔的陆、海军军职人员。按照其时日本军制，军人阶级分为将校等勅任官、奏任官，准士官、下士等判任官，以及兵卒；各阶级均有受聘者。

② 具体人员如下：直隶总督聘宪兵少佐海津政德，炮兵大尉木堂直枝，工兵大尉后藤利一郎，骑兵大尉黑川敬藏，辎重兵大尉近藤仪策，三等兽医正野口次郎三，一等主计叶若竞；湖广总督聘炮兵大佐本庄道三，炮兵大佐栗山胜三，炮兵大尉丸山丰，骑兵大尉寺中猪介，辎重兵大尉横须贺辰藏，一等主计荻原镰次郎，陆军技师工学博士石藤丰太；闽浙总督聘步兵大尉服部贤吉，炮兵大尉牧野镰太郎；两广总督聘步兵大佐有马荣十郎，步兵大尉井上璞，炮兵大尉大泽仓造，工兵大尉齐藤庄太郎，辎重兵大尉服部英男；湖北兵工厂聘陆军技师中川良作；湖南武备学堂聘步兵少佐生田清范；奉天将军聘步兵大尉堀米代三郎；云贵总督聘陆军教授加古贞太郎。（《第 5 编　外国応聘》，日本防衛省防衛研究所藏，档案号：陸軍省 - 日露戦役 - M37 - 7 - 128）按：上述人员隶属日本军方，但并非全有军衔。

③ 清末湖北每年新添日本军人的情况为：1898 年 1 人，1900 年 4 人，1902 年 6 人，1903 年 1 人，1904 年 2 人，1905 年 17 人，1906 年 4 人，1907 年 1 人，1908 年 2 人，1909 年 1 人。数据综合表 3.1，以及《支那傭聘本邦人名表　大正元年 12 月現在》（日本外務省外交史料館藏，档案号：政 - 17）。

他积极挑选合适日人，推进湖北的军制整编；另一方面，他谨慎斟酌合同内容，节制日本军人的事权。

表 3.1 **湖广总督张之洞招聘日本军人统计表**

姓名	军衔（隶属部门）	在鄂任职	起止时间	薪水（年）	备注
大原武庆	陆军步兵大尉（参谋本部）	武备学堂翻译（1898 年）；湖北防营将弁学堂教习（1899 年）	1898. 4—1902（2—2）	银元 170 元	
平尾次郎	陆军工兵大尉	东文学堂书翻译兼分教湖北防营将弁学堂各门功课	1900. 2—1902. 1（2）	龙银 170 元	
久米德太郎	陆军步兵大尉（参谋本部）	东文学堂书翻译兼分教湖北防营将弁学堂各门功课	1900. 2—1902. 1（2）	龙银 170 元	
野村岩藏	陆军步兵曹长（参谋本部）	武备学堂教习	1900. 2—1902. 7		
木下健太	陆军步兵曹长（参谋本部）	武备学堂教习	1900. 2—1902. 7		
铸方德藏	陆军炮兵中佐（参谋本部）	湖北省军事幕僚	1902. 2—1904. 3（2）；1906. 4—1910. 5（2—2）	洋银 400 元（1902 年）；银 700 元（1908 年）	1904 年升大佐
小岛米三郎	陆军步兵大尉（近卫步兵第三联队中队长）	湖北防营将弁学堂	1902. 2—1904. 2（2）	湖北银 250 元	接久米德太郎之职
水间春明	陆军工兵大尉（士官学校教官）	湖北防营将弁学堂	1902. 4—1906. 4（2—2）	湖北银 250 元	接平尾次郎之职
神保涛次郎	陆军一等军医（近卫步兵第三联队）	卫生顾问	1902. 8—1904. 3（2）		合约两年，中途病逝。据大原武庆报告，1900 年神保已在鄂开讲
牧野正臣	陆军骑兵大尉（陆军骑兵实施学校）	湖北防营将弁学堂	1902. 9—1904. 4（2）	湖北银 250 元	1902 年 9 月提出申请，合约两年，因日俄战争回国

续表

姓名	军衔（隶属部门）	在鄂任职	起止时间	薪水（年）	备注
安东斌	陆军炮兵大尉（陆军野战炮兵射击学校教官）	湖北防营将弁学堂	1902.9—1904.4（2）	湖北银250元	同上
太地周三郎	陆军下士	陆军小学堂助教（1908年）；陆军学堂教习（1910年）	1903.6—1910.6	银100两（1908—1910年）	
栗山胜三	陆军炮兵大佐（陆军技术审查部审查官）	军事制造顾问（汉阳兵工厂）	1904.8—1907.8（2—1）	700元	1905年9月进入汉阳兵工厂
本庄道三	陆军炮兵大佐（陆军火药研究所长）	军事制造顾问	1904.8—1906.8（2）	700元	同上
寺中猪介	陆军骑兵大尉（骑兵第十一联队补充队）		1905.11—1907.11（2）		
丸山丰	陆军炮兵大尉（野战炮兵第一联队补充大队）	陆军小学堂教习（1908年）；陆军学堂教习（1910年）	1905.11—1911.10（2—1—1—1—1）	银250两（1908—1910年）	第2、3次展期应陈夔龙要求；第4次展期应瑞澂要求
横须贺辰藏	陆军辎重兵大尉（辎重兵第一大队补充队）	陆军小学堂教习（1908年）	1905.11—1909.10（2—1—1）	银250两（1908年）	第2次展期应陈夔龙要求
荻原镰次郎	陆军一等主计（陆军会计监督部部员）		1905.11—1907.11（2）		
宇都宫治右卫门	陆军骑兵曹长（骑兵第十一联队补充队）	陆军小学堂助教（1908年）	1905.11—1911.10（2—1—1—1—1）	银100两（1908年）	第2、3次展期应陈夔龙要求；第4次展期应瑞澂要求
松村林平	陆军辎重兵曹长（陆军士官学校）	陆军小学堂助教（1908年）	1905.11—1907.11（2）	银100两（1908年）	
松崎幸三郎	陆军步兵军曹（近卫步兵第二联队补充大队）	陆军小学堂助教（1908年）	1905.11—1908.10（2—1）	银100两（1908年）	1907年已升陆军步兵曹长

续表

姓名	军衔（隶属部门）	在鄂任职	起止时间	薪水（年）	备注
中田为三	陆军炮兵军曹（留守野战炮兵第二旅团司令部）	陆军小学堂助教（1908年）	1905. 11—1908. 10（2—1）	银100两（1908年）	
青木长	陆军炮兵一等鞍工长（野战炮兵第十七联队补充大队）	陆军小学堂助教（1908年）；陆军学堂教习（1910年）	1905. 11—1911. 1（2—1—2—0. 25）	银100两（1908—1910年）	第2次展期应陈夔龙要求；第3次展期应瑞澂要求
谢花宽烈	预备陆军工兵曹长（留守第一师团）		1905. 11—1907. 11（2）		
本多勘治郎	后备陆军骑兵一等蹄铁工长（骑兵第一联队补充队）	陆军小学堂助教（1908年）；陆军学堂教习（1910年）	1905. 11—1910. 11（2—1—2）	银100两（1908—1910年）	第2次展期应陈夔龙要求
真藤骏士	陆军下士	陆军小学堂教习（1908年）；陆军学堂教习（1910年）	1905. 11—1910. 11	银140两（1908—1910年）	
曾根新太郎	陆军炮兵上等工长（东京炮兵工厂）	湖北兵工厂造兵助手	1905—1907（2）	银250元	1905年11月本人向陆军省提出
长田久作	陆军技手（东京炮兵工厂）	湖北兵工厂造兵助手	1905—1907（2）	银190元	同上
中川良作	陆军技师（大阪炮兵工厂）	湖北兵工厂造兵教授	1905—?		1905年12月本人向陆军省提出
榎村实卫	陆军技手（大阪炮兵工厂）	湖北兵工厂造兵教授	1905—?		1905年12月本人向陆军省提出；1908年以前离鄂
四谷廉久	陆军技手（大阪炮兵工厂）	湖北兵工厂造兵教授	1905—?		同上
吉川寿次郎	陆军一等军医（近卫步兵第三联队）	军医学堂教习	1906. 4—?	银100两（1908年）	1906年3月本人向陆军省提出；1910年前离职

续表

姓名	军衔（隶属部门）	在鄂任职	起止时间	薪水（年）	备注
笠井定四郎	陆军炮兵曹长（东京炮兵工厂）		1906—1908		1906 年 5 月本人向陆军省提出
泉川文造	陆军技手（大阪炮兵工厂）	湖北兵工厂造兵教授	1906—1908	190 元	同上
松林义之	陆军工兵大尉（东京湾要塞司令部部员）	陆军小学堂教习（1908 年）；陆军学堂教习（1910 年）	1906. 6—1910. 6（2—1—1）	银 250 两（1908—1910 年）	第 1、2 次展期应陈夔龙要求
木村恒夫	陆军步兵大尉	湖北武普通中学堂（1908 年）；陆军学堂教习（1910 年）	1907. 9—1911. 9（2—1—1）	银 250 两（1908—1910 年）	第 1 次展期应陈夔龙要求；第 2 次展期应瑞澂要求

说明：（1）“起止时间”一栏中（）内数字，系每次签约、续约时长，单位：年。（2）因资料来源问题，薪水单位无法统一，暂以原文为准。

资料来源：（1）［日］東亜同文会編：《対支回顧録》（下），原書房 1968 年版。（2）苑书义等编：《张之洞全集》第五册，河北人民出版社 1998 年版。（3）《清国兵制改革一件》第一卷，日本外務省外交史料館藏，档案号：5 – 1 – 1 – 0 – 14_ 001。（4）《7 月 12 日　野村步兵曹長外 1 名清国応聘中の処不日帰朝の筈他に転出方申進》，日本防衛省防衛研究所藏，档案号：参謀本部 – 雑 – M35 – 11 – 127。（5）《大坂砲兵工廠　清国差遣長野少佐報告の件》，日本防衛省防衛研究所藏，档案号：陸軍省 – 密大日記 – M39 – 2 – 6。（6）《清国応聘者水間大尉解約松林大尉応聘の件》，日本防衛省防衛研究所藏，档案号：陸軍省 – 貳大日記 – M39 – 18 – 61。（7）《神保一等軍医清国へ応聘及定年名簿等削除の件》，日本防衛省防衛研究所藏，档案号：陸軍省 – 参大日記 – M35 – 7 – 45。（8）《清国ノ部》，日本外務省外交史料館藏：《在外武官報告　第二巻》，档案号：5 – 1 – 10 – 0 – 7_ 002。（9）《清国兵制改革一件》第二巻，日本外務省外交史料館藏，档案号：5 – 1 – 1 – 0 – 14_ 002。（10）《栗山、本庄両砲兵大佐清国応聘の件》，日本防衛省防衛研究所藏，档案号：陸軍省 – 参大日記 – M37 – 8 – 93。（11）《清国応聘者栗山砲兵大佐清国応聘継続の件》，日本防衛省防衛研究所藏，档案号：陸軍省 – 貳大日記 – M40 – 14 – 54。（12）《寺中騎兵大尉外 13 名清国応聘の件》，日本防衛省防衛研究所藏，档案号：陸軍省 – 貳大日記 – M38 – 11 – 71。（13）《清国応聘者継続の件》，日本防衛省防衛研究所藏，档案号：陸軍省 – 貳大日記 – M41 – 5 – 32。（14）《近藤少佐外 2 名応聘継続の件》，日本防衛省防衛研究所藏，档案号：陸軍省 – 貳大日記 – M42 – 11 – 34。（15）《丸山大尉外 2 名応聘継続の件》，日本防衛省防衛研究所藏，档案号：陸軍省 – 貳大日記 – M43 – 12 – 32。（16）《守水步兵少佐外 1 名応聘継続の件》，日本防衛省防衛研究所藏，档案号：陸軍省 – 貳大日記 – M43 – 14 – 34。（17）《本多蹄鉄工長清国応聘継続願の件》，日本防衛省防衛研究所藏，档案号：陸軍省 – 貳大日記 – M41 – 6 – 33。（18）《東京砲兵

工廠曾根砲兵上等工長外1名清国応聘の件》，日本防衛省防衛研究所藏，档案号：陸軍省－伍大日記－M38－12－109。（19）《大阪砲兵工廠 中川技師外2名清国応聘の件》，日本防衛省防衛研究所藏，档案号：陸軍省－伍大日記－M38－12－109。（20）《吉川1等軍医清国応聘の件》，日本防衛省防衛研究所藏，档案号：陸軍省－肆大日記－M39－4－73。（21）《笠井砲兵曹長清国応聘願の件》，日本防衛省防衛研究所藏，档案号：陸軍省－伍大日記－M39－4－85。（22）《泉川陸軍技手清国応聘願の件》，日本防衛省防衛研究所藏，档案号：陸軍省－伍大日記－M39－4－85。（23）《松林工兵大尉応聘継続願の件》，日本防衛省防衛研究所藏，档案号：陸軍省－貳大日記－M42－5－28。（24）《松林工兵大尉清国応聘願の件》，日本防衛省防衛研究所藏，档案号：陸軍省－肆大日記－M39－6－75。（25）《木村大尉外1名応聘継続の件》，日本防衛省防衛研究所藏，档案号：陸軍省－貳大日記－M43－9－29。（26）《清国応聘木村步兵大尉継続願の件》，日本防衛省防衛研究所藏，档案号：陸軍省－貳大日記－M42－9－32。（27）《安徽省/河南省/湖北省》，日本外務省外交史料館藏：《清国傭聘本邦人名表 明治41年1～4月調查》，档案号：政－15。（28）《湖北省》，日本外務省外交史料館藏：《清国傭聘本邦人名表 明治42年12～43年5月調查》，档案号：政－16。

（一）选聘日本军人与整备湖北军制

军制，即军事制度，其定义为“国家或政治集团关于组织、管理、发展和储备军事力量的制度”。[①] 前人主要对湖北军制进行了纵向考察，讨论张之洞创建湖北常备军，仿照西方和日本规章制度等变革兵役制度的尝试。[②] 而本书将对湖北军制进行横向考察，从军队组织编制的角度讨论张之洞对日本军人的选聘如何影响湖北军制的整编。

甲午战后，张之洞对近代军制已形成初步认识。他第一次较为系统完整地论述军事制度，见于《劝学篇》。文中仿照西法，划分陆军军种：

> 陆军之别有五：曰步队、马队、炮队、工队、辎重队。（工、辎两队，皆兼有步队之所能。）每一军皆兼有之，如四体具而后为人。工队主营垒、桥道之事，辎重队主械药、衣粮之事。西法以步队、炮队为最重，马队止为包抄及侦探之用。工、辎二队，古人所略。缘火器猛烈，或大队相持，或侦探扼守，必须掘地营、开濠

① 刘展主编：《中国古代军制史》，军事科学出版社1992年版，第1页。

② 李细珠：《张之洞与清末新政研究》，上海书店出版社2009年版，第240—258页。

> 堑，顷刻立就。若遇溪河泥沙，必须应时可渡，故立工队。今日用快枪、快炮，所需弹药过多，（一装五子、十子，连珠而发者为快枪。炮子如枪子式，弹药相连，一分钟可放数十出者，为快炮。）以及备战各物，至为繁重，故立辎重队。分为数起，层递转运，故进不误用，退不全失。①

同时，张之洞还留意了军医、军乐队、军事学堂、参谋官、会计官等相关机构及人员的设置问题。这些论述和认识，涉及军队组织编制的两点重要内容：军种的精专化和机构的体系化。

在戊戌变法期间，张之洞提出了聘用日本军人参与湖北军制整编的计划。他于《劝学篇》中指出“今日朝野皆知练兵为第一大事，然不教之于学堂，技艺不能精也；不学之于外洋，艺虽精，习不化也”不久，以实际行动给出了解决办法——聘用日人练兵。1898 年 8 月，日本驻上海总领事代理小田切万寿之助为开设汉口日租界事赴鄂谈判，收到张之洞招聘日人的委托。张之洞在委托计划内提出：“拟聘一学识阅历之大佐来鄂教练兵勇，充本衙门参谋之职。随带各项教习约一二十员，由来鄂之大佐妥酌，须马步炮工辎五队俱习，并有经理官会计官军医官各项职司”，与《劝学篇》的论述相呼应。② 随后，受戊戌政变及英人贝思福访华提议练兵③等事件影响，张之洞被迫推迟施行该计划。直至 1899 年底盛宣怀奏陈练兵事宜仿照日本并设练将总学堂后，张之洞才趁此机会再次谋划开设将弁学堂，陆续招聘日本军人来鄂。

具体来说，出于军种精专化和机构体系化的考虑，张之洞有选择地招聘日本军人，推动湖北军队组织的整编。

一是军种精专化。在招聘日本军人之前，湖北采取不分军种的形式聘用外国军人。这些人主要来自德、英两国。因聘用费用高昂、联络聘请不

---

① 《劝学篇》，赵德馨主编：《张之洞全集》第十二册，武汉出版社 2008 年版，第 185 页。

② 《张之洞致驻上海总领事代理小田切万寿之助电》（1898 年 7 月），日本外務省外交史料館藏：《清国兵制改革一件》第一卷，档案号：5 – 1 – 1 – 0 – 14_ 001。

③ 戊戌政变后不久，英国海军少将贝思福（Lord Charles Beresford）访华，向清政府提议由英国将领帮助中国训练军队，实则欲揽中国兵权，引起清朝朝野震动。最终，清廷为避免“各国互相猜忌”，罢议延请洋员练兵。张之洞也不得不暂时中止招聘日本军事教习的计划。

易等原因，他们大多身兼数职，如1896年德国教员法勒根汉、根次被要求“派在武备学堂教习武备事务”，“计所教之事，即马、步、炮三项并军械之事，交战之法，以及炮台、营垒、工程、测量、绘图、地舆等学”。①

在招聘日本军人时，张之洞有意挑选不同军种的军人来鄂任职，推动湖北新军军种精专化。这是他对西方军制了解程度提升的体现。1902年日本步兵大尉久米德太郎和工兵大尉平尾次郎因合同期满离任，张之洞选择聘用相同军衔、兵种的小岛米三郎和水间春明，确保日人负责教授的步兵、工兵两兵种课程不会间断。1904年，他托日方选聘将弁学堂教习，明确要求从炮兵和骑兵两兵种中挑选②；随后调整将弁学堂并入武高等学堂，定用日本“教习四员、德国教习二员，分认科目，各自教授”，更指明代聘日本教员的条件：“大致德教习令教测绘、工程、营垒、炮兵学等门，余均由贵国教习分任。”③ 日人负责教授的科目具体包括军制、战术、兵器、数学、卫生、操法、筑城、野操、兵棋、测图、战术实施、技击、军医等。④ 张之洞不仅划分兵种，还对每一兵种进行了内部细分。例如，1904年两名日本炮兵大佐受聘军事顾问，其中栗山胜三长于火炮制造，而本庄道三长于小铳制造。⑤ 参照表3.1，日本应聘军人的军种，按时间顺序依次为步、工、炮、骑、辎重，其中炮兵9人、步兵7人、骑兵4人、工兵4人、辎重兵2人。炮兵、步兵人数最多，这反映了张之洞在《劝学篇》中关于“西法以步队、炮队为最重”的观点。再结合他离鄂前最后两次对湖北常备军各军种人数的调整，可知湖北常备军各军种人数以步队最多，继而是炮兵、马队、工

---

① 《札武备学堂许大臣咨送订定湖北武备学堂聘用德国教习合同（附单）》（光绪二十二年七月初三日），赵德馨主编：《张之洞全集》第五册，武汉出版社2008年版，第497页。

② 《致东京参谋本部铸方中佐》（光绪三十年五月十二日申刻发），赵德馨主编：《张之洞全集》第十一册，武汉出版社2008年版，第135页。

③ 《致东京参谋本部福岛少将、铸方中佐》（光绪三十年五月十七日亥刻发），赵德馨主编：《张之洞全集》第十一册，武汉出版社2008年版，第136—137页。

④ 《续录湖广总督张宫保湖北巡抚端抚军会奏鄂省筹设大学堂折》，《申报》1903年1月14日第1版。

⑤ 《大臣ヨリ外務大臣へ御移牒案》（1904年8月4日），日本防衛省防衛研究所藏：《37号　外務省　張之洞より技師招聘の件》，档案号：陸軍省－雑－M34－4－99。

程队、辎重队。[①] 除炮兵这一例外，其他兵种人数多寡，与张之洞聘用日本军人所属军种人数多寡顺序一致。

其中，由于关系到军械制造及枪炮厂的经营，炮兵建设受到了张之洞的特殊重视。在 1901 年与两江总督刘坤一联名的江楚三奏中，他表示：

> 经费虽艰，军械不可不制。不制军械，则将士永不知今日战阵为何事矣。大厂自难多开，小办必须努力。现在外洋军火，既禁两年，无从购办。江、鄂两局岂能供海外之取求。此后江、鄂两局，除加功精究，筹款扩充，并于场内设立学堂以教员弁外，并拟设法筹款，自造枪机、炮机、弹机，以待各省购用学制，庶免专恃外购，仰他人之鼻息，增中土之漏卮。[②]

张之洞对日本军人的挑选，便是对这种想法的实践。1904 年，他招聘军事幕僚两员"以备参谋、顾问之选"，明确要求"有一员精于军火制造之学者""为整顿鄂之计，亦甚有益"。[③] 有意思的是，张之洞在湖北任上共招聘三名军事幕僚，均来自炮兵，且都是同一时期最高军衔的在鄂日本军人。他们负责教授炮兵将弁、视察监督湖北枪炮厂乃至上海制造局等事，推动湖北新军炮兵建设。甚至有人离任后仍获得张之洞信任，为清政府的某些重要决策建言。1905 年前后，清政府内部围绕快枪口径统一尺寸问题展开讨论。为此，张之洞询问军事幕僚铸方德藏"究竟中国新造快枪当用若干口径为至当不易之式，专待阁下一言而决"，[④] 最后采纳铸方的观点，以"一远，二准，三击力猛，四多带子，且于中国尤为相宜"为由，坚持快枪口径定为六厘米半。[⑤]

---

① 数据参照李细珠《张之洞与清末新政研究》，上海书店出版社 2009 年版，第 249—251 页。

② 《遵旨筹议变法谨拟采用西法十一条折》（光绪二十七年六月初五日），赵德馨主编：《张之洞全集》第四册，武汉出版社 2008 年版，第 28—29 页。

③ 《致东京参谋本部铸方中佐》（光绪三十年五月初四日午刻发），赵德馨主编：《张之洞全集》第十一册，武汉出版社 2008 年版，第 133 页。

④ 《致东京参谋本部铸方大佐》（光绪三十年十一月初十日午刻发），赵德馨主编：《张之洞全集》第十一册，武汉出版社 2008 年版，第 172 页。

⑤ 《致江宁周制台》（光绪三十一年正月十三日辰刻发），赵德馨主编：《张之洞全集》第十一册，武汉出版社 2008 年版，第 187 页。

二是机构体系化。表 3.1 显示，张之洞聘用的日本军人，除了步、炮、马、工程、辎重五个军种的人员，还有来自卫生部的军医和经理部的主计、技手技师等等。张之洞选择聘用日本军医、技师的理由，可从《劝学篇》一窥究竟。他已意识到军医的存在，指出“前敌有军医。（随在阵后，药物皆具）”；也对日本陆军设立的经理部有了初步认识，将其概称为“会计官”，“主一军械物、衣粮、车马，何物用汽车，一车装若干；何物用马，一马驮若干；何物用马车，一车装若干，皆预算于平时，若今之粮台”，认为会计官应“出于学堂”，今日清朝虽有粮台“但无预为此学者耳”。[①] 当然，张之洞对这些机构的认识不够透彻。据日方记载，起初他并不理解军医在军队中起到何种作用，甚至认为“在中国服役的兵士均从身体强健无病之人选拔而来，没有必要予以特别的医疗。羸弱之人没有当兵的资格。”在神保涛次郎屡次劝说和坚持下，张之洞才于 1902 年招聘其作为首位在鄂的日本军医。[②] 这为不久后署理巡抚端方在鄂开设医学堂奠定了基础。张之洞回任两湖后，将医学堂改为军医学堂，并再次招聘日本军医来鄂任职。[③]

同时，作为与军制整编紧密相关的军事教育机构，军事学堂也是张之洞借助日本军人进行改革的重点对象。1899 年底，张之洞设立防营将弁学堂和绿营将弁学堂，指派日人充任前者教习、德人充任后者教习。[④] 这看似是张之洞对日、德两国教习的公平分工，实则反映出他对日人的重视程度远高于德人——因为清朝朝野诟病绿营弊端已久，两年后张之洞在江楚三奏中更是建言清廷将其裁汰。此后，张之洞愈发依赖日人推进军事教育机构改革。他于 1904 年创设武高等学堂，不仅打算聘用一倍于德人的日人充任教习，而且安排日人负责大部分课程。

此外，张之洞还邀请日本军人参与筹划湖北警察体系的建设。“鄂

① 《劝学篇》，赵德馨主编：《张之洞全集》第十二册，武汉出版社 2008 年版，第 185、186 页。

② ［日］東亜同文会编：《对支回顧録》（下），原書房 1968 年版，第 829—830 页。

③ 《军医学堂停办（武昌）》，《申报》1906 年 3 月 15 日第 9 版。原文为：“军医学堂初名医学堂，由前抚端午帅创立，嗣经张督改为军医学堂，办理已将四年。兹不知因何事故，忽令停办。现学生等均已星散，惟日本教员则尚在堂中。”按：对照表 3.1，该日本教员为吉川寿次郎。

④ 《札委洋员大原武庆、福克斯兼充防营、绿营将弁学堂教习》（光绪二十五年十一月初一日），赵德馨主编：《张之洞全集》第六册，武汉出版社 2008 年版，第 274 页。

省开办警察，已由武昌府梁集庵太守拟具条陈禀请宪示。闻督宪张香涛宫保以创办伊始必须得西人相助办理，现与日本中佐铸方中藏君一再筹商，拟延熟悉捕务之西人充当巡捕头，优给薪水，并资雇印度巡捕数人，偕华捕分司巡缉之事。诚保卫闾阎之善政也。”[①] 在议办之初，湖北方面考虑雇佣西人。而最终的情况是，湖北警察章程仿照日本章程，警察学堂的教习也聘自日本。[②]

最后还需指出的是，在推进湖北新军组织的军种精专化和机构体系化过程中，日本陆军炮兵中佐（1904 年升大佐）铸方德藏是张之洞最为依赖的日本军人。铸方德藏（1864—1933），熊本县益城郡人，毕业于日本陆军大学校，后以中将衔退役，被日本认为“作为清朝湖广总督张总督的军事顾问而驰名”。[③] 他曾两次应张之洞之聘，来鄂充当军事顾问。第一次是清末新政伊始的 1902 年，在张之洞“以时事日艰，非力行新政不足以致富强，而创办之初，头绪纷繁亦难就理”为由的电邀下，铸方“承充备问官以资臂助”实任“军事幕僚”[④]，两年期满后恰逢日俄战争而回到日本参战。第二次是日俄战争结束后的 1906 年，铸方德藏再次应张之洞之聘，充当“军事顾问”长达四年。张之洞此次招聘他的直接原因是为了准备当年清朝即将举行的河间秋操，“以鄂军名誉久震人耳，今秋大操关系外人观瞻”电邀铸方“以便随时顾问预备一切”。[⑤] 张之洞的两次招聘都受到现实因素的推动，但最重要的原因是对铸方德藏个人能力的认可，所以给予他充任“军事幕僚”或“军事顾问”的极高头衔。“军事幕僚”的职责具体为：

此次受聘人必须认真从事，听湖广总督部堂张节制。督部堂亦

---

① 《借材异地》，《申报》1902 年 4 月 16 日第 2 版。

② 《委办警察》，《申报》1902 年 4 月 13 日第 2 版；《鄂省开办警察学堂（武昌）》，《申报》1905 年 3 月 10 日第 4 版。

③ ［日］東亜同文会编：《对支回顧録》（下），原書房 1968 年版，第 982 页。

④ 《日员莅鄂》，《申报》1902 年 4 月 19 日第 2 版。按：张之洞在公牍中称：“练兵一事，实为今日要政，本衙门应设军事幕僚一员，以备咨访而资整顿”。见《札委军事幕僚铸方德藏充两湖大学堂兵学教习兼仕学院讲友并充防营将弁学堂总监察》（光绪二十八年六月初十日），赵德馨主编：《张之洞全集》第六册，武汉出版社 2008 年版，第 426 页。

⑤ 《电邀日员预备大操（武昌）》，《申报》1906 年 3 月 18 日第 9 版。

> 以优礼相待。凡有军事咨询事件，均应切实陈说。遇有饬令筹画之事，亦应切实筹画。遇有饬令考察之事，亦应切实考察禀复。如有文武官员奉督部堂之命前往询问考究者，亦应一体切实详告。[①]

铸方德藏成为张之洞整编湖北军制的重要助手，充分参与鄂省的军事组织编制工作。他第一次来鄂被张之洞指任“军事幕僚，并充两湖大学堂兵学教习兼仕学院兵学讲友，兼充防营将弁学堂总监察”，第二次来鄂更担任湖北军事顾问、陆军讲习所总教员及其内设参谋学堂总教习等职，[②] 不仅负责授课，还参与章程的制定、学员的考核与选拔、课程的安排等工作，甚至裁判、指导相关的军事演习事宜。上述职责囊括了各类文武学堂的建设以及军事教育的训练，涉及范围广泛。其中，铸方德藏奉张之洞命参与参谋学堂的创设，尤需注意。参谋（部）是近代军事体制中极为重要的机构，其职责可概括为“掌国防及用兵之事”。[③] 张之洞早在 1898 年已意识到：参谋官“主谋画、调度，考地理，审敌情。国君之参谋，若宋之枢密、明之本兵。将帅之参谋，若今之营务处而较尊”，是“关涉军事最要之官”。[④] 而建立参谋学堂、培养参谋学员是为日后建成适宜的参谋机构作准备，也是完善湖北军制体系的重要步骤。1907 年，张之洞决定创设参谋学堂，将铸方德藏视为经验丰富的得力助手。铸方德藏自 1896 年起隶属于日本参谋本部，还曾于 1900 年随同参谋次长寺内正毅参加八国联军侵华，对参谋相关事宜并不陌生。因此，在张之洞的安排下，他不仅负责学员选拔的监考，还充任参谋学堂总教习。下为湖北参谋学堂所规定的科目、年限、教员情况：

---

① 《鑄方中佐聘約調印済ノ件》（1902 年 3 月 18 日）之附件《鑄方中佐聘用契約寫立受聘約章》，日本外務省外交史料館藏：《清国兵制改革一件》第一卷，档案号：5 - 1 - 1 - 0 - 14_ 001。

② 参见《札委军事幕僚铸方德藏充两湖大学堂兵学教习兼仕学院讲友并充防营将弁学堂总监察》（光绪二十八年六月初十日），赵德馨主编：《张之洞全集》第六册，武汉出版社 2008 年版，第 426 页；《陆军讲习所定期考试（武昌）》，《申报》1907 年 2 月 8 日第 9 版；《参谋学堂定期授课（湖北）》，《申报》1907 年 4 月 13 日第 11 版。

③ 《參謀本部條例》，［日］《官報》1899 年 1 月 16 日。

④ 《劝学篇》，赵德馨主编：《张之洞全集》第十二册，武汉出版社 2008 年版，第186 页。

> 第一年科目：基本战术、帅兵术、战史、兵棋、参谋服务（平时战术），以上教员铸方大佐；编制学原理（中国及外国），教员寺中猪介；兵器学（原则及应用），教员丸山；筑城（临时筑城及交通学）、地形（学理及运用）、要塞战法，以上教员松林；卫生学，教员吉川；经理（平战两时），教员获原；历史（古今兴亡之概要），教员山田；法律（国法及国际法）、算术（自数学至三角术）、语学（东语），以上教员南孚。①

以铸方德藏为核心的在鄂日人为培养湖北参谋人员发挥了重要作用。参谋学堂的教习全由日人充任，除山田胜治、南浮智成系文官外，其他人等皆为武官。

由上可知，张之洞有意识地选择聘用来自不同军种、隶属不同机构的日本军人来鄂，从军种精专化和机构体系化的角度改革军队组织编制，推进了湖北军制整编。

（二）改进合同条款与节制日人事权

招聘合同作为规范约束双方权利与义务的主要凭据，是张之洞与日方交涉的必要部分。以往研究限于资料，常以单一合同为样本论述张之洞的招聘情况。但是，合同内容不会数年一成不变，自然不能以单一合同来概括张之洞招聘的整体情况。那么，在数年招聘中，合同内容发生了哪些变化？张之洞如何利用合同规定日本军人的权限？下文借助日人系统整理的相关档案，重点讨论以上问题，以期更好了解张之洞对日人的聘用问题。

张之洞聘用日本军人可分为三个阶段。第一阶段是自 1898 年张之洞聘用日本军人始，至 1899 年底。第二阶段是 1900 年初至 1904 年前后。第三阶段是 1904 年之后至张之洞离鄂。先以三个阶段的三个合同样本为例，列出条目。A 是 1898 年 4 月招聘大原武庆的合同，是第一阶段的合同；B 是 1900 年 2 月招聘平尾次郎、久米德太郎的合同，是

---

① 《参谋学堂定期授课（湖北）》，《申报》1907 年 4 月 13 日第 11 版。按：铸方，为铸方德藏；丸山，为丸山丰；松林，为松林义之；吉川，为吉川寿次郎；获原，为获原镰次郎；山田，为山田胜治；南孚，为南浮智成。再，第二、三年科目略有改动，略。

第二阶段的合同；文本样本为1904年8月张之洞招聘栗山胜三、本庄道三的合同，是第三阶段的合同。[①]

一、受聘人必须认真从事，奉总督部堂节制。督部堂亦以优礼相待。凡有军事制造咨询事件，均应切实陈说。遇有饬令筹办之事，亦应切实筹办。遇有饬令考察之事，亦应切实考察禀覆。如有文武官员奉督部堂之命前往询问考究者，亦应一体切实详告。（A1、A2）（B1）

二、受聘人每月由湖北给与薪水洋银七百元，火食在内。（A3）所有领薪水期限，以受聘人从本国启程之日起算，每月逢西历一号发给。（B2）

三、受聘人准以二年为限。限内无故，彼此不得辞退。倘期限未满，湖北欲辞退者，除给本合同所定川资外，应给四个月薪水。如受聘人因事自行辞退，则只给川资。至二年期满之后，如彼此情投意洽，仍可由督部堂立约续聘。（A5、A7）（B3）

四、受聘人认真从事，办有实效，应于一年之后由督部堂酌加薪水。（A3）如受聘人不照合同办事，督部堂可随时辞退。

五、受聘人赴华川资由湖北给洋银五百元，另给一个月薪水以为整装之费。期满后，所有回国川资仍由湖北给洋五百元，另给三月薪水以为酬劳。（A4）（B4）

六、受聘人如于限内病故，即给前款川资，另给六个月薪水作为吊恤殡殓之费。（A6）（B5）如系因公身故，应给一年薪水。

七、受聘人因公受伤须在医院调养之时，除照常发给薪水外，另由湖北按日给洋五元，以资医费。倘于其伤未愈之间期满，湖北不得辞退。

八、受聘人因公受伤至轻，倘将一肢挫截失用以致辞退回国之时，除发给本合同所定川资外，应由湖北另给六个月薪水。

---

① 见《湖北参谋营务处聘用制造顾问幕僚合同》，《申报》1905年4月10日第4版；《饬北善后局发给日员大原武庆等来鄂川资薪水并发合同（附单）》（光绪二十四年闰三月十六日），赵德馨主编：《张之洞全集》第六册，武汉出版社2008年版，第134—135页；《驻汉口领事濑川浅之进致外务大臣青木周藏电》之附件“合同”（1900年5月25日），日本外務省外交史料館藏：《清国兵制改革一件》第一卷，档案号：5-1-1-0-14_001。

九、受聘人因公行旅在途之时，除由湖北发给船车马等费外，按日另给洋十元，以资一切开支。惟一到鄂垣，此费即行停给。

十、受聘人住房及房内所需床铺桌椅需用器具，由湖北预备。(A3) 衣履则湖北不管。(B6)

十一、受聘人除每礼拜日及两国大节一律停歇外，每礼拜六日办公半天。(B7)

十二、受聘人于日历七八月歇夏之时，拟欲回国，即听其便。惟来往川资应由受聘人自备。

十三、此约专立三纸。一存参谋营务处，一存日本领事署，一交受聘人收执。(B9)[①]

在第一阶段，聘用合同简略且未吸收以往经验。该阶段仅张之洞聘用大原武庆这一份合同，由幕僚钱恂在日商订，对应聘者基本权利与义务的规定较为简略。大原武庆的合同是甲午之后张之洞聘用日人的第一份合同，几乎成为此后两年湖北招聘各类日人的样本。1899 年，湖北农务局即参照大原武庆合同，聘定蚕桑教习峰村喜藏、中西留应 2 人。不久，负责该合同订立事宜的程仪洛向张之洞反思合同样本存在缺陷：比之他省"条约太宽"，并"拟请谕饬在事各员益加慎密，勿得稍涉大意，或瞻徇情面，以致日后纠葛"。[②] 实际上，包括张之洞在内的鄂省官员聘用外人，忽视了以往经验。此前湖北已数次招聘德人，所订合同都较大原武庆的合同详细。1897 年湖北招聘何福满充当护军前后营教习的合同[③]，甚至比第二阶段招聘日人的合同更严谨。

在第二阶段，聘用合同参考他省合同，做了一些调整。在收到程仪洛的问题反馈后，张之洞强辩合同因"悉准所订之人之学术浅深、官阶崇卑而定，固有不可以一概论者"，但也深知"办事不厌周详"，要求

① A1 即合同 A 的第一款，余同。再，如第二款中，A3 置于句中，指前半句与第三阶段样本合同相同；B2 置于句末，指该条全部内容与第三阶段样本合同大致相似。

② 《咨南、北抚院批农务局禀呈浙、鄂二省延订东洋教习合同以备查核（附单）》（光绪二十六年二月二十一日），赵德馨主编：《张之洞全集》第六册，武汉出版社 2008 年版，第 313—315 页。

③ 《札北善后局发给洋员薪水并钞行所订合同（附单）》（光绪二十三年三月十五日），赵德馨主编：《张之洞全集》第六册，武汉出版社 2008 年版，第 21—24 页。

日后凡遇订立合同“在事各员益加慎密，勿涉大意”[①]。在接受程仪洛的意见后，湖北对聘用日人的合同样本做了修改，并参考他省合同。就目前所知，1900 年 2 月湖北招聘平尾次郎、久米德太郎等人的合同，最迟参考了上年 4 月左右南京练将学堂拟聘日本教习的合同草稿。但是，湖北员弁商定聘用日人合同时，仍未规范应聘者病、故、出差等事项，也不曾参考以往与他国所订合同经验。

在第三阶段，聘用合同内容更为周详，成为各省普遍情况。这段时间内，不论是张之洞所辖的两湖，还是其他各省，都纷纷对本省聘用日人合同内容进行更为详细的调整商定，如广东武备学堂甚至将教习因事请假的规定写进合同。[②]

综合来看，张之洞聘用日人的合同内容愈发规范、详细。这是湖北各级官员主动调整、改进的结果。应聘日人人数增多、在华时间益久等客观情势，也迫使张之洞等人更为周密地考虑各种状况、规范相关条款，确保自身利权不受损害。当然，招聘合同并非张之洞一方所能决定，更是中日双方交涉沟通的结果。在改进合同内容的过程中，日方的意见极为重要，甚至在很多时候主导了谈判进程。

在招聘合同的条款中，核心问题是如何节制日本应聘军人的事权。1898 年初，张之洞对日态度日趋积极甚至激进。而随后戊戌政变的爆发及英人贝思福的练兵提议，阻碍了张之洞学习日本军事的进程，但这也是对他师日态度过于激进的一种提醒。戊戌政变后，张之洞愈发小心谨慎地处理聘用日本军人问题，主要表现为以下两点。一是对练兵方式作了实质改变。1898 年 8 月，张之洞向日方提出师日计划，拟聘具有学识阅历的陆军大佐一人及教官二十人“训练五千湖北兵士”[③]。他并未吸取以往德国教习练兵权力过大的教训，仍打算安排日本军人直接训

---

① 《咨南、北抚院批农务局禀呈浙、鄂二省延订东洋教习合同以备查核（附单）》（光绪二十六年二月二十一日），赵德馨主编：《张之洞全集》第六册，武汉出版社 2008 年版，第 313—315 页。

② 《廣東武備學堂聘請總教習合同》（1905 年 1 月），日本外務省外交史料館藏：《清国兵制改革一件》第二卷，档案号：5 - 1 - 1 - 0 - 14_ 002。

③ 《兵士訓練及学生派遣ノ件ニ関シ湖広総督張之洞ト交涉ノ状况報告附英國練兵ノ件ニ関シ「ベレスフオート」卿張総督商議ノ状况》（1898 年 12 月 20 日），日本外務省外交史料館藏：《清国兵制改革一件》第一卷，档案号：5 - 1 - 1 - 0 - 14_ 001。

练湖北士兵。在反驳贝思福的“英将代华练兵”提议时，张之洞才指出外人直接练兵存在极大弊端：“惟各国皆思干预我兵权，亦是大患。大率用洋人为教习则可，用洋人大员为将领则万万不可。”[①] 随后，他奏请开设湖北将弁学堂聘募日本武员数人，不提外人直接练兵事，而是坚称“日本人只充武官教习，并不管兵”“绝不能干预我兵权”。[②] 自此以后，张之洞聘用日本军人来鄂，主要安排他们充任学堂教习，较少授权直接训练湖北士兵。二是对合同用词作了反复推敲。鄂省的招聘合同规定“受聘人必须认真从事，奉总督部堂节制”条，往往附加“督部堂以优礼相待”一句；其他省份的招聘合同则多用“以客礼相待”说。弃用“客礼”改用“优礼”，出自张之洞的格外要求。他认为“客礼的字义过于重大，于今后施行聘用多有不便”。[③] 究之“客礼”一词，即待客之礼，其特殊寓意在平等、不屈或尊崇。这对于决心节制日人事权的张之洞而言，必然不能采用。另外，他对“参谋”一词的用法也愈发谨慎。在戊戌年师日练兵计划中，张之洞原本打算聘用日人“来鄂教练兵勇，充本衙门参谋之职”。经贝思福一事后，他开始尽量避免使用“参谋”一词，并要求日方：“参谋二字亦必不许，只可名总教习。”[④] 1902 年，张之洞指令钱恂在东京与日方商议招聘铸方德藏充当湖北“参谋顾问官”，坚持将“参谋”改为“军事”，并在合同内添加“受聘者听总督节制”一句[⑤]，将节制日人事权的态度表现得非常明显。

关于张之洞节制日本军人事权的用意，日本方面不仅了然于心，甚至有意予以相当的理解和让步。1898 年底贝思福向清廷建议练兵、实欲揽

---

① 《英将来鄂练兵务示以限制五条方有可商　致总署》（光绪二十四年九月十五日辰刻发），赵德馨主编：《张之洞全集》第四册，武汉出版社 2008 年版，第 473 页。

② 《致总署》（光绪二十五年正月二十七日巳刻发），赵德馨主编：《张之洞全集》第九册，武汉出版社 2008 年版，第 376—377 页。

③ 《鑄方炮兵中佐応聘ニ関スル件》（1902 年 2 月 21 日），日本外務省外交史料館藏：《清国兵制改革一件》第一卷，档案号：5 - 1 - 1 - 0 - 14_ 001。

④ 《致上海钱念劬》（光绪二十四年十二月十二日子刻发），赵德馨主编：《张之洞全集》第九册，武汉出版社 2008 年版，第 364 页。

⑤ 按：日方分析这是因为“在清朝并无此名称，且日本的参谋本部有军国大事的至高顾问府之意味”，张之洞或是避讳“参谋”一词有僭越之意。这也是张之洞要求改变用词的原因之一。见《鑄方炮兵中佐応聘ニ関スル件》（1902 年 2 月 21 日），日本外務省外交史料館藏：《清国兵制改革一件》第一卷，档案号：5 - 1 - 1 - 0 - 14_ 001。

权，遭到张之洞强烈反对。获悉此事后，日本驻华公使矢野文雄立即调整策略，建议日本政府与张之洞交涉招聘日人事宜应当以此为鉴。[①] 日本驻汉口领事山崎桂还以清朝海关为例，“往年诸外人一旦被清朝聘用，就施以种种方便，形成根基而逐渐侵蚀事权，致使清朝难以收回权力”，推测张之洞“防微杜渐”节制事权的意愿——这也是此前张之洞反对贝思福所列举的事例。对此，山崎桂认为：日本对张之洞作出让步，“何事都不应过深干涉，而是讲求手段使张总督安心信赖我国人，最为紧要”[②]。日本政府同意张之洞节制事权的要求，从短期来看是为了争取张之洞对日本的信任，从长期来看是为了方便日本在华势力的进一步扩张。矢野文雄便明言：“得到他们的信任，方能渐次展开势力。”[③]

总的来说，包括张之洞在内的湖北官员商定招聘合同愈发规范、稳妥。针对节制日本军人事权之问题，张之洞对合同条款部分措辞及练兵方式做了谨慎考虑和细致规定。而日本为进一步扩张在华势力，对张之洞的要求予以了相当理解和让步。因此，围绕聘用日本军人问题，张之洞与日本方面的来往较为顺利。虽然双方在交往中偶尔发生龃龉，如大原武庆与德人争权而露出“跋扈之形”[④]，引发张之洞的不满。但整体而言，因日本方面有意表现出“友善”态度，张之洞对日本较为信任，较少担心所聘日本军人不听节制甚至揽权生事。1904 年受两江总督魏光焘委托，张之洞与日本方面交涉招聘枪炮技师。对此，日方推荐了两名大佐和一名博士应聘两江。但张之洞认为两江的相关司道局员“皆恐官阶较高，难受总办节制及提调考察，相处或为难事”，推测魏光焘“必不能允”，随后转邀这两名大佐来鄂：“思两大佐学问阅历为阁下（引者：铸方德藏）所推，必可深信。若归湖北聘用，则相需之处甚

---

① 《張総督ヲシテ本邦士官ヲ傭聘セシムル件ニ関シ具申之件》（1899 年 2 月 8 日），日本外務省外交史料館藏：《清国兵制改革一件》第一卷，档案号：5－1－1－0－14_ 001。

② 《鑄方炮兵中佐応聘ニ関スル件》（1902 年 2 月 21 日），日本外務省外交史料館藏：《清国兵制改革一件》第一卷，档案号：5－1－1－0－14_ 001。

③ 《張総督ヲシテ本邦士官ヲ傭聘セシムル件ニ関シ具申之件》（1899 年 2 月 8 日），日本外務省外交史料館藏：《清国兵制改革一件》第一卷，档案号：5－1－1－0－14_ 001。

④ 《致东京钱念劬》（光绪二十六年五月十二日亥刻发），赵德馨主编：《张之洞全集》第十册，武汉出版社 2008 年版，第 54—55 页。

多”“以资委任而备顾问”[①]，丝毫不介意二人官阶过高或难以节制。

二　日本应聘军人在鄂的活动

甲午战争后，张之洞为推动军队现代化建设而聘用日本军人。而日本为扩大在华势力，积极促成军人应聘来华。受聘来华军人不仅完成合同规定的工作，还大力收集情报、引荐其他日人、充当军火买卖中介。学界对张之洞招聘外人活动已有深入细致的研究[②]，而对应聘者的情况，主要聚焦于他们的“本职”工作[③]，却较少言及他们以日本军人身份在华进行的活动。因此，下文从日本军方、应聘来华军人群体及个体三个层面来论述张之洞所聘日本军人在华的活动，并揭示他们推进日本对华扩张的本质。

（一）日本军方对招聘事宜的管控

张之洞招聘日本军人，固然是其自强计划的一部分，但也是日本方面劝诱的结果。1897 年底至翌年初，日本参谋本部陆续派员奔赴湖北，以“清朝兵制改革”的必要性游说张之洞，促使他开始倾心日本。1898 年 8 月，日本首相兼外相大隈重信指令驻英公使向英国政府提议：日英携手而各自负责改组清朝的陆海军，并称此为日本的既定计划。[④]日本方面主动联络，正好投合了张之洞的心意。

随着应聘来华军人增多，日本逐步形成了一套管理制度。主要表现有三。一是日本军方制订《外国政府应聘者内规》，几经修改，在 1903 年时基本确定。其中规定，陆军文、武官到外国应聘之前，须提交申请

---

① 《致东京参谋本部铸方中佐》（光绪三十年五月十四日亥刻发），赵德馨主编：《张之洞全集》第十一册，武汉出版社 2008 年版，第 135 页。

② 苏云峰：《外国专家学者在湖北，1890～1911——从顾问角色看张之洞近代化努力之成败》，《中华文化复兴月刊》1975 年第 8 卷第 4 期；吴剑杰：《论张之洞湖广任内的外才引进》，《武汉大学学报》2003 年第 2 期；王姗萍、黎仁凯：《张之洞聘任洋员探析》，《安徽史学》2005 年第 4 期。

③ 主要参阅［日］实藤惠秀《中国人留学日本史》，谭汝谦、林启彦译，生活·读书·新知三联书店 1983 年版，第 69—80 页；汪向荣《日本教习》，生活·读书·新知三联书店 1988 年版。关于相关学术史回顾，参见崔淑芬《近代中国における師範教育の展開——清末から1948 年までを中心として》，九州大学文学研究科東洋史博士後期課程，1996 年，第 169—170 页。

④ 李廷江：《戊戌维新前后的中日关系——日本军事顾问与清末军事改革》，《历史研究》1999 年第 2 期。

并报告合同内容、行程、相关工作等，接受陆军省与参谋本部的管理。因此，日本军方能够清楚掌握他们的情况，并进行有效管理。[①] 值得一提的是，日本参谋本部的本职工作之一是负责“外国之军事及其地理、谍报、军事统计”[②]，这与该章程的第五条“武官应聘者，其工作、结果及其他军事相关的必要事项，都应随时报告参谋总长”相呼应。二是由应聘者所属部门长官负责审查应聘资格，并向陆军省报告。如 1903 年，日本军方对应聘来华的桥本传四郎、壶井庆一、片山隆一 3 人进行了履历和品行调查报告。[③] 1908 年，应聘赴鄂的佐藤荣治郎，原任职于东京湾要塞司令部，由该部副官纲岛久治郎负责审查其资格。纲岛久治郎向日本陆军省报告了佐藤荣治郎的性格、品行、生活状况、交际情况，并指出他“虽然沉默寡言不善交际，但奋勉公务而不为私利，且不会泄露机密”，以此确定应聘资格。[④] 三是统一规定应聘薪水。起初，来华日人中存在级别相同而薪水各异的情况。如 1898 年赴鄂的大原武庆与两年后赴皖的晴气市三，同为大尉，但前者月薪 170 银元，高出后者 20 元。此外，日本方面认为清朝支付的薪水过低——尽管张之洞曾将“东人较之西人薪水甚省”[⑤] 视为一利。1900 年初，日本参谋本部制定了薪水和旅费标准，并要求驻华使官向清朝各地官员提出及辨明。但清朝各地多以经费不丰而不愿增加。[⑥] 几经交涉后，这一规定基本在清朝各地统一实行。据翌年日本参谋本部核定的《应聘将校俸给内规》，月薪标准为：大佐 500 元，中佐 400 元，少佐 300 元，大尉 250 元，中

---

① 《外国政府應聘者内规》（1903 年），日本外務省外交史料館藏：《清国兵制改革一件》第二卷，档案号：5－1－1－0－14_ 002。按：应聘者报告应聘、回国、合同、期限、薪水等情况，均有相应的公文格式，见《外国政府應聘者内規》附件。

② 《参谋本部條例》，［日］《官報》1896 年 5 月 11 日。

③ 参见《清国応聘志願者に関する件》（1903 年 6 月），日本防衛省防衛研究所藏，档案号：陸軍省－肆大日記－M36－6－62。

④ 《佐藤工兵曹長清国応聘の件》（1908 年 7 月 10 日），日本防衛省防衛研究所藏，档案号：陸軍省－肆大日記－M41－8－71。

⑤ 《致总署》（光绪二十五年正月二十七日巳刻发），赵德馨主编：《张之洞全集》第九册，武汉出版社 2008 年版，第 376—377 页。

⑥ 《驻上海总领事代理小田切万寿之助致外务大臣加藤高明电》（1901 年 4 月 25 日）、《武備學堂傭本邦教師俸給増加竝ニ准士官一名増聘相成タル件》（1901 年 6 月 24 日），日本外務省外交史料館藏：《清国兵制改革一件》第一卷，档案号：5－1－1－0－14_ 001。

尉200元，少尉170元，准士官及下士100元。[①] 此后，应聘军人的薪水按年资及物价情况调高，标准仍是统一的。

日本军方管控应聘来华军人的根本目的，是为扩大日本在华势力。1903年日本陆军总务长官致函参谋次官称：从扶植日本势力及东亚大局考虑，大力派遣优秀将校益发成为急务。[②] 在早年，熟稔中国情形几乎是日本军方挑选人员的必备条件。应聘来鄂的军医神保涛次郎接近张之洞的捷径，即是他精通汉语、“对汉籍、诗文之自信”，以此拉拢张之洞“谋求彼我之融合”，被后世日人认为“掌握了与清人交涉的要领”。[③] 张之洞确实对这一类日人充满好感，称赞“东洋将领，人给官书一卷，佩之于身。有来湖北者，取视其本，所载皆中国古来忠义文字，如出师表、正气歌之类。所以将士皆能知忠爱、厉廉耻者”。[④] 这是日人比之西人所拥有的优势，被用作在华笼络官绅的重要手段。日本军方统一并提高应聘者薪水，也包含了对华扩张的考虑。1901年，有应聘来华者抱怨自己在华经费已不足以应付与地方官绅的日常交际。[⑤] 日方要求清政府提高待遇，以便他们接近清朝官绅。

此外，逐步提升应聘来华军人地位是日本对华扩张更直接的体现。张之洞格外警惕外人干预兵权，他曾于1898年强烈反对英人贝思福关于借助英国练兵的提议。鉴于此，日本在与张之洞交涉招聘事宜时，暂不强求日人权限，而是重在“得到彼等信任”，以换取对华扩张顺利。随着在华根基渐稳，日本应聘来华军人的地位显著提升。自1899年浙江武备学堂聘日人担任总教习，其后很多省份出现了类似情况。袁世凯、张之洞各自招聘日本军人作为军事顾问，也带动其他各地的效仿。庚子事变后日本在华的势力渐成规模，不只是考虑如何进入中国的问题，更谋求

---

① 《應聘将校俸給内規》（1901年），日本外務省外交史料館藏：《清国兵制改革一件》第一卷，档案号：5-1-1-0-14_001。

② 《外国政府招聘に応ずる武官を現役及在郷人中より撰の件及内議》（1903年1月10日），日本防衛省防衛研究所藏，档案号：参謀本部-雑-M36-5-108。

③ ［日］東亜同文会编：《对支回顧録》（下），原書房1968年版，第829—830页。

④ 《劝学篇》，赵德馨主编：《张之洞全集》第十二册，武汉出版社2008年版，第186页。

⑤ 《清国駐在並応聘将校に関する鄙見　明治34年7月》（1901年7月），日本防衛省防衛研究所藏，档案号：支那-参考資料-174。

如何进一步扩大权力。晴气市三于1900年受聘于安徽武备学堂，成为皖省首位日本教习。他不安于教学的本职工作，常常干涉学堂事务。两年后，日本参谋本部强硬表态：总教习应每月直接向巡抚报告学堂情况一次，并明记在合同中。[①] 这些现象足以表明日本应聘军人虽遭到张之洞等清朝地方督抚的警惕及节制，但他们的权力仍逐渐增长。

应张之洞的招聘、带着扩张意图来鄂的日本军人，担任教习、技术官或顾问的同时，他们隶属日本军方这一点毫无改变，这种角色也不容忽视。

（二）应聘军人群体在鄂执行的任务

日本应聘军人中的负责人，一般以军衔最高者任之。自1898年首位日本军人应聘来鄂，至清朝覆亡，负责人依次是大原武庆（1898年）、铸方德藏（1902年）、栗山胜三和本庄道三（1904年）、铸方德藏（1906年）、寺西秀武（1910年）。他们负责传达、管理日本应聘军人在鄂的各项任务，甚至联络当地的文教日人。如1908年时，“鄂省各学堂所聘日教员共有五十余人，刻由将弁讲习所总教日员铸方大佐联合各日员操练技术，于十八日在陆军学堂举行，并备有奖品，以为角胜者之纪念。”[②]

张之洞聘用的日本军人在鄂的活动大致包括四个方面。

一是本职工作。所谓本职，即双方签订合同中明确规定的职责。如大原武庆在1899年底应张之洞要求，兼任防营将弁学堂教习。据他所言，执教不久便指挥湖北员弁演习野外测量和道路绘图，在野外测量时还附带演习小队侦察及进攻，取得良好成绩。[③] 1904年，张之洞聘用栗山胜三和本庄道三为军事顾问，安排他们论证自己关于江南制造局移建萍乡的建议无误。但2人实地考察后，认为从清朝整体的防备情况来看，在如此偏远地区设局不妥。此事最终作罢，张之洞取消草率的行政命令，与日人的意见有关。[④] 此外，张之洞所聘日本军人还承担与本职

---

① 《参谋本部次长田村怡與造致外务总长珍田捨巳电》（1902年8月6日），日本外務省外交史料館藏：《清国兵制改革一件》第一卷，档案号：5-1-1-0-14_001。

② 《日教员聚会角技（湖北）》，《申报》1908年4月23日第2张第3版。

③ 《秘報第百九十七號》（1900年3月1日），日本外務省外交史料館藏：《清国ノ部》，《在外武官報告　第二巻》，档案号：5-1-10-0-7_002。

④ 《張総督招聘ノ栗山本庄両大佐来任以来情况報告》（1905年4月12日），日本外務省外交史料館藏：《清国兵制改革一件》第二卷，档案号：5-1-1-0-14_002。

工作相关的其他事情。如 1903 年张之洞署理两江总督时，因“江阴炮台校阅水陆各军攻守操法”，邀请“铸方幕僚，率同将弁学堂教习小岛、水间、安东、牧野四员”赴南京“暂充裁判官”。[①] 栗山胜三、本庄道三 2 人也曾应署理江督周馥之邀，赴沪视察江南制造局。[②]

上述工作是应聘来华日本军人的合同任务，也是他们得以站稳脚跟的基础。较早应聘的久米德太郎勤勉教授湖北将弁，“博得张总督及其部下张彪、吴元恺等军界高层的信赖，日后著名武官黎元洪等人也多受其熏陶”。[③] 就目前掌握的史料看，日人在本职工作中很少发生张之洞担忧的事权纷争。如最受张之洞重用的铸方德藏，以军事幕僚或顾问受聘于湖北前后 6 年，几乎得到了当地官绅的一致好评。张之洞对他颇为信任，认为他“素极关切鄂中军事……交谊尤深”[④]。湖北官场也很欢迎铸方德藏，仕学院聘他为兵法教习，“肄业各员颇为欣悦，竟有愿辞差入院者”[⑤]。

二是收集情报。这是应聘来华日本军人最主要的任务。以往日本军方多是派员匿名赴华或委托各使领馆武官秘密为之。如 1897 年被陆军省派往汉口的桥本齐次郎，便改称桂齐之，以驻沙市领事馆职员的身份，在汉口从事名为商务、实为军事的考察。[⑥] 据时任驻沙市领事永泷久吉回忆，自桥本齐次郎赴鄂后，日本武官在湖北的活动日渐频繁。[⑦] 随着中日交流密切，应聘来鄂的日本军人增多，他们打探消息愈发明目张胆及便捷。桥本齐次郎直言：“现在驻清朝使馆、领事馆武官及应聘来华的将校，与昔日隐姓埋名、隐藏身份而秘密从事诸项侦探的纯粹的间谍活动时代，不能同一视之……在今日，驻在将校亦可进行完全公开

---

① 《致武昌端署制台》（光绪二十九年正月初六日巳刻发），赵德馨主编：《张之洞全集》第十一册，武汉出版社 2008 年版，第 64 页。

② 《張総督招聘ノ栗山本庄両大佐来任以来情況報告》（1905 年 4 月 12 日），日本外務省外交史料館藏：《清国兵制改革一件》第二卷，档案号：5－1－1－0－14_ 002。

③ ［日］東亜同文会编：《对支回顧録》（下），原書房 1968 年版，第 828 页。

④ 《致东京参谋本部铸方中佐》（光绪三十年五月十二日申刻发），赵德馨主编：《张之洞全集》第十一册，武汉出版社 2008 年版，第 135 页。

⑤ 《纪武昌仕学院》，《顺天时报》1903 年 1 月 11 日。

⑥ 《33. 橋本歩兵大尉ヲ漢口ヘ派遣》（1897 年 11 月 4 日），日本外務省外交史料館藏：《帝国陸海軍将校海外派遣雑件/陸軍ノ部》（第一卷），档案号：5－1－10－0－4_ 1_ 001。

⑦ ［日］永滝久吉：《回顧七十年》，一匡印刷所 1935 年版，第 71 页。

的军事侦查。”[①] 于是，来华军人开始定期报告驻地的各类动态，包括清朝的公文摘要、人事调动、地方动乱以及列强在华活动等。这类报告主要由当地最高衔职的日本军人负责。日本军方还对电报加以规范，如庚子事变期间，曾致电大原武庆等驻长江流域各地负责人，命令他们注意并报告“南清”的匪类情况，并要求电报用语通俗易懂，“记录陌生地点时，说明与重要地点的位置关系。例如某地在汉口西北多少里、某地在福州以西、某地在某河沿岸等”“电报码编写后再三检查，确定无误”等。[②] 大原武庆即遵此要求，在这年 10 月简明扼要地报告了湖北官场的情况、广东的动乱、清廷西迁后两宫及王大臣的动向。[③]

日本军方要求来华军人收集情报，服务于扩大日本在华利益这一目的。桥本齐次郎明言：日本来华军人“与清朝官场上层或地方实力缙绅交往时，有责任代表参谋本部阐述意见，诱掖他们或与之协商启发事业等”[④]。日俄战争爆发前夕，参谋本部致电包括铸方德藏在内的驻清各地负责人，要求他们“着眼于时局大势，保持与公使馆武官、各地驻扎将校、应聘将校及日本领事的联络，深切注意清朝的动静、其他列强的行动，收集并尽量报告实时消息”，在日俄关系破裂时“向清廷及地方官宪告知日本政府的对华政策，请表面上严守中立，实际采取诸种手段牵制俄国、间接援助日本”[⑤]。现有史料无法证实铸方德藏如何游说张之洞。但从结果来看，张之洞的倾日反应与日本的愿望相符。获悉“日在旅顺沉俄舰三”后，张之洞认为“水师既胜，陆军俄更非日敌”，请盛宣怀“望见小田切，先道喜”[⑥]。他还亲自致电小田切万寿之助，称

---

① 《清国駐在並応聘将校に関する鄙見　明治 34 年 7 月》（1901 年 7 月），日本防衛省防衛研究所藏，档案号：支那 - 参考資料 - 174。

② 《電報発信の注意に関する大原大尉等への通報》（1900 年 8 月 27 日），日本防衛省防衛研究所藏，档案号：参謀本部 - 雑 - M33 - 13 - 118。

③ 《10 月 30 日　大原大尉　漢口附近の動静報告の件》（1900 年 10 月 30 日），日本防衛省防衛研究所藏，档案号：参謀本部 - 雑 - M33 - 17 - 122。

④ 《清国駐在並応聘将校に関する鄙見　明治 34 年 7 月》（1901 年 7 月），日本防衛省防衛研究所藏，档案号：支那 - 参考資料 - 174。

⑤ 《鑄方少佐、坂田、與倉、松浦、高山、齋藤、の5 少佐及橋本大尉へ》，日本防衛省防衛研究所藏，档案号：参謀本部 - 雑 - M36 - 16 - 119。

⑥ 《致上海盛大臣》（光绪二十九年十二月二十七日卯刻发），赵德馨主编：《张之洞全集》第十一册，武汉出版社 2008 年版，第 120 页。

“顷闻贵国海军连日大捷，东海平安，敬贺大喜”①。

三是推荐、联络新募日人。委托、借助应聘来鄂的日本军人是张之洞新募日人的一条重要渠道。在招聘曾根新太郎及长田久作的合同开头，即明言是“托大日本国陆军炮兵大佐栗山、本庄推荐”。② 甚至日人应聘期满离鄂后，张之洞仍与他们保持联系。1904 年铸方德藏因日俄战争回国，张之洞还请他“代荐军事幕僚以备参谋”“代选武高等教习二员”。③

受聘来鄂日人增多有利于日本对华扩张，故日方在新募日人一事上表现相当主动。如大原武庆在武备学堂为抗衡先来的德国武官而“策划万方”，拉拢张彪、吴元凯等鄂中宿将，“增聘平尾工兵大尉、久米步兵大尉、神保一等军医、译官木野村政德及下士等人，在长江要地图谋军备改良”④。日人在鄂尽职尽责，也有抗衡德人、扩充本国势力的意图。1900 年大原武庆执教将弁学堂后，称“日人一天可抵德人一个月的教授成绩”，并向湖北官宪宣扬：清朝若增聘优于自己的日本士官若干，将获更多利益。⑤ 而在鄂德人对日本的扩张多有不满。1902 年铸方德藏中佐应聘来鄂，德人担心他衔职过高或将受其管辖，频频抗议。⑥ 此后，日本在抗衡德人的同时，还多了对中国留日学生回国任职的担忧，这是日后日本受聘军人人数减少的重要原因。日俄战争伊始，大量在华日本军人被召回国。1904 年 4 月，据日本驻汉口领事永泷久吉统计，受张之洞聘用的日本军人原有 7 人，除 1 人于年初因病去世外，剩余 6 人中半数被召回国。而从日本士官学校肄业、在鄂任职的若干清朝

---

① 《湖广督署张（张之洞）致上海日本总领事小田切电》（光绪三十一年四月二十九日），虞和平主编：《近代史所藏清代名人稿本抄本》第二辑（张之洞档）五一，大象出版社 2014 年版，第 584 页。

② 《東京砲兵工廠曾根砲兵上等工長外 1 名清国応聘の件》（1905 年 11 月），日本防衛省防衛研究所藏，档案号：陸軍省 - 伍大日記 - M38 - 12 - 109。

③ 《致东京参谋本部铸方中佐》（光绪三十年五月初四日午刻发）、《致东京参谋本部福岛少将、铸方中佐》（光绪三十年五月十七日亥刻发），赵德馨主编：《张之洞全集》第十一册，武汉出版社 2008 年版，第 133、136—137 页。

④ ［日］東亜同文会编：《对支回顧録》（下），原書房 1968 年版，第 799 页。

⑤ 《秘報第百九十七號》（1900 年 3 月 1 日），日本外務省外交史料館藏：《清国ノ部》，《在外武官報告　第二卷》，档案号：5 - 1 - 10 - 0 - 7_ 002。

⑥ 《清国応聘将校に関する件に付取調注意し置かれ度照会の件》，日本防衛省防衛研究所藏，档案号：参謀本部 - 雑 - M35 - 8 - 124。

士官，则在暗中进行取代日人地位的活动。[①] 因此，日本更加留意张之洞增聘人员的动向。即使在日俄战争亟须人手的情况下，日本军方得知张之洞委托铸方德藏代募栗山胜三、本庄道三两大佐充任湖北军事顾问后，也是一面强调他们是军中屈指可数的人才，一面又令他们“不顾目下时局而特别应聘之”。[②] 还需指出的是，与张之洞经常保持联系的日本军方高级将领如福岛安正等人，以及日本外务省的相关人员如驻汉口、上海等地领事，都参与了推荐、联络新募日人的活动。

四是充当中日军火买卖的中介。大致流程是，张之洞提出购买军火的愿望，请受聘日本军人转达本国安排准备、制造军火，最后委托日本企业如三井物产、大仓组等运送湖北。

早在1900年，张之洞便令张彪向日本订购马队、炮队所需配件如三十年式乘马具、炮兵鞍及鞍囊等。[③] 庚子事变后，因各国列强提议武器禁运，张之洞委托驻日钦差转告日本政府：“鄙意拟托日本炮厂造枪，不知能只禁一年否。”[④] 他购买日本军火数量最多的一次是在1906年。是年秋季，清朝调集北洋、湖北、河南等地陆军，计划于河南彰德府附近举行大操。为此，张之洞不仅再聘铸方德藏来鄂询商一切，而且从日本购买大量军火，包括“炮十二尊，炮上零件全套，马六百匹、鞍八百副及电机、架桥材料各件”，“此系练兵处咨调湖北新兵赴豫秋操急需待用要件”。[⑤] 当时报纸称他“本年改编常备军以来，无事不效法于日本。今秋会操应用一切，又无物不取购于东洋。除陆续购办马匹、炮弹外，近又购来行军饭锅炉灶及菜刀零件。”[⑥] 从日方记录看，张之洞这年所购日本军用物资，包括军刀、手枪、各类炮、马匹、电话、军用车乃至军事医疗用品。（见表3.2）

---

① 《武昌ニ於ケル本邦陸軍武官ニ関スル件》（1904年4月23日），日本外務省外交史料館藏：《清国兵制改革一件》第二卷，档案号：5-1-1-0-14_002。

② 《大臣ヨリ外務大臣へ御移牒案》（1904年8月4日），日本防衛省防衛研究所藏：《37号 外務省 張之洞より技師招聘の件》，档案号：陸軍省-雑-M34-4-99。

③ 《乗馬具製作等の件》（1900年1月27日），日本防衛省防衛研究所藏，档案号：陸軍省-壹大日記-M33-1-3。

④ 《致东京李钦差》（光绪二十七年二月二十六日寅刻发），赵德馨主编：《张之洞全集》第十册，武汉出版社2008年版，第272页。

⑤ 《致两江周制台》（光绪三十二年三月二十八日申刻发），赵德馨主编：《张之洞全集》第十一册，武汉出版社2008年版，第281页。

⑥ 《拟购行军锅炉（武昌）》，《申报》1906年7月9日第2张第10版。

表 3.2　1906 年张之洞购买日本军火统计表

提出时间	军火项目	资料来源
4 月	军马 588 匹，普通蹄铁 3600 件（其中近卫师团补充马厂提供 199 匹，第一师团补充马厂提供 383 匹）	《軍馬讓渡の件》，陸軍省 - 陸滿普大日記 - M39 - 7 - 19；《軍務局　清国湖北総督代弁者　に馬匹交付方の件》，陸軍省 - 密大日記 - M39 - 1 - 5；《軍務局　三井物産合名会社へ蹄鉄引渡之件》，陸軍省 - 密大日記 - M39 - 1 - 5（资料来自日本防衛省防衛研究所，下同）
4 月	三十一年式速射野炮榴弹弹药车 6 辆，三十一年式速射野炮榴霰弹弹药车 18 辆，及附属挽马具、乘马具等（东京炮兵工厂提供） 三十一年式速射野炮炮车 36 辆，三十一年式速射野炮第一预备品车 6 辆，三十一年式速射山炮炮车 18 辆，及附属弹药箱、马具等（大阪炮兵工厂提供）	《張彪　兵器讓渡の件》，陸軍省 - 密大日記 - M39 - 1 - 5
4 月	携带电话机 4 台及线、线杆、电池灯等	《三井八郎次郎　携帯電話機売買の件》，陸軍省 - 密大日記 - M39 - 1 - 5
5 月	自动手枪 700 挺（刻“光绪丙午年制”），子弹 14 万发；自动手枪 20 挺，拟制子弹 200 发；二十六年式手枪 20 挺，二十六年式子弹 2000 发（东京炮兵工厂提供）	《三井八郎次郎　拳銃同実包払下之件》，陸軍省 - 密大日記 - M39 - 1 - 5
5 月	全营工作器具、地雷绘图材料器具、应用材料架桥器具、锻工木工器具、全营杂用器具材料、每一队架桥材料（详单略）	《三井八郎次郎　兵器讓渡に関する件》，陸軍省 - 密大日記 - M39 - 1 - 5
6 月	携带电话机 8 台及线、线杆、电池灯等	《三井八郎次郎　携帯電話機売買之件》，陸軍省 - 密大日記 - M39 - 1 - 5
6 月	军用自行车 50 辆	《鋳方砲兵大佐　清国湖北に於て自転車及他購買之件》，陸軍省 - 密大日記 - M39 - 1 - 5
6 月	军刀 900 把及附属品（军刀式样要求及图纸略）	《軍刀製造輸出の件》，陸軍省 - 壹大日記 - M39 - 6 - 37
7 月	军马 200 匹（军马补充部本部提供），蹄铁 1000 件	《湖廣総督へ馬匹及蹄鉄交付方の件》，陸軍省 - 貳大日記 - M39 - 8 - 51
8 月	石地式滤水器（中型）100 个，药品 1500 磅（卫生医疗厂提供）	《在湖北鋳方大佐　石地式濾水器購買送付の件》，陸軍省 - 密大日記 - M39 - 2 - 6

说明：其中部分与中方资料吻合，见《致两江周制台》（光绪三十二年三月二十八日申刻发），赵德馨主编：《张之洞全集》第十一册，武汉出版社 2008 年版，第 281 页。

对于张之洞的购买要求，日本方面积极应承。为完成1906年4月张之洞提出的军马订单，除从各军队抽调外，日方还从民间购买[①]，并严格要求军火质量。日本陆军省特意指令东京、大阪炮兵工厂确保“与日本军用品同样制作”，且在“运输途中应防止物品破损、注意捆包操作等。若由商人负责捆包、运输，则工厂应当予以监督，负责人员的派遣和材料的组装使用说明，努力增加我制造品之价值和信用”[②]。日本大阪炮兵工厂炮兵少佐长野准四郎曾负责张之洞所购野炮24门、山炮18门及相关附属品的运输，抵鄂后分别受到张之洞和张彪的接见，又趁机向张彪推销“此次购入的野、山炮，虽是供河南秋操使用，但其品质较战时火炮毫不逊色”。[③] 日本方面如此积极，是为了与欧美争抢军火生意，若军火质量不佳将“使清朝对日本工业产生怀疑，而成为竞争者欧美商人的有力援助。其结果将是丧失今日之信用及未来之利益”[④]。这也为三井物产、大仓组等日本企业提供牟取利益、扩充资本的渠道。质言之，这是日本帝国主义国家性质所要求的资本输出的必然结果。受聘来鄂的日本军人为本国资本输出积极努力，不只是充当中、日军火买卖的传话筒，还主动推荐清朝官宪购买军火。1905年，栗山胜三、本庄道三2人向江南制造局总办徐乃先强调日本炮比德国炮更轻、投弹不便是模型弹的缘故，最终说服他购买了日本炮5门。[⑤]

不过，张之洞购买日本军火为时不长，数量也不算大。根本原因在于武器输出是大额商品，而日本没有将“商品和提供借款成为一体”作为销售方式，输给了欧洲克虏伯公司及其他大公司。[⑥] 就张之洞而言，还需注意的是，他的购买往往出于救急的现实考虑，如1906年就

---

① 《軍務局　湖北省へ軍馬譲渡に関し張彪より電報の件》（1906年8月），日本防衛省防衛研究所藏，档案号：陸軍省－密大日記－M39－2－6。

② 《清国官憲へ売渡し兵器に関し注意の件》（1906年5月），日本防衛省防衛研究所藏，档案号：陸軍省－貳大日記－M39－5－48。

③ 《大坂砲兵工廠　清国差遣長野少佐報告の件》（1906年8月13日），日本防衛省防衛研究所藏，档案号：陸軍省－密大日記－M39－2－6。

④ 同上。

⑤ 《張総督招聘ノ栗山本庄両大佐来任以来情況報告》（1905年4月12日），日本外務省外交史料館藏：《清国兵制改革一件》第二卷，档案号：5－1－1－0－14_ 002。

⑥ ［日］坂本雅子：《财阀与帝国主义：三井物产与中国》，徐曼译，社会科学文献出版社2011年版，第78—79页。

是因会操需要而为之。在平常时期，湖北军火的主要来源还是张之洞一手创办的湖北枪炮厂。

（三）应聘军人个体对待招聘的不同反应

受聘来鄂的日本军人面对张之洞的招聘及本国的要求，反应不一。其中，一部分军人对华带有一定“感情”。尤其在甲午战后两国重修邦交之初，多数来华日本军人略通甚至精通汉语。他们在执行军令的同时，为扩张本国势力而倾向于对华“亲善”。如大原武庆受聘期间乐于与当地官绅交往，期满后转任同文会，辛亥革命时自愿再赴湖北革命军中，充当了黎元洪的幕僚。① 如此结果与张之洞最初招聘他们的愿望恰好相反。

不过，从日本受聘军人在本国军队系统及清朝两方面的处境来考量，应聘来华未必是他们的自愿选择。桥本齐次郎属于甲午战后较早来华的日本军人，1897 年曾来鄂进行军事考察，后又应闽浙总督许应骙之聘而任职福建讲武学堂。他对日本在华军人的境遇体会颇深，感叹“在南清的军官如被流放远岛一般”，并指出他们在本国军事体系中的劣势主要有三。一是缺乏与日本本土的信息交流，很少收到军方的消息、参考资料、地图等，甚至是在华研究任务的指令。二是军事素养难以增进。比之在本国服役的军人，他们因常年在华勤务而无暇研习，军事知识相差甚远。因此，“多年在华的军官，其末路往往沦为不遇之境”。三是待遇存在差别，不能与国内军人同样受到信任，且得不到国内同僚的支持拥护，陷入孤立状态。② 总之，因环境、能力以及人脉的变化，他们在本国的处境尴尬，甚至影响仕途。

而他们在应聘来华期间，也不一定获得重用。如炮兵大佐本庄道三于 1904 年被张之洞聘为湖北军事制造顾问。他在当地受聘日本军人中军衔最高，是日本军方不顾日俄战局、为满足张之洞愿望而选派的优秀将领，本应受到格外重视。但实际情况是，他与栗山胜三 2 人在抵鄂后被闲置虚度数月。经日方指出后，张之洞改令 2 人任职汉阳兵工厂。可是，兵工厂因财政窘迫，规模缩减三分之一，“没有重用该

---

① ［日］東亜同文会編：《対支回顧録》（下），原書房 1968 年版，第 799—803 页。

② 《清国駐在並応聘将校に関する鄙見　明治 34 年 7 月》（1901 年 7 月），日本防衛省防衛研究所藏，档案号：支那－参考資料－174。

大佐的余地”。期满后，尽管鄂省希望他续约留任一年，本庄道三仍断然辞去。[①] 战争期间本是日人建功晋升的绝好时机，但本庄道三应聘赴华且不被重用，其不满自在情理之中。

1907 年后，包括军人在内的应聘来华日人的数量和素质都在下降。有学者认为主要原因是“留日学生归国人数日多”“西洋人在华发展教育事业”“对日本教习有不良的评价”。[②] 除此之外，上述两点产生的负面影响，应该说也是重要原因。

甲午战争后日本军人陆续应聘来鄂，源于张之洞的主动要求，也是日本政府为扩大在华势力而积极促动张之洞的结果。对于军人赴华受聘，日本军方进行了周密布置和管理。日本受聘军人除了完成本职工作之外，还从事间谍活动、引荐后继者、充当军火买卖中介。尽管他们未必自愿离开本国军队，但无疑都竭力执行任务。他们客观上是张之洞为推动现代化建设而引进的外国人才，但更主要的作用，则是拉拢清朝官绅、增进日本在华利益、推动日本资本输出。总之，他们是推进日本对华扩张的得力工具。

第三节 张之洞与日本的经济交往

张之洞与日本方面建立较为密切的交往后，其实业活动也悄然地与日本资本产生或隐或显的联系。其中，举借日债是他与日本经济交往的重要组成部分。受资料、语言等因素限制，前人对张之洞举借日债的情况往往言之不详，留有讨论余地。张之洞举借日债的基本情况，清廷与他的借债考量，以及日本借此进行的对华资本输出，是本节需探讨的问题。

一 张之洞举借日债之概要

外债“一般指一国对国外的负债，反映国与国之间的借贷关系，包括政府机构、国营单位的对外债务，也包括没有政府担保的私人对

---

① 《栗山砲兵大佐満期帰国ノ件》（1907 年 7 月 12 日），日本外務省外交史料館藏：《清国兵制改革一件》第二卷，档案号：5 - 1 - 1 - 0 - 14_ 002。按：电报标题不准确，应是本庄道三期满回国。

② ［日］实藤惠秀：《中国人留学日本史》，谭汝谦、林启彦译，生活 · 读书 · 新知三联书店 1983 年版，第 76—80 页。

外负债”[①]。下文讨论的张之洞举借日债问题属于地方性债务，其借债关系是：债务方是名义上或实质上受到清朝中央政府允准的地方政府，债权方是日本政府以及各类官办、民办企业。

张之洞举借日债的情况可分为三类：成功的直接借款、失败的直接借款以及间接借款。直接借款是指由张之洞负责主导的借款，成功的直接借款是他同意在合同上署名或盖章的部分，失败的直接借款是由他主导但因种种情况而未能订下合同的部分。间接借款是指张之洞在向日借款交涉中虽有参与、占有一定分量，但不是主要负责人、最终没有在合同上署名的借款。本书关注的范围，主要是张之洞向日借款中与湖北地方相关的部分，尤其是他任职湖广总督时期的借款；虽有涉及张之洞署任两江总督及日后赴京的情况，但不作为重点讨论的对象。

（一）成功的直接借款

据笔者目前所见，张之洞成功地向日本直接借款共有四次。兹按借款用途分类，对四次借款进行论述。

1. 海军建设

与湖北海军建设相关的借款共计两次。

第一次是 1904 年 11 月 2 日六只长江浅水快炮、四只二等鱼雷艇的订购合同。该合同由湖北善后局奉张之洞谕饬，与日本驻汉口领事永泷久吉及川崎造船厂委员四本万二签订。船艇分两期交付湖北，第一期是合同画押后 26 个月内交付炮舰三只、鱼雷艇一只；第二期是第一期后 9 个月内交付炮舰三只、鱼雷艇三只。具体订购金额为：长江浅水快炮单价 455000 日元，六只共计 2730000 日元；鱼雷艇单价 300000 日元，四只共计 1200000 日元。上述两项共计 3930000 日元，以分期付款形式完成：

> 一、议定第二款所定舰价，共计日本金 2730000 圆正，按照左列分期交付。除第一期在汉口交付外，均由督宪按期汇寄神户交付川崎船厂收领。
>
> 第一期：日本金 546000 圆正，定约签押之时。第二期：日本金 546000 圆正，定约后 8 个月以内。第三期：日本金 546000 圆正，定

① 吴景平：《关于近代中国外债史研究对象的若干思考》，《历史研究》1997 年第 4 期。

约后 17 个月以内。第四期：日本金 546000 圆正，定约后 26 个月以内。第五期：日本金 546000 圆正，定约后 35 个月以内。

二、议定第二款所定艇价，定约 35 个月即雷艇四只造成交托月起 24 月内，分期加息还款，均由督宪按期汇寄神户交付。但先期还款之时，川崎船厂应按月数核算减免利息，所有分期付息还款办法如左：

一日本金 1200000 圆正。（第二款所定艇价）一日本金 106000 圆正。（核算四艇造成规限廿六个月，分四期。该付艇价利息，但年八厘之率）共计日本金 1306000 圆正。

艇价还本此付法如左：

第一期：日本金 326500 圆正（第一期还本），日本金 52240 圆正（所有还本日本金 1306000 圆正六个月利息），共计日本金 378740 圆正（交艇后第六月付）。

第二期：日本金 326500 圆正（第二期还本），日本金 39180 圆正（剩有还本日本金 979500 圆正六个月利息），共计日本金 365680 圆正（交艇后第十二月付）。

第三期：日本金 326500 圆正（第三期还本），日本金 26120 圆正（剩有还本日本金 653000 圆正六个月利息），共计日本金 352620 圆正（交艇后第十八月付）。

第四期：日本金 326500 圆正（第四期还本），日本金 13060 圆正（剩有还本日本金 326500 圆正六个月利息），共计日本金 319560 圆正（交艇后第廿四月付）。①

以上利息合计 236600 日元。一共本息合计应交付 4166600 日元，合计清朝库平银 312.4 万余两。据后任湖广总督陈夔龙 1909 年的奏折，这笔款项如约将在是年 10 月全部付清。② 此次湖北向日本川崎造船所订购船舰

① 《張総督カ川崎造船所ト造船契約成立ノ件》（1904 年 11 月 2 日）日本外務省外交史料館藏：《各国ヨリ帝国ヘ艦船建造方依頼並二同引受計画関係雜件/清国ノ部　第二卷》，档案号：5-1-8-0-30_1_002。

② 陈夔龙：《舰艇价目付清请将筹款无误各员折》（宣统元年七月二十三日），中华人民共和国财政部、中国人民银行总行编印：《清代外债史资料（1853—1911）》中，内部发行 1988 年版，第 114—115 页。

的借款，严格意义上说应是日方交付船舰时及以后湖北尚未付清相关款项的部分。这种借款与狭义的直接货币借款不同，实质是一种物钱交易的特殊借款。日方不允许清方无任何代价地拖延款项，对这种特殊借款提出年利8%的要求——购买船舰的利息236600日元即源于此。

第二次是1906年5月24日六只浅水快炮舰配炮的订购合同。合同由湖北善后局司道奉张之洞谕，会同日本驻汉口领事水野幸吉及川崎船厂副总办川崎芳太郎签订。配炮也是分两期交付湖北，第一期于1906年10月交付三只炮船配炮，第二期于1907年8月交付剩下三只配炮。具体订购金额为：配炮单价160000日元，六只合计960000日元，与配炮相关的各项费用如按配费、试射费、炮位炮架弹药运费等均包含在内。此款项的具体交付方法是：前三年专还利息，其中前二年年利七厘核算、第三年年利八厘核算，以1908年5月为第一次、间隔半年还息类推；后五年分十次按期摊还本利，年利七厘核算，以1911年5月为第一次、间隔半年付款类推。但是上文已言及，日本自交付货物之时，开始对清朝应付未付的款项部分计算利息。因此，条约所规定的前三年付利实际上计算了四年的利息数额，即从1906年10月日本交付前三只配炮起开始算息。具体如下：

> 一、日本金19600圆正，明治40年（引者：1907年）5月在神户交付。（但第一期三只炮价各费金48万圆六个月利息）
>
> 一、日本金25200圆正，明治40年11月在神户交付。（但第一期三只炮价各费金48万圆六个月利息，及第二期三只按配炮价各费48万圆三个月利息）

这一年的利息也是以7%为率。以上所有利息合计440800日元，本息合计1400800日元。[①] 这次配炮订购合同中的借款与1904年的船艇订购合同类似，同属于物钱交易的特殊借款。

由于上述两次借款具有连贯性，下文予以一并讨论。张之洞长期关

① 《湖北注文軍艦武裝方契約写ノ件》（1906年5月31日），日本外務省外交史料館藏：《各国ヨリ帝国ヘ艦船建造方依頼並二同引受計画関係雜件/清国ノ部　第二卷》，档案号：5-1-8-0-30_1_002。

注清朝海军建设，并且认识深刻、态度积极。受中法战争影响，他在两广总督任上已深刻意识到海防的重要性，于战后亲力实践，大力购买、建造军舰。甲午之后，再次受到战争刺激的张之洞奏请清廷亟治海军，指出“今日御敌大端，惟以海军为第一要务”，建议购买快船、快炮，并派选留学生赴英学习海军。[①] 庚子事变后，他答复日本关于“和后如何立国”的询问，认为“就湖北言，至少须练兵一万、船十艘”。[②] 这就不难理解，他在清末新政开启后继续积极改造海军。张之洞与日方围绕海军建设的最早接触是在 1902 年。当时，他署任两江总督，接管南洋舰队，拟新购四艘长江用浅水快兵船。为此，他分别致电福建船政局、日本驻上海总领事以及清朝驻英公使、驻德公使询问报价及制造质量。[③] 经考察权衡，张之洞选择向日本订购四艘、向福建船政局购买两艘兵船。随后，在与日本签订合同时稍作变动，约定暂时先向川崎造船厂订购一艘快船，单价 315000 日元，“所定船价，系奉督宪面谕，将常例定船九五扣、收船二厘五陋规及一切花销使费革除净尽，邀同天野三回议明，最核实最公道不再折扣之确价。除炮位炮架药弹及护炮钢板由中国自备外，其全船镶配及一切备用各件，均由川崎船厂安置齐全，概包在正价之内”[④]。购买费用以日本交船之日为限，分四期付清。待查验该船情况后，再决定是否继续订购剩下三艘。1903 年，张之洞回任两湖，将两江的购船事宜交接新任江督魏光焘后，继续在两湖辖区建设海军。听闻张之洞计划购船，川崎造船所立即准备相关设计图及照片“积极劝说其向日本定购”[⑤]。因与日方有过交涉合作，张之洞很快再次

---

① 《吁请修备储才折》（光绪二十一年闰五月二十七日），赵德馨主编：《张之洞全集》第三册，武汉出版社 2008 年版，第 257—258 页。

② 《致东京钱念劬》（光绪二十六年八月十九日亥刻发），赵德馨主编：《张之洞全集》第十册，武汉出版社 2008 年版，第 162—163 页。

③ 《致上海日本总领事小田切》（光绪二十八年十一月二十一日巳刻发）、《致福州会办船政沈大臣》（光绪二十八年十二月二十一日未刻发）、《致轮墩张钦差、柏林荫钦差》（光绪二十八年十二月二十一日未刻发），赵德馨主编：《张之洞全集》第十一册，武汉出版社 2008 年版，第 47、59—60 页。

④ 《川崎造船所清国砲艦建造引受契約成立ノ件》（1903 年 6 月 12 日），日本外務省外交史料館藏：《各国ヨリ帝国へ艦船建造方依頼並二同引受計画関係雑件/清国ノ部　第一卷》，档案号：5－1－8－0－30_ 1_ 001。

⑤ 冯青：《中国近代海军与日本》，吉林大学出版社 2008 年版，第 123 页。

选择川崎造船所，于 1904 年底与之签订六只长江浅水快炮、四只二等鱼雷艇的订购合同。至于 1906 年六只浅水快炮舰的配炮订购，是 1904 年订购合同之延续。据时任日本驻汉口领事水野幸吉报告称，张之洞不顾其他国家异议，向川崎造船所订购江河用炮舰的一切武装。[①] 合同对每只炮舰所配枪炮的建造样式做了具体规定：

> 一、日本吴海军工厂所造最新式口径十二生炮二尊。外附属各件及弹药三百枚、空弹四十枚。
>
> 一、日本吴海军工厂所造最新式口径七生半炮二尊。外附属各件及弹药四百枚、空弹四十枚。
>
> 一、英国所造四管罗登飞式机关炮（每分钟放二百响者）二尊。外附属各件及弹药一万枚。
>
> 一、日本吴海军工厂所造最新式机关炮（每分钟放六百响者）二尊。外附属各件及弹药二万枚。
>
> 一、明治三十年式小枪二十杆及弹药一万枚。
>
> 一、手枪十枝及弹药一千二百枚。[②]

各类炮、枪主要以日本所造军火式样为主。四管罗登飞式机关炮即 Nordenfelt gun，1873 年由瑞典人赫尔格·帕姆克兰兹（Helge Palmcrantz）发明，后被英国率先使用。这种机关炮曾被清军广泛使用，但在张之洞 1906 年订购时其性能早已落伍。他在甲午战后便认为“旧式之罗登飞、哈乞开斯等快炮，犹嫌其迟缓不速……若与外洋开战，相持日久，实属可危”[③]。故此次配炮是以日本枪炮式样为主，且以此为重。

---

① 《湖北注文軍艦武裝方契約写ノ件》（1906 年 5 月 31 日），日本外務省外交史料館藏：《各国ヨリ帝国へ艦船建造方依頼並二同引受計画関係雑件/清国ノ部　第二巻》，档案号：5－1－8－0－30_ 1_ 002。

② 同上。

③ 《吁请修备储才折》（光绪二十一年闰五月二十七日），赵德馨主编：《张之洞全集》第三册，武汉出版社 2008 年版，第 259 页。按：张之洞此条陈实系张謇草拟，见《代鄂督条陈立国自强疏》，张謇研究中心、南通市图书馆、江苏古籍出版社编《张謇全集》第一卷政治，江苏古籍出版社 1994 年版，第 34 页。

2. 新建炮兵营和扩建陆军小学堂

1906年7月25日，湖北善后局为筹建炮兵营和扩建陆军小学堂费用，奉张之洞谕，向日本汉口正金银行借银40万两、年利七厘，签订合同。款额于订立合同当日全数交付；或由正金银行发给现银存票，一个月内全数提清。合同规定，五年内湖北善后局还清借款。具体还款办法为：第一期，借款满西历三年时，还本银20万两；第二期，借款满五年时，还本银20万两；每年按照本银数额还息。因此，至五年期满即1911年7月时，湖北一共应还本金40万两、利息11.2万两，共计51.2万两。此外，合同内还将“汉口堡垣城内肖家垸一带及城外宗关等处本局管业地皮两块”（扣除文庙、高等小学堂及铁路护军营操场基址）的总契和地图作押，若到期湖北不能如约还款，则由正金银行售出抵款。合同落款中，中方包括湖北布政使、署按察使以下6人，日方则是驻汉口领事水野幸吉与横滨正金银行汉口分行总办武内金平。① 张之洞虽未亲自署名，但加盖湖广总督印。这是常见的“借银还银”模式借款，是张之洞首次成功借得此类日债。

虽事属首次，但双方谈判进行得较为迅速。交涉主要围绕年利数额展开，大致分为两个阶段。第一阶段是湖北善后局与日本驻汉口领事的交涉。是年6月前后，张之洞因“迫切需要汉口华区市街道路的修筑费”，向三井物产的汉口办事处提出借款30万两、年利6.5%。但三井物产坚持年利8.4%。张之洞转而派员与日本驻汉口领事水野幸吉交涉，提出“以新市街地皮二万余方（约日本的八万余坪）为担保”，借款30万两，五年偿还。② 水野幸吉援引此前三井物产、大仓组分别向湖北铁政局、萍乡煤矿提供贷款的例子，要求年利7.5%。这与张之洞的6.5%仍有距离，双方由此僵持。第二阶段，为推动谈判进程，日方新

---

① 《合同》（1906年7月25日），日本外務省外交史料館藏：《对張之洞正金銀行借款雑件 1. 漢口市街修築費借款ノ件》，档案号：1-7-1-7。按：中华人民共和国财政部、中国人民银行总行编印的《清代外债史资料（1853—1911）》中册内收录该合同（见《湖北善后总局借款合同》，内部发行1988年版，第269—270页），偶有错误，今以档案为准。再，根据日本方面的统计，此笔借款应属按时还清。参见《清國官府借欵調》（1911年11月），日本外務省外交史料館藏：《对支借款関係雑件/湖北省ノ部 3. 官銭局对正金銀行 自同四十一年七月》，档案号：1-7-1-5_5。

② 《驻汉口领事水野幸吉致外务大臣林董电》（1906年6月16日），日本外務省外交史料館藏：《对張之洞正金銀行借款雑件 1. 漢口市街修築費借款ノ件》，档案号：1-7-1-7。

增了正金银行代表。水野幸吉已在第一阶段向日本外务省提议由正金银行承担此项借款，获允。6 月底，正金银行上海分行代表武内金平奉日本外务省训令，赴汉口参与谈判。水野幸吉与武内金平既有合作也有分工，谈判时二人协力负责，会后则分头向所属上级外务省、正金银行横滨总行及上海分行随时请示，谈判结束后再汇报交涉总过程。而清方代表由张之洞派出，直接向张之洞汇报谈判经过。在 7 月 10 日的会谈中，清方主动提出将年利升至 7%。随后，日方代表向上级建议同意该年利，并提议提升借款数额至40 万两。25 日，双方就数额40 万两、年利 7% 的借款达成一致，最终签订合同。[①]

3. 新设工厂

1907 年 9 月 4 日，湖北官钱局为筹设机器、呢绒、针钉等四工厂费用，奉张之洞谕，向汉口正金银行借洋例银 200 万两、年利八厘，签订合同。合同规定“以武昌善后局所收盐厘要政加价项下每年进款四十万两作抵”，若到期不能还本，则“以归湖北所管之大冶矿山并保”，不涉外人开采之权。[②] 还款以十年为期，具体情况如下：前三年不还本，每年按六个月付息 8 万两，合计利息 48 万两。后七年则每半年还本一次，其息亦按六个月照付。宣统三年（1911 年）四月底第一期一次还款，本金 15 万两、息金 8 万两，同年十一月底第一期二次还款，本金 135714. 28 两、息金 74000 两。以此类推，后七年每年还款合计 285714. 28 两，利息以年利率 8% 为准。除去 1911 年第一期二次以及 1912 年第二期一次、二次共计 3 次还款受辛亥革命影响稍有推迟，中方还款大致如期进行。

此次借款的特别之处在于，8% 的利率中包含了清朝买办 0. 5% 的佣金。《申报》曾报道称：“鄂督张中堂启节时，由某洋行买办景某代向正金银行借款二百万为料理工厂及各处欠项，并闻中堂以景经手此

---

① 参见日本外務省外交史料館藏《对張之洞正金銀行借款雜件　1. 漢口市街修築費借款ノ件》，档案号：1 –7 –1 –7。

② 《合同》（1907 年 9 月 4 日），日本外務省外交史料館藏：《对支借款関係雜件/湖北省ノ部　3. 官錢局对正金銀行　自同四十一年七月》，档案号：1 –7 –1 –5_ 5。按：中华人民共和国财政部、中国人民银行总行编印的《清代外债史资料（1853—1911）》中册内收录该合同（见《湖北官钱局借款合同》，内部发行 1988 年版，第 293—294 页），今以档案为准。再，日本驻汉口领事曾推断，本款的用处，名义上是用于四厂新设，但实际或是为张之洞赴京打点权贵、交接准备所用。

事，例应酬劳，遂批给二万金为谢。”[①] 景某即景维行，时任正金银行买办。买办的佣金数额应是按照中方每次偿还本金的年利 0.5% 计算。正金银行在 1911 年统计所有对华借款时，对这笔借款只认作 7.5% 的年利，直接略去了不属该行所得的 0.5%。[②] 有学者指出，“资力相对弱小、经营基础单薄的日本商社在日本政府的保护下，采用独特的经营手段同欧美商人展开竞争”，手段之一便是废止买办制。[③] 不过，在进入中国市场的初期，日本商社利用买办与中国官绅贸易往来仍是必不可少的手段。在正金银行建立汉口分行后的很长一段时间里，景维行一直担任该行买办，至辛亥革命后仍被报道认为在商界“颇负微名”[④]。

（二）失败的直接借款

张之洞向日本的直接借款中，也有少量失败的情况。譬如，1904 年 10 月张之洞指令湖北筹饷局向日本借款 80 万两，最终未能成功。湖北财政岁入自 1899 年起明显增加，突破 900 万两，至 1903 年已达到 10292980 两。[⑤] 不过，湖北财政仍入不敷出，原因主要有二：一是湖北省每年承担固定数额的庚子赔款，压力颇大；二是张之洞积极响应清末新政，加大了军事、教育等事业开支。日人也注意到湖北的财政困难。宗方小太郎就数次报告，张之洞不得不采取各种措施纾困，如调查新税源、考虑出售布纱丝麻四局等。[⑥] 此次张之洞借款便是为补充鄂省承担的庚子赔款差额，拟以筹饷局岁入 30 万两为担保，向外国借款 80 万两，十年偿还。通过与张氏幕僚汪凤瀛的私下会晤，日本驻汉口领事永泷久吉获悉此事，还听闻德国有意向提供年利 7% 的贷款。此后，永泷久吉展开了两方面的活动：一方面，主动与张之洞秘密商议，得到他同意以年利 8% 或更低的条件向日本借款；另一方面，积极向日本外务省

---

① 《中堂借债酬劳纪闻（武昌）》，《申报》1907 年 9 月 20 日第 4 版。

② 《清國官府借欵調》（1911 年 11 月），日本外務省外交史料館藏：《対支借款関係雑件/湖北省ノ部 3. 官銭局対正金銀行 自同四十一年七月》，档案号：1-7-1-5_5。

③ 郭予庆：《近代日本银行在华金融活动——横滨正金银行（1894—1919）》，人民出版社 2007 年版，第 181—182 页。

④ 《鄂省查抄叛产》，《申报》1912 年 4 月 4 日第 6 版。

⑤ 苏云峰：《中国现代化的区域研究：湖北省 1860—1916》，“中央研究院”近代史研究所专刊（41），“中央研究院”近代史研究所 1981 年版，第 217—218 页。

⑥ ［日］神谷正男編：《宗方小太郎文書》，原書房 1975 年版，第 109、112 页。

报告，建议政府咨询、安排兴业银行承担贷款。[①] 不过，由于财政紧绌，日本政府及兴业银行拒绝提供贷款，张之洞首次“借银还银”模式的对日借款失败。1904 年 2 月日俄战争爆发，日本以举国之力应战，采取增税、发行国债及外债等各种手段筹措资金，财政压力极大。从战争爆发至 1904 年 12 月日本政府正式拒绝张之洞借债止，不到一年的时间内日本政府已发行三次内债共计 2.8 亿日元、两次外债共计 2200 万镑。[②] 日本政府自顾不暇，有意却无力承担张之洞的借债。

而 1907 年围绕川汉铁路修筑的借款，是张之洞向日本的直接借款中最主要的一次失败。

在各国列强的觊觎下，清政府为保利权决定自修川汉铁路，由四川、湖北两省承修相应路工。各国列强对中国铁路利权的觊觎由来已久。英国一直视长江流域为势力范围，早在 1899 年已提议修筑甚至私自勘测川汉铁路。20 世纪初，美、法、俄、德等国亦纷纷对川汉线路表示出浓厚兴趣。[③] 1903 年 6 月，四川总督锡良与张之洞商议后，以“各国互争雄长，铁路所至之地，即势力所及之地……中国处此时局，欲变法自强，政固多端，而铁路尤不可缓”为由，奏请自设川汉铁路，主张“官设公司，招集华股，自保利权”。[④] 外务部与锡良用意相同，复奏“拟请俟设立商部后，由商部大臣切实招商，专集华股，力除影射蒙混之弊，以资抵制而保利权，届时妥订章程奏明办理。”[⑤] 川汉铁路的修筑由此提上议程。张之洞建议“自宜昌以上路工暂归川省承修，宜昌以下接通京汉干路则归鄂省承修”[⑥]，并聘请外人勘测线路。

---

① 本段所引资料未注明处，皆来自《对支借款関係雑件/湖北省ノ部　1. 張総督借款申出　自明治三十七年十一月》，日本外務省外交史料館藏，档案号：1-7-1-5_5。

② ［日］東洋経済新報社編：《金融六十年史》（東洋経済叢書第 1 輯），東洋経済新報社 1924 年版，第 452—453 页。

③ 参阅隗瀛涛编著《四川保路运动史》第三章“川汉铁路公司的成立及其演变”，四川人民出版社 1981 年版。

④ 《奏设川汉铁路公司折》，中国科学院历史研究所第三所工具书组整理：《锡良遗稿：奏稿》第一册，中华书局 1959 年版，第 339 页。

⑤ 《外务部奏议覆调署四川总督闽浙总督锡奏请自设川汉铁路公司折》，《申报》1903 年 9 月 21 日第 2 版。

⑥ 交通铁道部交通史编纂委员会编辑：《交通史路政编》第十四册，交通部交通史编纂委员会、铁道部交通史编纂委员会 1935 年版，第 59 页。

然而，川汉铁路沿线地形条件恶劣，致使修路资金的募集极为不顺。张之洞不得已考虑商借外债以修铁路：最初打算“商借英款，英与美自能联合”,[①] 至1907年有意转向日本商借。

1907年张之洞与日本借款交涉大致分为两个阶段。第一阶段主要是张之洞与日本方面的交涉，以2月张之洞邀请时任横滨正金银行董事小田切万寿之助来鄂为起点，为期三个月。第二阶段英国方面介入张之洞与日方的交涉，以5月18日英国驻华公使派中英公司（British and Chinese Corporation Ltd.）[②] 代表濮兰德（John Otway Percy Bland, 1863—1945）和汇丰银行的代理人熙礼尔（Edward Guy Hillier, 1857—1924）来汉为标志，最终致使借款失败。

第一阶段，张之洞与日本方面展开交涉。他安排官钱局总办高松如为中方主要谈判人员，并随时掌握高松如等人的交涉细节，偶尔也与小田切万寿之助直接会商长谈。而日本方面安排小田切万寿之助为主要谈判人员，同时要求日本驻汉口领事水野幸吉及时发回详细报告。自4月17日小田切万寿之助抵汉后，双方举行数次会商，于5月初达成初步协议。据日本驻汉口领事馆职员向外务省所作报告，可知协议分为六个方面：

> （1）公债总额。总督最初考虑借入1500万两。但小田切在与总督第一次会见后，要求增加500万两。双方大体协议，借款总额为相当于2000万两的日元和英镑。其后，双方决定在伦敦募集借款三百万镑。
>
> （2）折扣、利息及发行价格。最初总督希望是折扣九八、利息四分五厘，而在与小田切会见时提出折扣九五、利息五分五厘……其后，伦敦的银行（引者：指汇丰银行及帕尔银行（Parr’s Bank））对此折扣及利息无异议。上述情况大体谈妥，发行价格为平价，而

① 《张之洞致外务部建议借款修筑川汉铁路电》（光绪三十一年九月二十七日），戴执礼编：《四川保路运动史料》，科学出版社1959年版，第81页。

② 中英公司，又称作中英银公司，1898年由英国怡和洋行和汇丰银行合资设立，总部设在伦敦，在北京、上海各有分部，专门对中国铁路进行投资，其所投资的铁路遍于华北、华中、华南各地。参见［日］萍叶登《侵略中国的英美财阀》，李公绰、陈真译，生活·读书·新知三联书店1956年版，第62—63页。

折扣差额将充作各种手续费及经费。

（3）偿还年限。总督在第一次会见时提出前7年不还本、后18年偿还本金，在第二次会见时改作10年不还本、后20年偿还本金。延长时间对募集借款反而更加有利。

（4）担保。以湖北善后局每年收入三百万两作为担保。湖北善后局是长发贼乱后以战后经营为目的兴办租税而创设的官衙。除布政使所负责的作为国税的地租外，各种地方税征收后都集中送往该官衙。但除该局外，没有其他合适的担保物件。另外，总督认为有必要增加该局收入而考虑增加税赋。现善后局年收入凡300万两，具体情况如下：四川盐税70万两，盐务苏厘20万两，土膏税120万两，筹饷捐30万两，米捐40万两，此外铜币局收入50万两。其中，此前为赎回粤汉铁路修筑权，土膏税已成为英国借款的担保。因此，对于本公债而言，作为第二担保，每年对英款的偿还不过20万两。

（5）发行银行及发行地。……（引者：双方协议）承担银行为正金银行，但不妨碍该银行得到伦敦相关银行的帮助。又，关于发行地，正金银行考虑在伦敦发行。但如此做法，则与对方委托正金的主旨存在差异，或形式上可在我国同样并同时发行。

（6）公债之用途。张总督称，公债用途是开掘矿山、设立工厂及振兴通商港口设备等工商业。但鉴于目前情况，毫无疑问该资金将用于铁路建设。但总督宁可反复如此声言。盖英、法辛迪加提供铁路资金时附带要求铁路担保等事，为总督所不喜。……若声称该资金充用铁路工事，将受到英、法辛迪加的妨碍，也会影响借款能否成功，难免招致外间的误解。因此，将不会对外声称该借款用于铁路建设。

加之，为赎回粤汉铁路修筑权，清朝与英国协议借款已经约定，将来修建粤汉铁路若需仰仗外资，应先与英国协议，且半数技师由英人充任。据闻，总督对此并不乐意。因此，湖北境内铁路表面声称是以国内资金修建，此次借款则以开掘矿山为名目。双方协议的结果是，以湖北兴业公债为名借款。①

---

① 《鉄道建設資金及小田切氏交涉中ノ湖北借款ニ関スル件》（1907年5月6日），［日］外務省編纂：《日本外交文書》（明治第40卷第2冊），嚴南堂書店1953年版，第569—571页。

因为日方无法独力承担2000万两的巨额借款，所以小田切万寿之助作为中间人与张之洞及英国方面的银行沟通，最终确定以正金银行为主、英国的汇丰银行和帕尔银行协助在伦敦发行、募集公债。但这两家英国银行对协议存有异议，致使协议没有完全谈妥，具体包括三点。一是英方要求公债发行得到北京政府的明确保证，二是英方要求担保收入预存指定银行，三是中方相关官员私下要求获得总额1%的秘密佣金。前两点是英方的额外要求，遭到张之洞坚决反对；第三点已由中日两方谈妥，但两家英国银行拒绝支付。随后，日方作为中介沟通中方和英方意见，并与张之洞及其代表再行商议。商议的结果是：关于分歧最大的第一点，张之洞同意仿照沪宁铁路、九龙铁路的借款形式，请求清廷敕许，但不以铁路借款名义公开奏陈而改以密奏陈之；关于第二点，张之洞表示若英方怀疑担保收入不确实，可改以湖北厘金岁入200万两作担保，但善后局收入与厘金岁入不并保；至于第三点，则由日本政府私下灵活处理，拟令正金银行承受。①

第二阶段，英国方面介入张之洞与日方的交涉。在第一阶段，因担心伦敦的银行不会同意中日的商议结果，日本正金银行通知英方，称谈判进展不顺，借款可能失败；同时，日本政府没有放弃，仍令小田切万寿之助继续活动张之洞。英国外部及相关银行获悉上述情况后，认为日方的做法使“英国银行处于旁观地位”，影响英国实际利益。对此，英国外部兵分两路，分别向中方和日方展开了交涉。

中英交涉的主要地点在武昌。英国驻华公使朱尔典（John Newell Jordan，1852—1925）急派濮兰德和熙礼尔赴汉口，同时指示英国驻汉口领事与张之洞会见，声明原则。中英双方达成以下几点重要共识：

（1）关于借款，英国拥有的优先权不仅适用于粤汉线，还适用于湖北、湖南两省所有铁路的外国借款。

① 《湖北借款ニ関スル倫敦銀行ノ要求條件ニ付打開策具申ノ件》（1907年5月9日）、《湖北公債ノ保證ニ付小田切張総督間交涉ノ件》（1907年5月11日），［日］外務省編纂：《日本外交文書》（明治第40卷第2册），巖南堂書店1953年版，第575—576、578页。

(2)（引者：湖北）公开声称发行铁路公债，但实际发起铁路借款。此事违反了数次上谕。对此，濮兰德将返回北京与英国公使商谈后，劝说邮传部大臣岑春煊，争取他的支持。总督对此举无异议。

(3) 借款金额可为三百万镑，或者四百万镑。

(4) 不论（引者：湖北）发起何种兴业借款，若将其实际用于修建铁路，则该借款应由英国承担办理。

(5) 英国同意募债时不排除正金银行，以满足总督的希望。

(6) 修筑铁路的技师，（引者：由湖北）向日、英两国雇佣各半。

(7) 日后修筑铁路支线时，清朝自可经营；如需举借外债，应先与英国商量。总督对此点无异议。

(8) 铁路总办为清朝官员，但事务总管和总工程师应为英国人。

(9) 此借款应由中英公司承担。①

这是英国夺回借款权的重要转折。张之洞无奈接受，并且随后向日方谈判代表小田切万寿之助等人表示“从日本借入铁路资金非常困难”。②

英日交涉也在同步进行。两国外务部相关官员以电报、会面等形式沟通，其中会面地点主要有四处：在汉口，英国领事及汇丰银行代表熙礼尔等人与日本领事及正金银行董事小田切万寿之助交涉；在北京，英国驻华公使及返京的中英公司代表濮兰德与日本公使会商；在伦敦，英国政府接到日本驻英公使的解释说明；在东京，英国驻日公使向日本外务省照会声明。其中，伦敦、东京两地的交涉已经上升至英日两国政府层面，意义重大。英方向日方以及张之洞提出的交涉文件主要有三份。一是英国驻华公使寄送英国政府的一份节略，内容为 1903 年清朝外务部总理大臣奕劻向英国代理公使焘讷里口头表示，川汉铁路“如用外国

① 《ブランド、ヒリヤー来漢事情及湖北公債ニ付右両人ト張総督トノ会見ニ関シ英領事談話竝請訓ノ件》（1907 年 5 月 19 日），［日］外務省編纂：《日本外交文書》（明治第 40 卷第 2 冊），巖南堂書店 1953 年版，第 581 页。

② 《張之洞ヨリ一千萬両ノ興業借款申込ノ件》（1907 年 5 月 20 日），［日］外務省編纂：《日本外交文書》（明治第 40 卷第 2 冊），巖南堂書店 1953 年版，第 582 页。

股本，应以多用英人者为是”。[①] 二是1903年9月英国公使萨道义与清朝外务部以书面形式确认：“川汉铁路将来中国拟行修造，倘资本不敷，所需用之外国资本，皆在英、美二国借用。至所借资本如何划分，及应借之国不得转行乞贷他国……”。[②] 三是1905年为赎回粤汉铁路，张之洞照会英国驻汉口领事法磊斯，承诺：

> 照得此次赎回粤汉铁路之款，承贵总领事代为介绍，借款办法甚为公道。将来粤汉铁路修造之款，除中国自行筹集外，如须向外洋借款，当先向贵国询商，开价如与他国所开息扣比较相同，先尽英国银行承办。如他国所开息扣等项较英国所开公道便宜，仍由中国酌择公道便宜者另行筹借。如修造粤汉铁路之款已向英国借定，则将来粤汉铁路需用机器、材料除中国自有自造外，如向外洋购办，应先向英国商厂询问，开价仍与各国商厂开价比较，价同则先尽英厂承办。如他国所开货美价廉，仍由中国择宜订购。此外湖北、湖南境内另有修造铁路之事，倘亦须向外洋借款，并可照上条修造粤汉铁路借款办法，一律办理。至修造铁路需用之工程师，言明一半用借款之国人，一半用日本国人，将路工分段承办，各办各事。凡铁路公司一切用人、择地、管路、行车等事，均由中国自主。工程师但管分内应办工程之事，余事皆不得干预。再，此事经本部堂议定后，凡湖北、湖南、广东三省现任、后任督部堂、抚部院有管理铁路之权者，均照此次照会各节办理，合并声明。[③]

这三份文件中，以张之洞1905年的照会最为关键。该照会明确承诺优先向英国借款、购买机器材料以及聘用工程师，尤其是“湖北、湖南境内另有修造铁路之事，倘亦须向外洋借款，并可照上条修造粤汉铁

① 奕劻会晤焘讷里（R. G. Townley）：《關於川漢鐵路擬用美人股本案》（1903年9月29日），“中央研究院”近代史研究所档案馆藏，档案号：02-04-023-01-004。

② 萨道义（Sir Ernest Mason Satow）致外务部：《磋議福公司礦路運腳暨浦信川漢等路事》（1903年9月16日），“中央研究院”近代史研究所档案馆藏，档案号：02-04-016-01-025。

③ 《照会英总领事声明造路借款各节》（光绪三十一年八月十一日），赵德馨主编：《张之洞全集》第六册，武汉出版社2008年版，第470—471页。

路借款办法一律办理”一条成为英国向中方和日方交涉之铁证。早在英国驻华公使派员赴汉口直接向张之洞交涉之时，日本外务省已隐约觉察情况不妙。接到英国的这三份交涉文件后，日本政府不得不权衡再三，作出退让，向英国相关领事、公使乃至其政府辩解：日本政府没有主动提出借款问题，正金银行从一开始便邀请英国银行参与其中，并且日方对中英协定毫不知情。[①] 此后，日方数次拒绝了张之洞的借款申请。

由于英国的介入，张之洞中止对日借款，只能转与英国商谈借款。双方于6月底基本谈妥，借款150万英镑、年利5%、折扣九四。与此同时，日本方面仍不甘心，趁机向张之洞及英方提出两点要求：一是指定横滨正金银行作为间接的发行银行，而非债券的承担银行；二是强调张之洞1905年与英方的照会内容，即“修造铁路需用工程师，言明一半用借款之国人、一半用日本国人，将路工分段承办，各办各事”一条——无论是粤汉线还是川汉线，尽可能维持日本的利益。[②] 对于这两点要求，张之洞及英方几无异议。但英方坚持，此次修造铁路应聘用英人为总工程师（chief engineer）。[③] 此举将全面控制湖广铁路的修筑，包括经费使用、用人以及工事，使英人凌驾于清朝修路人员及日本技师之上。这不仅遭到张之洞极力反对，也引发日本方面不满。最终，张之洞中止了与英国的借款谈判。

（三）间接借款

在张之洞向日本的间接借款中，最重要的部分是与汉冶萍相关的借款。学界已对该问题做了大量深入细致的研究，兹不赘述。[④] 按照全汉昇先生的统计，以1907年9月张之洞正式离鄂赴京为界，在此之前与

---

① 《英国ノ湖北鉄道借款ニ対スル我協調的態度並対清経営上日英提携ノ必要ニ付説明方訓令ノ件》（1907年5月27日），［日］外務省編纂：《日本外交文書》（明治第40卷第2冊），巖南堂書店1953年版，第592—593页。

② 《湖北方面鉄道事業ニ対スル英国ノ優先権並之ニ対スル我参与ノ方法ニ関スル件》（1907年5月27日），［日］外務省編纂：《日本外交文書》（明治第40卷第2冊），巖南堂書店1953年版，第595—598页。

③ 《湖北鉄道借款行悩ト技師ノ問題ニ関スル件》（1907年6月30日），［日］外務省編纂：《日本外交文書》（明治第40卷第2冊），巖南堂書店1953年版，第612—613页。

④ 中方可参照全汉昇《汉冶萍公司史略》，香港中文大学出版社1972年版；日方可参照［日］第一調查委員会《日本の対支投資》（第一調查委員会報告書），東亜研究所1942年版，第807—822页。

汉冶萍相关的借款合同共有 8 份，合计拟借 12296153. 84 日元，由大仓组、兴业银行、三井物产会社分别承担，年利 6% 至 8% 不等。[①] 在交涉汉冶萍相关借款的初期，盛宣怀等人曾想绕开张之洞，“因张总督过去与大冶铁矿关系很深，时常对盛宣怀之措施加以制肘，而将大冶铁矿作为抵押，亦为总督所经常反对的”。[②] 张之洞自称“铁厂办法历年鄙人皆不与闻”[③]，但实际上一直持续关注借款情况。在宣称“皆不与闻”的当年年底，他便针对汉阳铁厂向日本兴业银行商议借款 300 万日元的具体条款，如铁矿石的运送吨数、借款担保等问题进行了多番干预。[④] 张之洞未在汉冶萍相关的借款合同上署名或予以保证，但在交涉过程中出力颇多。

此外，还有一次间接借款值得注意，即 1908 年湖北地方为筹措秋操费用而举借日债。是年 7 月 28 日，湖北善后局“因本年举行秋操需款繁殷”“一时难于筹措”，奉湖广总督陈夔龙谕，向汉口正金银行借洋例银 50 万两、年利八厘，以“汉口筹饷烟酒糖税局烟叶捐、糖捐、酒捐三项作保”，签订合同。合同规定还款以五年为期，第一年只还利，余下四年内每半年还本 62500 两以及利息一次，共需支付利息 13 万两。合同落款部分，中方为湖广总督陈夔龙、湖北布政使、善后局总办及会办等，并印有湖广总督印及汉口筹饷局关防；日方为汉口总领事高桥橘太郎、汉口正金银行总办荒牧国三郎等人。[⑤] 不过，1912 年的两期还款共计 125000 两，与上文言及 1907 年湖北官钱局的新设工厂借款一样，受辛亥革命的影响而有所推迟。1912 年底，湖北民政司、财政司、官

---

① 全汉昇：《汉冶萍公司史略》，香港中文大学出版社 1972 年版，第 93—94 页。再，1909 年汉冶萍借款的具体合同签订时间，应是这一年 3 月 21 日，具体参见本书表 3. 4。

② 中华人民共和国财政部、中国人民银行总行编印：《清代外债史资料（1853—1911）》中，内部发行 1988 年版，第 135 页。

③ 《致上海盛大臣》（光绪二十九年正月初六日子刻发），赵德馨主编：《张之洞全集》第十一册，武汉出版社 2008 年版，第 63—64 页。

④ 《致外务部、上海盛大臣、武昌端署制台》（光绪二十九年十一月初九日辰刻发），赵德馨主编：《张之洞全集》第十一册，武汉出版社 2008 年版，第 115 页。

⑤ 《日本银行总裁松尾臣善致大藏大臣桂太郎、外务大臣小村寿太郎电》（1908 年 10 月 30 日），日本外務省外交史料館藏：《対支借款関係雑件/湖北省ノ部　4. 善後局対正金銀行　自同四十一年七月》，档案号：1 - 7 - 1 - 5_ 5。按：据《申报》报道，湖北善后局实际收得借款金额的 94. 5%（《议定秋操借款合同（武昌）》，《申报》1908 年 9 月 12 日第 1 张第 3 版）。

钱局及横滨正金银行共同签署合同，表示：鉴于“湖北（鄂）省政府自起义以来需款孔殷，财政问题□难清理”，而“民国成立继续承认”前清所借款项及公债，因此“特与横滨正金银行商定，愿将鄂省过境销场税为各项债务之抵押品，自本日起展期至六个月为限。限满之后，如数偿还。”[①] 需要指出的是，张之洞虽然未在该借款合同上署名签字——在签订合同的前一年即1907年9月已正式离鄂赴京，但完全主导了借款的发起和交涉过程。1908年初，清朝陆军部咨商直隶、两江及湖广总督“商议会操筹备工作”，拟定“于十月间在安徽太湖县一带会合大操”。被张之洞视为“身心性命之学”的湖北新军在会操中将有何种表现，是他高度关心的大事。即使此时他已远在北京，仍数次插手两湖事情。为筹措湖北新军参加太湖秋操的费用，张之洞遥令湖北官员举借日债。据日本驻汉口领事的报告称，1908年湖北官员正是“依据张之洞的命令，向正金银行发起了该借款谈判”。[②]

二　清廷与张之洞的举债考量

举借日债是经济问题，也是政治、外交问题。这既涉及清朝中央与地方的权力纠葛，又关系清朝对外的利权维护。因此，清廷与张之洞的举债考量，直接影响张之洞举借日债的进程、结果。

（一）清廷加强中央财政权力

自镇压太平天国运动起，清朝中央的财政权力逐渐被削弱。曾国藩在奏稿中所言：“我朝之制，一省岁入之款，报明听候部拨，疆吏亦不得专擅。自军兴以来，各省丁、漕等款，纷纷奏留供本省军需，于是户部之权日轻，疆臣之权日重”[③]，以为学界熟知。

此后，清廷有意识地遏制中央财政权力下移之趋势，数次清理财政。

---

① 《横滨正金银行总支配人山川勇木致外务省政务局长阿部守太郎电》（1913年1月7日），日本外務省外交史料館藏：《对支借款関係雜件/湖北省ノ部　4. 善後局对正金銀行　自同四十一年七月》，档案号：1-7-1-5_5。按：“□”系无法辨认字。

② 《驻汉口领事高桥橘太郎致外务大臣寺内正毅电》（1908年7月29日），日本外務省外交史料館藏：《对支借款関係雜件/湖北省ノ部　4. 善後局对正金銀行　自同四十一年七月》，档案号：1-7-1-5_5。

③ 《沈葆桢截留江西牙厘不当仍请由臣照旧经收充饷折》（同治三年三月十二日），曾国藩撰：《曾国藩全集》七，岳麓书社2011年版，第84—85页。

清末新政以来，清廷逐步改革相关财政机构。1906 年秋，遵照清廷预备立宪要求，庆亲王等奏改内阁部院官制，将度支部以财政处、税务处并入，统一财政机构，理清财政以备立宪基础。同时，清廷推行政策、颁布章程，收归财政权力。其中，各地以往拥有的募集外债权力是清廷收归的重点。1906 年，张之洞与盛宣怀商议汉阳铁厂的资金筹措事宜，感叹地方举借外债遭到清廷的限制：“添筹巨款固是题中要义，然近来外务部不准外省借用洋款，持之甚坚”。[①] 次年，清廷更明令地方不得轻易举借外债。鉴于“各省因久处困约，多拟借贷外债，以办要政兴实业为言”，度支部奏请“饬下各省督抚，嗣后兴办一切，应就地方筹措，不得轻易息借外债，以防危害而维大局”，获允。度支部奏请理由主要有二：一是不愿承担偿还各地外债之责任，“若此时再兴外债，其如何筹还之法，臣部既无术点金，势必至仍旧摊派各省，是以前此之亏累为未足，又从而益之，则民困永无苏息之日，后患真不堪设想矣”；二是不满各地举债影响中央财政收入，“至于各省自借自还，在臣部似可稍宽其责任。然天下财赋止有此数，若各省以负债之故，自顾不遑。原有京协各饷即不至藉词截留，万一有临时要需，势将何所取给，且以内外一体休戚相关，亦断无各私一隅之理。”[②] 清季最重要的一次财政清理是光绪三十四年底（1908 年—1909 年之交）《会议政务处奏遵议度支部奏清理财政明定办法折》及《清理财政章程》的议定，“内容涉及‘清理财政以统一财权’的各个方面，标示着从上到下、从中央到地方，全面清厘财政的展开”。[③] 该折第一条便是针对外债的整理，包括两点重要办法。第一，收归借债之权，“募借外债之权专属度支部，凡各部各省拟借外债，皆咨明度支部，由度支部出名订借。俟议准借入之后，向度支部领取其指抵之款。偿还之期亦由度支部合计全局预算核定，各该部该省如愿自向外国放债之人相商者，只准商定办法，仍须统归度支部出名立约承借，均不得径向外国订约借债。惟度支部仍应每案先咨明外务部会商办理，以昭

① 《致上海盛大臣》（光绪三十二年二月初一日寅刻发），赵德馨主编：《张之洞全集》第十一册，武汉出版社 2008 年版，第 270—271 页。

② 《度支部奏预筹裁制外债以顾大局摺》，《东方杂志》1907 年第 4 卷第 12 期，第 194—196 页。

③ 陈锋：《清代中央财政与地方财政的调整》，《历史研究》1997 年第 5 期。

慎重。”第二，整理此前已借各款，要求“从前各部各省已借洋债应如何分年归还，均应由各该部该省核定切实办法，报明度支部立案。各外省尤应于国家税、地方税未划分之先豫为筹定，以备偿还……各省所借外债原订还期，如有在其后者，其豫筹偿还之款何者应动国家税、何者应动地方税，亦须豫为议明，以期两不相妨。”①

由此可见，清廷欲借改革财政机构、颁布章程，收回募借外债的权力并整理此前各类外债。清政府加强中央财政权力的这些举措，对张之洞在地方商借外债势必产生重要影响。

（二）张之洞坚持借债原则

募集外债，是张之洞解决两湖财政困难的重要办法。张之洞在湖广总督任上陆续推行各类自强举措，需要大量经费支持，新政开启后需款更甚。度支部也指出：“各省推行新政，捉襟见肘，财力弥艰”。② 1906年7月，为筹建炮兵营和扩建陆军小学堂，张之洞向日方提出借款。起初，他向日本领事声言此借款用于修筑汉口市街，后改称充作“新建炮兵营和扩建陆军小学堂”之费用。无论借债用途为何，都反映出新政时期张之洞急缺改革经费。雪上加霜的是，清政府向各省摊派庚子赔款及其他赔款，导致地方财政愈发紧绌。面对如此困难局面，张之洞坚持“开源”的理财思想，“主张为了国家的长期利益，不应计较短期的财政赤字问题。自称向来理财，‘以先赔钱为主义’”。③ 而募集外债，就是他开源的重要办法。

在举借日债的过程中，张之洞不仅需要妥善处理地方政府与清廷的关系，还不得不应对包括日本在内的各国列强提出的特权勒索。为此，张之洞确定了两条重要原则。

张之洞商借外债坚持的第一条原则是：借款限于地方，无需中央政府的承认。他必须考虑的首要问题是如何避开清朝中央对地方的财政清理。

---

① 《会议政务处奏遵议度支部奏清理财政明定办法折》，上海商务印书馆编译所编纂：《大清新法令（1901—1911）》点校本第四卷，商务印书馆2011年版，第160页。按：标点略有改动。

② 《度支部奏预筹裁制外债以顾大局摺》，《东方杂志》1907年第4卷第12期，第195页。

③ 苏云峰：《中国现代化的区域研究：湖北省1860—1916》，“中央研究院”近代史研究所专刊（41），“中央研究院”近代史研究所1981年版，第194页。

张之洞反对清廷的财政清理由来已久。1899 年军机大臣刚毅奉旨南下整顿财政“可视为清政府就财政问题对督抚伸张权力的尝试”，遭到张之洞暗中抵制，仅“表示湖北各级官员每年拟报效 7700 两”。对此，清政府极为不满，“严谴张之洞的不当”“不顾国家整体利益……实不识大体”。[①] 张之洞不愿地方财政权力收归中央，担心亲手创办的各类自强事业因此受阻甚至停滞。他这种暗中抵制中央财政清理的态度，也直接反映在外债问题的处理上。1906 年，张之洞向日本横滨正金银行商议借款 40 万两。不久，英国渣打银行（Standard Chartered Bank）和德国德华银行（Deutsche Asiatische Bank）获知这一消息，纷纷派员劝说张之洞，均表示愿以年利 6% 的条件提供贷款。但是，英国驻汉口领事掌握了清廷逐步收归地方财政权力的内部动态，要求张之洞的借款必需“得到北京政府的承认”。最终，张之洞拒绝了英人要求，宁可放弃 6% 的较低年利，而选择以 7% 的年利向正金银行借款。日本横滨正金银行汉口分行总办认为，这是因为张之洞“不喜地方事务受到北京政府的干涉”。[②] 日本驻汉口领事水野幸吉持相同看法。他向外务省例行报告时，特意分析日本何以在与英、德的竞争中脱颖而出承担借款，指出：张之洞平素“主张与其依赖西洋各国，不如依赖日本”，而且以其湖广总督之地位经营纯粹属于地方之事业，“不需要麻烦中央政府之承认”。[③] 以最终签订的合同计算，年利相差 1% 意味着张之洞为这一条原则损失 1.6 万两。而熟悉清朝政情的日人对张之洞的这条原则予以相当理解。在 1907 年川汉铁路的借款交涉中，英国资本家要求“公债发行得到北京政府的明确保证”，再次遭到张之洞坚决反对。日本在华领事们私下指责英国资本家“顽固于此，不通晓中国的情况”，同时准备了应对之策：从国际法的角度看，湖北属于清政府治下的行政区域，“即使湖北发行公债未获中央政府保证且无力偿还，中央政府也必将对公债负责”。当然，日本政府在必要时会采取名

---

① 何汉威：《从清末刚毅、铁良南巡看中央和地方的财政关系》，《“中央研究院”历史语言研究所集刊》1997 年第 68 本第 1 分，第 82 页。

② 《三十九年七月十六日付漢口出張所来信写》（1906 年 7 月 16 日），日本外務省外交史料館藏：《对張之洞正金銀行借款雑件 1. 漢口市街修築費借款ノ件》，档案号：1－7－1－7。

③ 中华人民共和国财政部、中国人民银行总行编印：《清代外债史资料（1853—1911）》中，内部发行 1988 年版，第 273 页。

为“外交交涉”实为外交威胁的手段。[①]

张之洞商借外债坚持的第二条原则事关大局和国家利权，即借款不涉及政治层面的特殊利权。一般而言，清朝各级政府举借外债，往往遭到列强索要各类政治特权。对此，张之洞一直坚持借款不涉其他特殊利权。1902 年他于署理江督任上，首次向日本驻沪领事小田切万寿之助提出购买军舰，即强调“造船一事，鄙意托阁下径商大坂船厂，不欲烦及贵外部，缘此等事只可视作商厂生意，于交涉毫不相关”，希望以此避开日本政府的政治干涉，将购船及由此牵涉的外债等问题限定在商业活动范围内，这得到了日方的肯定答复。小田切声明日本外务省只负责向船厂转达电报，“并无过问之事”。[②] 张之洞要求不在条款中明言、也不在私下讨论与政治利权相关的任何内容。1906 年他指令湖北善后局向日借款，明确提出“借款不伴随特殊权利，仅属单纯的借贷”，不作政治借款。[③] 这一要求直接打消了三井物产的放款念头。此时，国内收回利权运动方兴未艾，不少朝野官绅主张排斥外债，避免国家利权外流。[④] 在此局势下，张之洞向列强商借外债慎之又慎。而在这些列强中，日本被张之洞认为是侵略性最弱或最不明显的国家。例如，1907 年张之洞秘密邀请老朋友、时任正金银行董事小田切万寿之助来汉商议川汉铁路的借款事宜，私下坦言借款将充作铁路修筑，对外却刻意隐瞒，“唯为了避免英、法辛迪加的干涉而故意秘之”。[⑤] 这正是张之洞不满其他列强的反映。日本驻汉口领事观察认为，张之洞商办川汉铁路借款时“无论怎样都想将日本的资本、技术、材料引入湖北，一则是向日本示好，一则是受到英国专

---

① 《湖北借款ノ條件ニ関シ英国総領事ト会談ノ件》（1907 年 5 月 10 日）、《鉄道建設資金及小田切氏交涉中ノ湖北借款ニ関スル件》（1907 年 5 月 6 日），［日］外務省編纂：《日本外交文書》（明治第 40 卷第 2 冊），巖南堂書店 1953 年版，第 576、571—572 页。

② 《致上海日本总领事小田切》（光绪二十八年十一月二十一日巳刻发）、《致上海日本总领事小田切》（光绪二十八年十一月二十一日午刻发），赵德馨主编：《张之洞全集》第十一册，武汉出版社 2008 年版，第 47—48 页。

③ 中华人民共和国财政部、中国人民银行总行编印：《清代外债史资料（1853—1911）》中，内部发行 1988 年版，第 271—272 页。

④ 参见马金华《外债与晚清政局》第五章“外债与晚清国权沦丧”，社会科学文献出版社 2011 年版；马陵合《晚清外债史研究》第四章“官商关系与清季铁路外债政策的变化”，复旦大学出版社 2005 年版。

⑤ 《張之洞借款ノ内容目的等ニ付回報ノ件》（1907 年 5 月 1 日），［日］外務省編纂：《日本外交文書》（明治第 40 卷第 2 冊），巖南堂書店 1953 年版，第 567 页。

横的压抑”。[①] 在两害相权取其轻的无奈策略下，张之洞选择自认危害较小的日本；日本也故意留给张之洞不争特权的印象。因此，仅就张之洞与日方签订的各类借款合同而言，表面上如他所愿，举借外债没有涉及日本对华的政治特权。

张之洞把握湖北地方借债谈判的原则和方向，其下属官员则负责具体交涉。与日方直接交涉的湖北官员，主要来自善后局、官钱局等财政机构。高松如（直隶清苑人，1867—1918）在其中发挥了重要作用。他于1897年赴鄂，被张之洞先后“札委总办官钱、善后、铜币、银币各局事务”[②]，掌握湖北诸多重要财政机构的实权，并获得张之洞肯定：“办理鄂省财政，成绩最伟”。[③] 正因如此，日本方面积极拉拢张之洞的同时，也极为注意联络他的下属。1906年高松如丁忧回籍却未闲下，他奉张之洞命赴日考察，受到日本经、政界重要人物包括海军大臣斋藤实、文部大臣牧野伸显、大藏大臣阪谷芳郎、前大藏大臣松方正义以及日本船运界的重要人物近藤廉平、白岩龙平等人的热情接待。[④] 民国肇建后，高松如在湖北经济界影响力有增不减。他常年负责官钱局、矿务等事务，甚至有新闻称他“因病逝世后，鄂省金融问题颇受影响”。[⑤]

整体来说，张之洞坚持两条借债原则，对内试图保留地方财政权力，对外希望维护国家利权。但是，在国力孱弱的时代，面对咄咄逼人的各国列强，张之洞坚持维护国家利权实非易事。从一定程度来说，外债借与不借、利权能否维护，受到清廷与张之洞的举债考量之影响，更取决于作为债主的列强之态度。

---

① 《正金ノ湖北鉄道借款ノ引受撤回ニ関シ張総督ニ申入ノ件》（1907年5月27日），［日］外務省編纂：《日本外交文書》（明治第40卷第2冊），巖南堂書店1953年版，第594页。

② 《护理湖广总督杨文鼎奏补用道高松如等期满甄别片》，《政治官报》31，1910年4月21日第889号。

③ 《冰（张之洞）致武昌高学台（高凌霨）电》（宣统元年六月十三日），虞和平主编：《近代史所藏清代名人稿本抄本》第二辑（张之洞档）五三，大象出版社2014年版，第104页。

④ ［日］中村義編：《白岩龍平日記：アジア主義実業家の生涯》，研文出版1999年版，第504—506页。

⑤ 《高松如身后影响》，《申报》1918年1月25日第2张第6版。

三　日本的资本输出

资本输出是日本推动资本主义发展的主要方式。明治维新以来，日本政府推行“富国强兵”“殖产兴业”“文明开化”方针，大力发展资本主义。19 世纪 80 年代以后，西方列强进入殖民扩张和向帝国主义过渡的阶段。日本紧随西方列强积极参与国际事务、加紧海外扩张，初期以抢占海外市场和掠夺资源为主，后随着资本主义发展日趋成熟而开始资本输出。列宁曾指出：“自由竞争占完全的统治地位的旧资本主义的特征是商品输出。垄断占统治地位的现代资本主义的特征是资本输出。”[①] 19 世纪末 20 世纪初，日本处在向垄断资本主义过渡的阶段，已显现出资本输出的特征。有学者认为，资本输出不是“由伴随垄断形成的‘过剩资本’所驱使的”，“资本输出—对外证券投资是在工业革命到达一定阶段后开始的，它与商品输出不可分离。”[②] 从商品输出和各国贸易关系角度来看，资本主义发展到一定阶段后，日本必将进行资本输出。而资本输出的方式，可分为国际直接投资和国际间接投资两种。国际间接投资在第二次世界大战之前一直占据重要地位，主要包括“借贷资本和证券投资”两种形态。[③]

其中，“借贷资本”是日本对华间接投资中最重要的一种形态。自甲午战争后，日本方面频繁运用这一手段，向清朝各级政府及相关企业提供贷款，当然也曾数次拒绝借贷。日本方面出于何种考虑同意或拒绝提供贷款？下文以张之洞举借日债的情况为重点，对上述问题予以讨论。

（一）借：企业与国家利益的相结合

日本方面同意借与张之洞资本，是综合考虑其企业及国家利益的

---

① 《帝国主义是资本主义的最高阶段》，［俄］列宁：《列宁全集》第 27 卷（1915. 8—1916. 6），中央编译局编译，人民出版社 1990 年版，第 376 页。

② ［日］坂本雅子：《财阀与帝国主义：三井物产与中国》，徐曼译，社会科学文献出版社 2011 年版，第 12—13 页。

③ 郭飞：《马克思、列宁的资本输出理论与当代国际投资》，《马克思主义研究》2007 年第 6 期。

结果。

从企业层面来看，不同的日本企业个体出于经济利益考虑，选择承担借款。其中，横滨正金银行和川崎造船所在借与张之洞贷款过程中表现尤为突出。

横滨正金银行。横滨正金银行于 1880 年正式开业，以御用国外押汇作为主要业务，1893 年在上海设立分行，发展对华业务。凭借甲午战争日本攫取的在华条约特权，以及日俄战争后日本“国民经济飞跃进展，外国贸易比年增加”，横滨正金银行的发展日益迅猛，在各地纷纷建立分支机构。1906 年，正金银行考虑开设汉口分行，扩展华中地区业务。[①] 在该行开设前夕，日本政府收到了张之洞为筹建炮兵营和扩建陆军小学堂而发来的借款申请。日本驻汉口领事水野幸吉认为：正金银行若能纯粹以经营业务为目的、且以不高于 7.5% 的年利承担该贷款，将对最近开业的分行“信用”产生积极影响。[②] 他强调的“信用”，意指赢得当地官绅好感和信任、扩展华中地区业务和市场。因此，正金银行积极要求承担借款。其横滨总行、上海分行还相继提议：中方暂时不用的借款以存款形式存入正金银行，张之洞今后在正金银行开设户头、办理所有的湖北涉日汇款。前者得到中方口头答应，后者直接写入了贷款合同。此后，正金银行一直承担张之洞的直接借款，与湖北官绅保持着业务上的紧密联系。

川崎造船所。1896 年，川崎造船所在神户正式创立。此前，该造船所已有数年个体经营的历史。甲午战争期间，日本海运业勃兴，极大刺激了造船业的发展。同时，日本官民认识到造船业的盛衰与国家的发展息息相关，而予以了高度重视。在上述背景下，川崎造船所积极寻求变革，于 1896 年改个体经营为企业组织，以“船舶诸机器、汽罐、铸铁、炼铁及附属品的制造、贩卖、修缮为营业目的”。[③] 自 1902 年为清

---

① ［日］大藏省编：《明治大正财政史 · 第 15 卷》，财政経済学会 1940 年版，第 57—58 页。

② 《驻汉口领事水野幸吉致外务大臣林董电》（1906 年 6 月 16 日），日本外務省外交史料館藏：《对張之洞正金銀行借款雑件　1. 漢口市街修築費借款ノ件》，档案号：1-7-1-7。

③ ［日］川崎造船所编：《川崎造船所四十年史》，川崎造船所 1936 年版，第 14—15、17 页。

朝建造“流星号”钢制汽船起，川崎造船所陆续拓展海外事业，为中国、泰国、俄国等政府部门及企业建造舰船，具体可见表 3.3：

表 3.3 明治年间川崎造船所负责建造的外国舰船情况表①

名称	种类	吨数	订购者	下水年月
流星号	钢制汽船	946	清政府	1902 年
光济号	钢制灯台巡视船	1640	韩国政府	1904 年 4 月
江元	炮舰	565	清政府	1904 年 11 月
シイタマラ	快游船	264	暹罗政府	1905 年 5 月
楚泰	炮舰	750	清政府	1906 年 6 月
楚同	炮舰	750	清政府	1906 年 6 月
楚有	炮舰	750	清政府	1906 年 7 月
湖鸭	二等水雷艇	89	清政府	1906 年 10 月
湖鹗	二等水雷艇	89	清政府	1906 年 10 月
楚谦	炮舰	750	清政府	1907 年 2 月
楚豫	炮舰	750	清政府	1907 年 4 月
楚观	炮舰	750	清政府	1907 年 5 月
江亨	炮舰	560	清政府	1907 年 6 月
江利	炮舰	565	清政府	1907 年 9 月
江贞	炮舰	565	清政府	1907 年 10 月
湖隼	二等水雷艇	89	清政府	1907 年 11 月
湖燕	二等水雷艇	89	清政府	1907 年 11 月
スワーターヨンチヨン	驱逐舰	375	暹罗政府	1908 年 4 月
一号	二等水雷艇	89	暹罗政府	1908 年 4 月
二号	二等水雷艇	89	暹罗政府	1908 年 4 月
三号	二等水雷艇	89	暹罗政府	1908 年 4 月
ペチー号	小蒸汽船	25	俄国カメロン商会	1909 年 4 月
スワカムロンシント	驱逐舰	370	暹罗政府	1912 年 2 月
永翔	炮舰	780	中华民国政府	1912 年 3 月

① ［日］川崎造船所编：《川崎造船所四十年史》，川崎造船所 1936 年版，第 298—299 页。按：1908 年 4 月建造的スワーターヨンチヨン驱逐舰，英文为 Sua Tayanchon；1912 年 2 月建造的スワカムロンシント驱逐舰，英文为 Sua Khamronsin。详见 http：//www. navypedia. org/ships/thailand/th_ dd_ sua_ thayan_ chon. htm（2019 年 12 月 1 日检索）。

由上表可知，川崎造船所的外国舰船业务重心在中国，为中国建造的舰船数量 16 艘，占总数量的 2/3，其中“江”“楚”“湖”系列舰船共 14 艘，均与张之洞有关。“江”字系列舰船是两江的订单。1902 年，张之洞署任两江总督后不久，便咨询日本领事有关军舰建造事宜，为两江首次订购日本制军舰。在日本政府的安排下，川崎造船所承担并于两年后完成该订单——即“江元”号炮舰的建造。此后，张之洞的继任者陆续向川崎造船所订购剩余三艘“江”字船舰。“楚”“湖”系列舰船是两湖的订单。1903 年，张之洞回任湖广总督，计划推进两湖的海军事业。获悉张之洞的购船计划后，川崎造船所立即准备相关设计图纸、照片向他进行积极游说。最终，张之洞再次选择川崎造船所，于 1904 年与之签订六只长江浅水快炮、四只二等鱼雷艇购买合同，即日后的“楚”“湖”系列舰船。川崎造船所自认为“本社的技术声誉逐渐受到海外认可”[①]，赢得数份重要的海外订单，并促进了自身经营与发展。

从国家层面来看，日本政府同意向张之洞提供贷款，是基于国家根本利益作出的决定。日本资本主义带有浓厚的军事、国家性质，决定了其资本输出不是单纯的经济行为，而是国家行政、资金乃至军事介入的政治活动。具体从以下两点予以说明。

第一，日本政府将日本企业作为对华扩张的重要帮手和工具。横滨正金银行虽是由民间资本发起成立，但与日本政府关系紧密，其经营的海外押汇业务对日本海外贸易影响重大。“日本近代金融体系是在政府的直接组织指导下建立的，政府的保护和支持对正金银行的设立起了决定作用”。尤其是大藏大臣松方正义改革财政，确立了日本政府对正金银行的“严格监督权”以及“御用海外押汇”制度。[②]

正因如此，正金银行必须遵照日本政府的指示，决定是否承担张之洞的借款。1906 年，围绕湖北筹建炮兵营和扩建陆军小学堂费用的借款谈判，正金银行代表武内金平向上海分行、横滨总行建议：借款年利从 7.5% 降至 7%、借款总额从 30 万两增至 40 万两，以达成借款且不

---

① ［日］川崎造船所编：《川崎造船所四十年史》，川崎造船所 1936 年版，第 34 页。

② 郭予庆：《近代日本银行在华金融活动——横滨正金银行（1894—1919）》，人民出版社 2007 年版，第 16—29 页。

拂张之洞之意。横滨总行不敢擅作决定，命令武内金平向日本驻汉口领事确认其建议是否违背外务省的指示。实际上，日本企业向张之洞提供贷款的每一个步骤，都在日本政府的掌控中。一般情况下，日本驻汉口、上海等地领事收到张之洞直接或间接的借款申请后，立即报告外务省。随后，外务省官员咨询相关企业，安排企业代表配合在华领事一同与张之洞属下谈判。谈判期间，外务省及相关日企高层随时获悉谈判内容、掌控谈判进度。谈判结束后，日本在华领事向外务省报告谈判细节，相关日企的总负责人向上一级如国家银行或外务省、大藏省提交谈判合同。例如，每次正金银行与张之洞签订贷款合同后，其总行长高桥是清都会向日本国家银行即日本银行总裁提交贷款申请，强调这是“受到政府的指挥以及清朝官宪的劝诱”。①

这些日本企业在承担对华借款过程中不仅随时听命于日本政府，而且在必要时仰仗日本的国家财力。明治维新以来，日本推行殖产兴业，以国家资本大力扶植私人资本及企业。与张之洞借款关系颇深的横滨正金银行，其创立资本中有三分之一来自日本政府。② 向张之洞提供贷款时，正金银行更得到了日本政府必要的资金支持。譬如，对于1907年湖北官钱局的200万两借款申请，日本政府明确表示：正金银行在资金不充裕时，可仰仗政府的资金通融。③ 当然，这并不是日本针对张之洞借款的特殊应对，而是提供对华贷款的常见手段。日本政府若不便直接出面，则选择支持日本企业承担各类借款。在辛亥革命爆发不久，日本调查统计了相关银行提供对华贷款内尚未结清的款项，详见表3.4。该表显示，日本政府同意通融资金的借款共计6项。为帮助日本企业顺利承担借款，日本政府甚至直接以低利率将资金贷给相关银行，再由银行抬高利率转贷清方。

日本政府对待日本企业的上述做法，足以说明：张之洞坚持借款不

---

① 日本外務省外交史料館藏：《对支借款関係雑件/湖北省ノ部　2. 善後局对正金銀行　自同四十一年七月》、《对支借款関係雑件/湖北省ノ部　3. 官錢局对正金銀行　自同四十一年七月》，档案号：1－7－1－5_5。

② 郭予庆：《近代日本银行在华金融活动——横滨正金银行（1894—1919）》，人民出版社2007年版，第18页。

③ 《清國官府等借款ノ儀ニ付上申》（1908年7月9日），日本外務省外交史料館藏：《对支借款関係雑件/湖北省ノ部　2. 善後局对正金銀行　自同四十一年七月》，档案号：1－7－1－5_5。

涉及政治层面的特殊利权这一原则，本意虽好却难以实现。他反复要求借款不经日本政府之手，以期维护国家利权。但实际情况是，日本政府不仅指挥每笔对华贷款的谈判与运作，而且以国家财力暗中资助其企业顺利提供贷款，积极推进日本的资本输出和对华扩张。

表 3.4　**日本提供对华贷款表（1911 年 11 月调查）**

借款方	合同签订时间	贷款顺序及利率	金额	偿还期限及方法
大冶矿局	1904 年 1 月 15 日	政府以五分利贷给兴银，兴银再以六分利贷给大冶	金三百万元	30 年，以矿石偿还
江西铁道	1907 年 3 月 20 日	政府以五分五厘利贷给兴银，兴银再以六分利贷给大成商工会社，该会社再以七分利贷给江西	银百万两	10 年
△湖北官钱局	1907 年 9 月 3 日	正金贷款，七分五厘利	银二百万两	10 年，前三年不还本，后七年每年偿还一次
盛宣怀	1907 年 12 月 13 日	正金贷款，七分利	金三十万元	5 年，以大冶矿石年产二万吨偿还
△两江总督	1908 年 7 月 1 日	正金贷款，八分利	银百万两	2 年，但第二年允许提前三个月通知延期
△汉冶萍煤公司	1908 年 6 月 13 日；1908 年 11 月 14 日	两笔均是正金贷款，七分五厘利	金百五十万元；金五十万元	10 年，两笔借款均是前三年不还本，后七年偿还
△湖北善后局	1908 年 8 月 12 日	正金贷款，八分利	银五十万元	5 年，第一年不还本，此后每年偿还两次
汉冶萍煤公司	1909 年 3 月 21 日	正金贷款，八分利	银五十万两	2.5 年，第一年不还本，此后每三个月偿还一次
东三省总督	1910 年 5 月 21 日	正金贷款，六分五厘利	银行券百五十万元	4 年，前三年共偿还 75 万元，第四年偿还 75 万元
东三省总督	1910 年 6 月 27 日	正金贷款，六分五厘利	银行券七十万元	5 年
邮传部	1910 年 8 月 20 日	正金贷款，七分利	墨银二百二十万元	10 年，前五年不还本
邮传部	1910 年 10 月 15 日	正金贷款，七分利	金六十万元	1 年
扬子机器局	1910 年 10 月 10 日	正金贷款，八分利	银十五万元	3 年
汉冶萍煤公司	1910 年 9 月 10 日	正金贷款，七分利	金百万元	从 1912 年起偿还

续表

借款方	合同签订时间	贷款顺序及利率	金额	偿还期限及方法
△汉冶萍煤公司	1910 年 11 月 17 日	正金贷款，七分利	银百万两	1 年
△汉冶萍煤公司	1911 年 1 月 26 日	正金贷款，六分利	金六百万元	15 年，1914 年之前不还本，1915 年偿还 25 万元两次，1916 年起至 1925 年每年偿还 27.5 万元两次
邮传部	1911 年 3 月 24 日	正金贷款，五分利	金千万元	25 年，从第 11 年起每年偿还 66 万元，最后一年偿还 76 万元
湖南官钱局	1911 年 1 月 10 日	正金贷款，八分利	银五十万两	1 年

说明：△者为日本政府同意通融资金的借款项。借款金额的单位，暂以原资料为准。兴银指日本兴业银行，正金指日本正金银行。

资料来源：《清國官府借款調》（1911 年 11 月），日本外務省外交史料館藏：《対支借款関係雑件/湖北省ノ部　3. 官銭局対正金銀行　自同四十一年七月》，档案号：1 –7 –1 –5_ 5。

第二，日本政府借助资本输出，在华攫取资源、扩大市场。

日本在华攫取资源，以提供汉冶萍贷款为典型。早在承担汉阳铁厂借款之初，日本政府便深知大冶铁矿石的价值。其外务大臣指出：

> 我国对于大冶铁矿的方针，是在于使其与我制铁所的关系更加巩固，且为永久的，同时必须防止该铁矿落入其他外国人之手。这是确保我制铁所将来发展的必要条件。为此目的，对借款的期限当以尽可能的长期为得策，已把这个定为三十年，则其偿还年限及分年偿还法等无论怎么样，都没有大的妨碍，只有三十年的期限一定要坚持。又，大冶铁矿本身不能归外国人所有，固不待说，即其事业的经营也要防止落入外国人手中。因此，还要明确约定：除铁矿之外，其附属铁道、建筑物及机器一切事物均作为抵押，并在上述期限内，这一切不得出让或抵押与他国政府或私人。①

① 中华人民共和国财政部、中国人民银行总行编印：《清代外债史资料（1853—1911）》中，内部发行 1988 年版，第 133 页。

日本政府对待大冶铁矿的方针是由日本独占，使其永久成为日本重工业的原料供应地。基于这一方针，日本积极主动地向汉冶萍提供了数次贷款。虽然张之洞商议合同时反复强调借款在“三十年后我毫无遗累，方为周妥”①，但汉冶萍的日后发展恰好与张之洞的希望相反。

同时，日本政府也借助资本输出，尽力扩大在华市场。1906 年，湖北善后局向汉口正金银行借银 40 万两，应日方之请，于合同内写明“如有东洋汇款及需用款项，可随时向正金银行商办，不限数目”。② 该条款为日本扩大华中金融业务提供了机会。在此之前，张之洞的涉日银钱往来，包括官派赴日游历游学人员的经费汇款、雇聘日本各类教习的资薪支付等等，大多通过汇丰银行电汇。在承担湖北善后局此次借款后，正金银行开始与汇丰银行争夺汇款业务，抢占华中金融市场。③ 在工业领域也出现类似情况。十九世纪末，欧美各国对外进行资本输出，往往附带强制销售工业产品，尤其是涉及金额巨大的重工业及军事工业产品。譬如，英国向清朝提供铁路贷款时，常在合同内指定铁轨、枕木、机车等相关产品从英国购买。日本也效仿西方列强，强行向中国推销本国工业品。1908 年，湖北善后局向正金银行借款 50 万两，于合同条款内不予日本任何特权。但双方私下达成共识：湖北新军“秋操需用品尽量向三井订购”，作为借款条件。④ 这是日本政府利用资本对华进行武器输出的一种手段。为处理日俄战争的剩余军火，1908 年 6 月日本陆军省指令三井物产合名会社、合名会社大仓组和高田商会三家公司组成“泰平组合”，负责日本武器输出的具体事宜。⑤ 不久，在日本政

① 《致上海盛大臣》（光绪二十九年十月十五日辰刻发），赵德馨主编：《张之洞全集》第十一册，武汉出版社 2008 年版，第 114 页。

② 《外务大臣林董致驻汉口领事水野幸吉电》（1906 年 6 月 19 日），日本外務省外交史料館藏：《对張之洞正金銀行借款雑件 1. 漢口市街修築費借款ノ件》，档案号：1 - 7 - 1 - 7。

③ 参见《致神户中国领事署转李道台孺》（光绪三十二年十二月十九日午刻发），赵德馨主编：《张之洞全集》第十一册，武汉出版社 2008 年版，第 320 页。

④ 《驻汉口领事高桥橘太郎致外务大臣寺内正毅电》（1908 年 7 月 29 日），日本外務省外交史料館藏：《对支借款関係雑件/湖北省ノ部 4. 善後局対正金銀行 自同四十一年七月》，档案号：1 - 7 - 1 - 5_ 5。

⑤ ［日］名古屋貢：《帝国議会で追及された兵器商社泰平組合》，《環日本海研究年報》2009 年（16）。陆军大臣寺内正毅的训令，见《第 12 号 砲兵課 外国へ兵器売込に関する件》（1908 年 7 月），日本防衛省防衛研究所藏，档案号：陸軍省 - 密大日記 - M41 - 5 - 8。

府与军方的沟通安排下，“泰平组合”奉命负责向湖北新军提供军火，以备太湖会操之需。据不完全统计，“泰平组合”为清朝此次秋操提供了三十一年式榴霰弹弹药车 18 辆，三十一年式榴弹弹药车 6 辆，三十一年式速射炮（分山炮和野炮两种）空包10800 个，各类马、炮、工兵所需零部件数十上百组等。[①]

更为重要的是，日本借此拉拢清朝官绅要员，扩大在华势力及影响。日本政府慎重对待借款问题，避免伤害张之洞的对日兴趣及感情，并积极拉拢劝诱以他为代表的封疆大吏。日本在华领事和正金银行代表不约而同地意识到，向张之洞提供贷款不是简单的经济往来，而是关系到日本在两湖的长期经济利益——因为“张之洞表示出打算日后万事先与我方商量的好意”。[②] 1904 年，张之洞在鄂督任上首次向日订购炮舰以及随后购买炮舰的配套武器装备，即源自日本方面的主动劝说。而在两江，以驻上海领事为代表的日人积极拉拢张之洞的继任者，也促成两江继续向日本厂商订购炮舰。[③] 当然，清朝大员的炮舰订单不只为日本带来了经济利益，更为日本势力在华的渗入提供了机会。日本海军军人应聘来鄂充当海军顾问，正是借张之洞订购舰船及借款合同而促成。1907 年 3 月，日本承造的楚泰、楚同、楚有三只炮舰驶抵汉口交付。张之洞率全城文武官员检视后，向日本驻汉口领事水野幸吉提出两点要求：第一，巡航员北野船长以下各船员共计 31 人暂留湖北，负责维持舰船的一切管理；第二，特以海军顾问之名聘请日本驻沪海军军令部海军少佐平井德藏担任上述海员的总负责人。水野幸吉意识到，“若日本军方同意平井德藏受聘为湖北海军顾问，将成为日本海军军人受聘于清朝之嚆矢。”5 月，遵照日本军方与外务部的商议意见，平井德藏针对湖北海军的管理维持以及海员的培养事宜，向张之洞提出两个备选方案

---

① 参见《第 6 号　泰平組合　蹄鉄工具等払下の件》（1908 年 7 月）、《第 7 号　三井　清国へ兵器売却の件》（1908 年 7 月），日本防衛省防衛研究所藏，档案号：陸軍省 - 密大日記 - M41 - 5 - 8。

② 《三十九年七月十六日付漢口出張所來信写》（1906 年 7 月 16 日），日本外務省外交史料館藏：《対張之洞正金銀行借款雑件　1. 漢口市街修築費借款ノ件》，档案号：1 - 7 - 1 - 7。

③ 参见《各国ヨリ帝国ヘ艦船建造方依頼並ニ同引受計画関係雑件/清国ノ部　第二卷》，日本外務省外交史料館藏，档案号：5 - 1 - 8 - 0 - 30_ 1_ 002。

的“意见书”：一是比较完备的方案，日本海军将士受聘于湖北，对当地海员实施学校教育及实地训练；一是相对简便的方案，较小规模的日本海员于舰艇上实地教练鄂人。他还强调：不管张之洞选用何种方案，“都需要海军顾问”。随后，平井德藏因家中变故临时回国，无法充当湖北海军顾问。但是，张之洞仍向水野幸吉表达了聘留平井德藏以及关切湖北海军前途的想法。① 10月，日本方面又主动向张之洞提议，安排海军少将相羽恒三、轮机大尉吉川力应聘来鄂，最终获允成行。②

还需指出的是，日本政府对华资本输出的背后，是以本国的政治强权和军事力量作为必要保障。1907年，张之洞在接到离任赴京的旨令后，安排湖北官钱局向汉口正金银行借款200万两。其中，双方谈判的最大分歧在于大冶矿山的担保问题。日方负责谈判事宜的驻汉口领事水野幸吉和汉口正金银行总办武内金平二人认为：鉴于张之洞离任匆忙且提出的借款金额巨大，日方可从中争取更多利益，由此提出了8%的高利率和“大冶矿山列入担保”的借款条件。但张之洞担心此举将引来物议并影响“去京后之地位”，而拒绝了后者。随后，正金银行改“担保”为“并保”，不再纠结大冶矿山是否列入担保，原因有二：一是直接原因，担心英国资金再次介入此次借款，与日本形成竞争；二是根本原因，“像中国这样国情的国家，将来在债权担保名义下，（引者：日本）有充分余地可以作出任何措施”③，即日方对收回贷款充满自信。所谓“任何措施”，实际包括动用强权政治手段。此后中方还款的经过，充分证明了这一点。1911年及1912年湖北方面的三次还款受辛亥革命影响而推迟。对此，正金银行忧心忡忡，通过日本外务省向湖北主政者施压。湖北主政者先后向日本驻汉口总领事表示，继续承担此前所有债权债务。驻扎湖北的北洋军段祺瑞声言：“借款一俟大局稍定，自当筹办”。成立不久的中华民国湖北外交司也照会日本领事称，湖北官

---

① 《湖北海軍ニ関スル件》（1907年7月13日），日本外務省外交史料館藏：《各国ヨリ帝国へ艦船建造方依頼並ニ同引受計画関係雑件/清国ノ部　第二卷》，档案号：5-1-8-0-30_1_002。

② 冯青：《中国近代海军与日本》，吉林大学出版社2008年版，第142—143页。

③ 中华人民共和国财政部、中国人民银行总行编印：《清代外债史资料（1853—1911）》中，内部发行1988年版，第294—295页。

钱局“开办未经一月，内存外欠头绪纷然，所有华洋各商互欠之款，前奉都督谕，从四月初一日起，概限六个月后归还。”[①] 湖北主政者积极表态，不仅是畏惧日本的国家权势，更是担心日本的军事威胁。为应对辛亥革命的浪潮，日本海军省迅速派遣军舰巡航长江并分派陆战队上岸驻扎，对日侨、日船以及与日本资本息息相关的铁路、矿山、工厂进行“保护”。[②] 这便不难理解，为何民国初年湖北的历任主政者均愿承担前清遗留的所有日本债务。

由此可见，日本政府愿意贷给张之洞款项，是出于对其企业经济利益的考虑，更是基于国家根本利益作出的决定。在与张之洞商谈借款、交往联络的过程中，日本厂商获取商业利益，在背后予以支持的日本政府积极扩大在华势力及影响。而日本的政治强权和军事力量是其对华资本输出得以如愿推进的必要保障。

（二）不借：西方列强的干扰与自身国力的制约

当然，日本政府也曾数次拒绝向张之洞提供贷款。究其原因，遭遇西方列强的干扰是重要因素，而受到自身国力的制约是根本原因。下文以 1907 年日本拒绝张之洞关于川汉铁路修筑的借款为例，对这两点原因进行具体分析。

从客观情势来看，西方列强的干扰是日本无法贷与张之洞款项的重要原因。19 世纪末至 20 世纪初，是各国列强向世界各地输出资本的高峰时期。在这一时期，彻底沦为半殖民地半封建社会的中国成为列强竞相角逐的场所。而日本对华进行资本输出，势必与其他列强产生竞争。尤其在长江流域，日本方面与湖广总督张之洞的借贷交涉，引起了长期将该区域视为势力范围的英国高度关注乃至干扰。就远东整体形势而言，20 世纪初，英国和日本为联手对付俄国而结成同盟，关系日益密切。1902 年双方签订《英日同盟条约》，并于三年后续签。但是，同盟关系并非牢不可破。就中国尤其是长江流域的具体情况而言，两国在华的利益竞争

① 详见《明治四十五年一月五日付漢口支店来翰寫》（1912 年 1 月 5 日）、《横滨正金银行副行长井上准之助致外务大臣内田康哉电》（1912 年 6 月 27 日）、《外交司ヨリ領事宛書状　第二号》（1912 年），日本外務省外交史料館藏：《対支借款関係雑件/湖北省ノ部　3. 官錢局对正金銀行　自同四十一年七月》，档案号：1－7－1－5_ 5。

② 参见李少军《国民革命前日本海军在长江流域的扩张》，《历史研究》2014 年第 1 期。

实际愈发激烈。日俄战争结束后，英国《泰晤士报》驻京著名记者莫理循观察到，日本在经济方面的对华扩张严重威胁英国利益：

> 我一直相信日本人在军事方面的杰出才能，也总是热情地支持他们，但是我从来不相信他们的商业信誉，而且我肯定在他们的商业竞争上，有许多值得我们害怕的地方。
>
> 在目前形势中的另一个不愉快动向是我们同日本的关系。人们无法否认日本人在经济问题上的行为极为不忠实于同盟的精神……①

以莫理循为典型的英国人对日本的态度已出现重大转变，从友善转向敌视。② 他们对日本的警惕与不满，进一步转化为具体行动。1907年，围绕张之洞提出修筑川汉铁路的借款问题，英国积极干涉，阻止日本成为贷款方。英国方面在获悉日本打算提供贷款的情况后，接二连三地派员向日本驻华公使林权助交涉、抗议，还指派驻日本代理公使以英国政府的名义向日本政府递交正式信函，明确表示“日本不应同意任何将伤害英国在华铁路利益的贷款”。③ 对此，林权助向日本外务省分析指出：“最近随着我国势力的发展，以前在华经济方面享有卓越地位的英国官民普遍愈发担心我之竞争”，“大体上代表了多数英国人意向”的重要人物濮兰德便是如此，甚至“往年对日本倾注极大同情”的莫理循如今也“认为英国与日本处于竞争的状态”，并得出结论：这次湖北的借款问题使英国“对我方多少有些怨恨（resentment）”。④ 正如列

---

① ［澳］骆惠敏编：《清末民初政情内幕——〈泰晤士报〉驻北京记者、袁世凯政治顾问乔·尼·莫理循书信集（1895—1912）》上，刘桂梁等译，知识出版社1986年版，第470、509页。

② Eiko Woodhouse, *The Chinese Hsinhai revolution: G. E. Morrison and Anglo-Japanese relations, 1897—1920*. London and New York: RoutledgeCurzon, 2004. p. 17. 按：因澳洲系隶属英国的殖民地，莫理循虽是澳大利亚人，但他从来都认为自己是英国人，并时刻维护英国的利益。参见戴银凤《莫理循的中国观（1897—1911）》，华东师范大学博士学位论文，2007年，第1页。

③ 《正金銀行湖広総督間ノ鉄道借款交渉取止方要請ノ件》（1907年5月31日），［日］外務省編纂：《日本外交文書》（明治第40巻第2冊），巖南堂書店1953年版，第606页。

④ 《湖北鉄道借款ニ関聯シ日英ノ競争関係調整策ニ付具申ノ件》（1907年5月23日），［日］外務省編纂：《日本外交文書》（明治第40巻第2冊），巖南堂書店1953年版，第588页。

宁所言："资本主义的线索像千丝万缕的密网，把这种（引者：建筑铁路）事业同整个生产资料私有制连结在一起，把这种建筑事业变成对10亿人（殖民地加半殖民地），即占世界人口半数以上的附属国人民，以及对'文明'国家资本的雇佣奴隶进行压迫的工具"[①]，长江流域的铁路建筑事业实际是英国对半殖民地中国进行压迫的重要手段。而日本尝试主导对湖北修筑川汉铁路的贷款，将直接严重地冲击英国的势力范围和切身利益，因此势必遭到英国的极力干扰和阻止。

从主观条件来看，自身国力有限是日本决定不向张之洞提供贷款的根本原因。对此，有三层意思需要说明。

一是日本自始至终都希望承担借款甚至是独力承担借款，维护本国在华特权。由于张之洞借款数额巨大，日本正金银行无力独自承担，曾不得已邀请英国的汇丰银行及帕尔银行予以资金援助。但是，日本方面故意顺应张之洞之请，对英国资本家谎称借款充作"矿山开掘、通商港口设备及工商业改良等"，而非铺设铁路。[②] 其用意是既希望充分利用英国资本以承担借款，又打算撇开英国而独占川汉铁路的相关特权。即使日本政府非常清楚：中英之间已达成协定，同意英国拥有优先向两湖提供修路贷款的特权——这与日后向英国政府宣称"对中英协定全不知情"的说辞完全不符。[③] 此后，英国资本家提出三点异议，对是否承担借款犹豫未决。这引来日本驻华公使林权助的极度不满。他认为，英国人不加入贷款方的做法会导致此次铁路借款失败并"浪费日本将来向湖北方面扩张的大好机会"，建议日本政府提供资金通融，"即使是独力也务必帮助正金银行承担借款"。[④]

二是为了承担借款，日本不惜破坏英日同盟，甚至阻挠英国在华利益。表面上，日本政府致力于维护日英两国的同盟友好关系。日本外务

---

① 《帝国主义是资本主义的最高阶段》，［俄］列宁：《列宁全集》第27卷（1915.8—1916.6），中央编译局编译，人民出版社1990年版，第326页。

② 《張之洞借款ノ内容目的等ニ付回報ノ件》（1907年5月1日），［日］外務省編纂：《日本外交文書》（明治第40卷第2冊），巖南堂書店1953年版，第567页。

③ 《張総督ノ湖北公債成立ニ助力方稟請ノ件》（1907年4月25日），［日］外務省編纂：《日本外交文書》（明治第40卷第2冊），巖南堂書店1953年版，第565页。

④ 《湖北借款ニ関スル倫敦銀行ノ要求條件ニ付打開策具申ノ件》（1907年5月9日），［日］外務省編纂：《日本外交文書》（明治第40卷第2冊），巖南堂書店1953年版，第575页。

省向英国政府解释川汉铁路借款时，强调：

> 帝国政府确信，贵我两国于政治、经济上在华互相提携、和衷共济，以扩张双方利益，是两国最为明智之事。帝国政府深切希望，如此次事件，可以围绕两国在华经济关系，成为帮助疏通两国想法之契机，促使将来两国愈发没有隔阂而互相协议、信赖。①

但实际情况并非如此。1907 年 5 月，英国外务部派员介入张之洞与日本之间的借款谈判，致使日本无法独享川汉铁路的贷款及相关特权。日本外务省官员曾向日本政府提出两条对策：

> （1）正金参与英国借款的债券的募集；另一方面，则求取得总督的同意，例如增加中日合资承揽公司（引者：即"日清合同请负会社"）的资金，增加到约五百万圆使之成立。
>
> （2）对粤汉铁路拟借的外债，设法使不能获得北京政府的批准，俾英国借款不能成立。②

第一条对策意在放弃日本主导贷款之地位，继续与英国资本合作，但加大日方在具体修路事宜中的参与力度——即增加中日合资承揽公司的资金。第二条对策则试图阻挠英国的在华特权。英国优先向两湖提供修路贷款的特权，是通过向清政府提供赎回粤汉铁路之贷款而获得。鉴于此，日方考虑阻挠粤汉铁路贷款，进而破坏英国拥有的包括川汉铁路贷款在内的两湖铁路特权。

三是日本限于自身国力，无力对抗英国，不得已放弃川汉铁路贷款。其关键是日本满铁发行的社债。英国政府不会仅凭一纸信函或数次交涉便能阻止日本放弃川汉铁路的贷款及相关利益，提出的谈判筹码是日本满铁

---

① 《張総督正金銀行間鉄道借款交涉中止ノ経緯説明竝福州漢口鉄道ニ関スル我優先權声明ノ件》（1907 年 6 月 5 日），［日］外務省編纂：《日本外交文書》（明治第 40 卷第 2 冊），巖南堂書店 1953 年版，第 610 页。

② 宓汝成编：《中国近代铁路史资料（1863—1911）》第 3 册，中华书局 1963 年版，第 1033 页。

即将发行的社债。在此有必要先行交代满铁社债的发行背景。日俄战争结束后，东亚局势为之一变，日本的国际地位大为提升，“伴随着国力发展……战后日本政府开始推行积极的事业经营活动。”[①] 但是，与中日甲午战争的情形不同，日本未能借助日俄战争获得大量战争赔偿金，因此在战后经营中遭遇财政困难。为经营中国东北地区而设立的日本南满洲铁道株式会社因急需资金，不仅从政府和民间分别募集股本，还考虑发行社债，即公司债券，主要用于“该铁道筑造及其他诸般设施的资金需要”。1906 年底，日本大藏大臣与满铁总裁协商考虑在欧美市场发行社债，募集地点定为英国伦敦。次年 4 月，满铁总裁决定募集第一次社债 8000 万日元，7 月获得日本政府同意及保证，于当月 23 日正式发行社债 400 万镑。[②]而日本方面募集筹备第一次满铁社债的阶段，恰是张之洞向日本寻求川汉铁路贷款的时期。得知日本有意主导川汉铁路贷款并将影响英国在长江流域的利益后，英国方面数次以满铁社债胁迫日本放弃川汉铁路贷款。1907 年 5 月，英国中英公司代表濮兰德和汇丰银行代理人熙礼尔来汉与张之洞交涉，明确指出：如果日本撇开英国而自行向张之洞提供借款，“英国资本家将让日本发起的满铁公债不能成立”。[③] 日本方面也意识到满铁社债势必成为英国胁迫日本的筹码。日本驻华公使对此事早有预见和担忧：

> 他们（引者：濮兰德等在华英商）将日本视为最可怕的竞争者后，出现了不愿向日本提供资金的倾向。我常听闻，鉴于日俄战后日本在满洲采取垄断利权的方针——这是在华英人的观察，他们提供铁路资金帮助日本经营满洲的情况或需改变，并认为英国在满洲的利益存在危险。[④]

---

① ［日］大蔵省编：《明治大正財政史・第 1 卷》，財政経済学会 1940 年版，第 259 页。

② ［日］南滿洲鐵道株式會社：《南滿洲鐵道株式會社十年史》，滿洲日日新聞社 1919 年版，第 914—916 页。

③ 《湖北鉄道借款ノ中止竝張之洞ヨリ新借款申込ニ付報告ノ件》（1907 年 5 月 23 日），［日］外務省编纂：《日本外交文書》（明治第 40 卷第 2 冊），巖南堂書店 1953 年版，第 589 页。

④ 《湖北鉄道借款ニ関聯シ日英ノ競争関係調整策ニ付具申ノ件》（1907 年 5 月 23 日），［日］外務省编纂：《日本外交文書》（明治第 40 卷第 2 冊），巖南堂書店 1953 年版，第 588 页。

得知濮兰德等人声言日本的举动“不仅伤害英国资本家的感情，而且将妨碍满铁公债”后，日本政府立即判断这并非虚喝，迅速指令在华使领拒绝张之洞的川汉铁路借款申请。[①] 还需指出的是，日本政府避免影响满铁社债的发行，而选择放弃向张之洞提供川汉铁路贷款，这充分反映了当时日本对中国大陆扩张的政策格局：以东三省为先，福建次之，长江流域再次之。在英国方面尚未介入中日关于川汉铁路的借款交涉时，日本政府已制定思路清晰的计划：

> 目前安排兴业银行总裁募集满铁所需巨额外资，大概于6月左右施行。若在此之前该银行发起利率稍高的其他公债，将有可能对我募集社债产生不利影响。因此，即使在此时谈妥张之洞的借款募集，其实行也有必要在我募集社债之后。[②]

日俄战争结束后，东三省成为日本扩张的首要区域。较之张之洞的川汉铁路借款，日本更加重视满铁社债的募集发行。在遭到英国对满铁社债的威胁后，日本断然放弃与英国在长江流域的竞争，小心谨慎地维护其在东三省的利益。同时，日本不忘重申对福建相关铁路拥有的特权。日本外务大臣向英国政府声明，日本尊重英国在两湖的既得权利，同时强调：“1900 年初，清政府应帝国要求而再三承诺，从厦门、福州经南昌至汉口的铁路铺设权决不让与他国。帝国政府考虑将与清朝协商，以适当方法予以实行”。[③]

由此可见，日本因自身国力不足以承担张之洞的大额借款，只能拒绝张之洞的借款要求，继续维持日英两国的同盟关系。不过，这一时期日本私下撇开乃至阻挠英国在华利益的考虑和行动，反映出日本养精蓄锐、等待羽翼丰满的野心。这也可以认为是民国初年日本与英、美列强

---

① 《張之洞ノ新借款申込ニ関シ回訓ノ件》（1907 年 5 月 25 日），［日］外務省編纂：《日本外交文書》（明治第 40 卷第 2 冊），巖南堂書店 1953 年版，第 590 页。

② 《湖北公債ニ関スル我政府ノ方針指示ノ件》（1907 年 5 月 14 日），［日］外務省編纂：《日本外交文書》（明治第 40 卷第 2 冊），巖南堂書店 1953 年版，第 579 页。

③ 《張総督正金銀行間鉄道借款交涉中止ノ経緯説明竝福州漢口鉄道ニ関スル我優先權声明ノ件》（1907 年 6 月 5 日），［日］外務省編纂：《日本外交文書》（明治第 40 卷第 2 冊），巖南堂書店 1953 年版，第 609—610 页。

在长江流域愈发公开地产生矛盾乃至对抗的前奏。

最后，有必要对张之洞举借日债进行简短地评价。从借款方来看，张之洞在兴办各类实业活动中举借日债，一定程度上缓解了财政紧绌，具有短期效果，但存在长期隐患。他每每强调借款后“我毫无遗累，方为周妥”，但最终无法维护国家利权之“周妥”。在帝国主义垄断资本对外扩张的时代，掌控局势的不是作为借款方的张之洞，而是作为贷款方的日本。张之洞以“开源”思路举借外债，兴办实业，意在推动中国现代化发展，这与日本在明治维新早年采取宽松的财政政策具有相似之处，值得肯定。可是，张之洞对日本的借债策略缺乏了解和借鉴：“从日本思想界到政界，占主导地位的一直是担心外债会使外国控制日本经济乃至政治的认识，而极少有人设想或主张以外债作为日本近代产业的重要财源”。[①] 张之洞对举借外债的认识不足，其结局必然难以周妥。再从贷款方来看，日本的对华资本输出借此机会得到巩固与扩大。日本学者曾将甲午战争的结束作为日本对华经济活动的实质性开始，至九一八事变止可分为五期。[②] 其中，与张之洞借款存在重要关系的是前两个时期：从甲午战争至日俄战争的第一期，以及从日俄战争至第一次世界大战之前的第二期，这是日本对华资本输出的起步时期。比之此后提出“二十一条”明目张胆地对华扩张，日本在最初两个阶段更多是以一种不太显露的方式进行对华资本渗透。其中，积极活动以张之洞为代表的封疆大吏并提供贷款，便是日本巩固对华经济活动、寻求扩大在华势力的重要方式之一。

小　结

自 1898 年起，张之洞与日本方面逐步建立密切联系。双方的交往大致可分为两个方向：第一个方向是“走出去”，即张之洞派遣各类员弁赴日游学、游历；第二个方向是“引进来”，即张之洞从日本引进各

① 李少军：《中日近代工业起步时期经济思想若干问题的比较》，《近代中日论集》，商务印书馆 2010 年版，第 149 页。

② ［日］第一調查委員会：《日本の对支投資》（第一調查委員会報告書），東亜研究所 1942 年版，第 5—6 页。

类人才、文教制度以及器物。在双方深入“联交”的过程中，张之洞对日本的认识变得更为复杂。一方面，他认为日本是值得清朝学习的对象，并且愈发坚定这一认识。另一方面，与日本深入“联交”，是他权衡利弊后作出的“最佳”选择。基于上述认识，即使曾不满日方的某些举措，张之洞与之互动往来仍然进行得较为顺利。

在张之洞与日本的军事交往过程中，聘用日本军人是他学习日本以推动军事改革的重要方法。甲午战争结束后，张之洞在湖广总督任上至少招聘日本陆军军人 36 人。这其中既有张之洞的主动要求，也是日本方面为扩大在华势力而促动的结果。张之洞积极选聘合适的日本军人，帮助整编湖北军制，促进军种的精专化和机构的体系化，与此同时也谨慎斟酌聘用合同内容，节制日本军人的事权。而日本军方周密布置和管理应聘军人，要求他们完成合同规定的工作，还安排他们大力收集情报、引荐其他日人、充当军火买卖中介。整体而言，张之洞与日本的军事交往，推进了辖区的军事现代化建设，但也间接为日本对华扩张提供了机会。

在张之洞与日本的经济交往过程中，举借日债是重要组成部分。这些日债包括成功的直接借款、失败的直接借款以及间接借款三类。举借日债的成功与否，既是经济问题，也是政治、外交问题。在举借日债的交涉中，张之洞不仅需要处理清朝中央与地方的财政权力纠葛，还需要应对包括日本在内的各国列强提出的特权勒索，对内试图保留地方财政权力，对外希望维护国家利权。当然，日债的借与不借，也与作为贷款方的日本的态度紧密相关。日本在保证本国企业经济利益及国家根本利益的前提下，权衡与西方列强的利害关系，最终作出是否承担借款的选择。就短期效果而言，张之洞通过举借日债，一定程度上缓解了实业活动中财政紧绌的难题。但从长远角度来看，张之洞的举动导致国家利权陆续丧失，而日本对华资本输出借此得到巩固和扩大。

本章主要梳理张之洞与日本在军事、经济等方面展开交往的具体情形，考察双方自 1898 年以后深入“联交”的基本史实。张之洞与日本的交往，为他综治辖区的现代化发展带来了积极影响。苏云峰先生曾指出，张之洞出任湖广总督后的湖北社会“才开始发生‘质’的转变”，而他“为此一时期现代化的主要推动者”。[①] 不难发现，在推动湖北现代化发展过程中，张之洞引进了大量日本因素。晚清时期湖北省的现代化变革，不论在政治、经济、军事、文化教育任何方面，都受到日本的积极影响，这是张之洞与日本密切交往的结果。但是，我们更应看见，张之洞与日本的交往，为湖北现代化发展也带来了极大的负面影响。戊戌之后的十年，既是张之洞与日本交往日益密切的时段，也是日本在长江流域迅猛扩张的重要时期。日本甚至“在经济、政治、军事诸方面逐步成为足以与英国抗衡的势力”[②]。如何在现代化发展过程中借助他国力量发展自身实力，又不被各国列强利用控制导致丧失利权，这是张之洞面临的难题，更是近代中国难以挣脱的困境。

① 苏云峰：《中国现代化的区域研究：湖北省 1860—1916》，“中央研究院”近代史研究所专刊（41），“中央研究院”近代史研究所 1981 年版，第 162 页。

② 李少军：《近代长江流域与日本关系研究的思考》，《江汉论坛》2011 年第 9 期。

第四章
“以日为师”与清末变革

张之洞曾以“礼失求野”形容他在两湖地区兴办学堂的师日举措，也曾以“礼失求野”建言清廷效仿日本及西方各国“立学教士”以变通政治。实际上，张之洞“礼失求野”的师日举措不局于一范围一地域，而是影响着清末中央以及地方变革的各个方面。梳理张之洞“以日为师”与清末变革的关系，有助于理解张之洞为何是中日关系的核心人物这一问题。本章即从体制变革、思想与实践等方面来讨论张之洞“以日为师”举措对清末中央政府以及地方其他省份产生的影响。

第一节　借鉴日本变革体制

清朝地方督抚的权力自湘淮军队兴起后逐渐增大，于庚子事变时期到达顶峰，此后呈衰落趋势。在由盛转衰的过程中，张之洞是清朝政坛举足轻重的人物。特别是经历甲午战争及庚子事变两次重大事件后，张之洞的地位持续上升，备受清廷倚重。他发表的涉日建言，对清末军事、教育、法律、农政等制度变革产生不同程度的影响。本节以受到重要影响的军制、学制改革情况为例，作进一步讨论。

一　变革军制的尝试

甲午战败后，清廷痛定思痛，于战后新政中取法德国编练新军。1897 年底德占胶州、俄侵旅大事件加剧了民族危机，引发新一轮变法，清朝逐渐转以日本为榜样学习西方。庚子事变后清廷实行新政改革，将

"如何而武备始修"作为重要事务，并确定师日取向。地方督抚是这一系列变革的推动者及响应者，而张之洞在其中扮演了重要角色。他将练兵视为身心性命之学，借鉴日本，致力于清末军制变革，具体包括军事制度变革和军事教育变革两个部分。

（一）军事制度变革

张之洞效仿日本，推动清末军事制度变革，主要体现在三个方面。

一是筹划兵事机构。张之洞主张设立类似日本参谋本部的军令机构。1901 年，他与刘坤一联衔奏陈变法三折，内称："抑练兵尤有要者，外国于其都城，皆设有专管筹画兵事之大臣。英、法、德等国名曰总营务处，日本名曰参谋本部，略如宋人枢密院之意"。虽然列举了不少国家，但张之洞认为清朝应当选择效仿日本："其章程请敕出使大臣李盛铎向日本索取译寄，采择用之"，"拟请在京先设一参谋馆，访求各国兵书，选四五品以下各官，令其考订采择，随时函询日本参谋部，务须尽解其精意。"[①] 日本参谋本部于 1878 年从陆军省分离，专为规划国防及作战的机务。[②] 可供张之洞等人参考的最新日本参谋本部条例应是 1899 年初颁布的版本，其中规定"参谋本部是掌国防及用兵事务之所"，"参谋总长统督陆军参谋将校，监视其教育，统辖陆军大学校、陆地测量部、陆军文库及驻外公使馆陆军武官"。[③] 日本参谋本部第一至第四部及编纂部所负责的事务，与张之洞所言"专掌全国水陆兵制饷章、地理图籍、操练法式、储备粮饷、转运车船、外交侦探等事。平日之预筹，临时之调度，皆以此官掌之"[④] 大体不差。稍有差异的是，此时日本参谋本部只负责陆军相关事宜，海军另设军令部；张之洞构想的清朝军令机构则是海、陆皆管。张之洞的建言对日后清朝设立练兵处（1906 年并入陆军部）产生了一定的影响。[⑤]

二是制定营制饷章。张之洞努力推动清廷采用日本军制，但最终未

① 《遵旨筹议变法谨拟采用西法十一条折》（光绪二十七年六月初五日），赵德馨主编：《张之洞全集》第四册，武汉出版社 2008 年版，第 28 页。

② ［日］编者不明：《改正陸軍軍制要領》，川流堂 1908 年版，第 5 页。

③ 《参謀本部條例改正》，［日］《官報》1899 年 1 月 16 日。

④ 《遵旨筹议变法谨拟采用西法十一条折》（光绪二十七年六月初五日），赵德馨主编：《张之洞全集》第四册，武汉出版社 2008 年版，第 28 页。

⑤ 李细珠：《张之洞与清末新政研究》，上海书店出版社 2009 年版，第 242 页。

能如愿。1902年，张之洞奏陈湖北练兵的营制饷章，声言“均参仿德、日两国最新军制”，实际更多地是效仿日本，“遴派将弁，分番前往日本，考察陆军编制情形，阅视野外大操运用，以资仿效”。其中，他“酌照日本陆军师团兵制”，将湖北常备军编制为“一军统两翼，一翼统两旗，一旗统四营，一营统三哨。每哨以八十四人”，大致在德、日军制之间。[①] 不久，清廷下旨：

> 练兵之道，最忌纷歧。曾经叠次降旨，饬各省督抚整顿兵制，期归一律。乃近来各省奏报仍多空言搪塞，绝少切实办法，殊难望有成效。查北洋、湖北训练新军颇具规模，自应逐渐推广。所有河南、山东、山西各省，速即选派将弁头目赴北洋学习操练，江苏、安徽、江西、湖南各省，选派将弁头目赴湖北学习操练。俟练成后即发回各原省，令其管带新兵认真训练，以资得力而期画一。每年由北洋、湖北请旨简派大员，分往校阅。按其优劣，严加甄别，用副朝廷整饬武备，实事求是之至意。

清廷还要求袁世凯和张之洞妥议“详细章程及应派将弁数目”。[②] 张之洞遵旨与袁世凯反复“筹议营制”，提出了若干办法。[③] 对此，各省多有效仿。譬如，安徽巡抚聂缉槼为该省武备学堂及练兵事拟定“营制饷章教练课程”，便是遵旨“悉令参照江南、湖北洋操章程办理”。[④] 但是，袁世凯及其北洋新军在朝中更受重视，他仿办的德国营制成为清朝营制的标准，日后在全国推行。张之洞推动清廷采用日本制度的尝试

---

① 《筹办练兵事宜酌议营制饷章折》（光绪二十八年十月初一日），赵德馨主编：《张之洞全集》第四册，武汉出版社2008年版，第95—99页。

② 中国第一历史档案馆编：《光绪朝上谕档》第二十八册，广西师范大学出版社1996年版，第314—315页。

③ 参见《致京袁制台》（光绪二十八年三月初九日子刻发），赵德馨主编：《张之洞全集》第十册，武汉出版社2008年版，第368—369页；《致天津袁宫保》（光绪二十九年正月二十七日辰刻发），赵德馨主编：《张之洞全集》第十一册，武汉出版社2008年版，第70—71页。

④ 调补浙抚聂缉槼：《奏为皖省创设武备学堂练军请饬部立案事》（光绪二十九年八月初二日），中国第一历史档案馆藏：军机处全宗，档案号：03-6000-010。

未能成功，湖北地方随后也改变原有营制而“纳入全国陆军编制”。[①]

三是仿行步兵操法。据日人报告，张之洞曾向清廷建言，统一仿行日本操法。戊戌变法期间清廷颁发上谕，称“今日时势，练兵为第一大政，练洋操尤为练兵第一要著”，要求各省向南、北洋新军学习。[②] 是年 11 月，张之洞应邀派员赴日本参观陆军特别大演习，观摩其操法。这些员弁回国后报告，称“日本操法阵式、进攻退守、埋伏犄角等一切极为精奥”，“平日教练亦尽善尽美”，“兵卒下士将校皆能知晓兵机”。张之洞还从两江总督刘坤一处得知，南洋赴日阅操员弁持有相同意见。第二年初，张之洞即以“练兵尤为今日之急务”“日本操法颇为精练”为由，奏请清朝仿照东法阵操以成劲旅。[③] 清廷令他与刘坤一“酌定东操章程后，再命各军参酌教练”；但随即虑及国家“风气未开，民情亦异，今若遽然仿之，恐民情未孚，转多滋扰……上年康有为借新法乱政之事，可为殷鉴”，改令总署再与张之洞等人咨商斟酌，实有犹豫。[④] 但是，清朝各地采用日式操法已是大势所趋。不久后，《申报》便观察到近年各省军制一律改习洋操，“皆究心日本操法，每当日本大操时各省大吏皆派员往观”。[⑤]

（二）军事教育变革

军事教育的变革也是清末军制变革的重要部分。

1901 年张之洞与刘坤一联衔奏陈变法三折，认为变通政治以人才为先，筹拟教育兴学的四条办法，主张仿照日本建立清朝军事教育体系：清朝州县小学校、高等小学校对应日本的初等、高等小学堂，清朝各府设立的中学校对应日本的中学堂，清朝省城所设高等学校的兵学一门或

① 李细珠：《张之洞与清末新政研究》，上海书店出版社 2009 年版，第 245—251 页。

② 中国第一历史档案馆编：《光绪朝上谕档》第二十四册，广西师范大学出版社 1996 年版，第 201 页。

③ 《號外第三　清國公文摘要》之二“兵事”（1899 年 1 月），日本外務省外交史料館藏：《清国ノ部》，《在外武官報告　第二卷》，档案号：5－1－10－0－7_ 002。按：笔者尚未发现张之洞相关奏折或电报原件，在《清代军机处随手登记档》中亦未见相关记录。但从日人报告的文字内容及语法来看，“公文摘要”确是由汉文转译和文，且涉及不同人、事（例如还言及刘坤一、许景澄、刘树棠等人改练洋操的奏议），似是抄自当时邸报，并非杜撰。

④ 《號外第六　清國公文摘要》之“内政”（1899 年 2 月 12 日），日本外務省外交史料館藏：《清国ノ部》，《在外武官報告　第二卷》，档案号：5－1－10－0－7_ 002。

⑤ 《中国兵政得失论》，《申报》1904 年 2 月 3 日第 1 版。

是武备学校对应日本的士官学校，清朝在京师所设陆军、水军大学校对应日本的陆军、海军大学校。同时，张之洞还强调：

> 查日本文武各种学校，皆有速成教法，于各项功课，择要加功，于稍缓者量加省减，刻期毕业。应请旨饬出使大臣李盛铎，切托日本文部、参谋部、陆军省，代我筹计。酌拟大、中、小学各种速成教法，以应急需。①

可见他对日本军事教育体系的倚重。随后，张之洞将这一主张具体实践于湖北省。1902 年，他奏陈湖北兴办各学堂办法情况，其中军事教育包括：设武普通中学一所，“日本名为中央幼年学校”；设武高等学堂二所，分别是仿照日本士官学校的武备学堂和仿照日本户山学校的将弁学堂。此外，鉴于候补知府黄以霖“久在日本，专考究武学堂及营制事宜，最为精审”，张之洞特委其为“武学堂总提调，以资统核贯通”。② 不过，张之洞的主张最终未能推及全国。1904 年，练兵处另起炉灶而颁行陆军学堂办法，将湖北的军事学堂纳入了全国军事教育体系。

在 1901 年向清廷奏陈变法之前，张之洞对日本的军事教育制度已略有了解。1899 年初，奉张之洞之命赴日充当湖北留日学生监督的钱恂写毕《日本军事教育编》，于次年春刊出，并邀请李盛铎题字。其时，钱、李二人均受张之洞委托和倚重，负责引介日本各类规章制度。在该书中，钱恂就日本“练将诸学校，先译纲要三十余种”。他对日本军事学校的介绍，可与张之洞联名所陈江楚三奏的内容对应：

> 盖造一将材，必自高等小学校卒业之后（寻常小学校例四年，高等小学校例二年），入地方幼年学校者三年，入中央幼年学校者二年，再入营队一年。然后得入士官学校，分学步、骑、炮、工、辎重各门。卒业后再入营二年，而入大学校三年。溯自童子入学，

---

① 《变通政治人才为先遵旨筹议折》（光绪二十七年五月二十七日），赵德馨主编：《张之洞全集》第四册，武汉出版社 2008 年版，第 11—12 页。

② 《筹定学堂规模次第兴办折》（光绪二十八年十月初一日），赵德馨主编：《张之洞全集》第四册，武汉出版社 2008 年版，第 89—91 页。

以至大学卒业，历级七八，历年几十，入官至中、少尉，而在其上者，仍时时施教育。①

钱恂指出，日本陆军士官学校是“练将诸校中最枢纽之处”。而在湖北的军事教育变革实践中，张之洞最为重视武备学堂，将其等同于日本陆军士官学校，可见他对日本军事教育制度确有一定了解。张之洞还多次呼吁清朝仿照日本户山学校，调教宿将：“查日本设有户山学校，因日本早年将士素以长刀击刺为长，不以火器西操为善，故特设此学，使旧日将领常至其中看新法将兵之操练，讨论如何变通改练之法。讨论既久，遂渐知损弃故技”，并模仿日本士官、户山两校，在两湖地区设立武备学堂和将弁学堂两所武高等学堂。② 这一提议亦与张之洞幕僚的观点相似。姚锡光曾指出：

日本变法三十余年矣，陆军各将校人材辈出，足供臂指。而方其图新之始，新旧之间，互相訾议，亦是有积不相能之势，颇费当道调停。乃先立士官、户山两校，士官以教新生，户山以调宿将。盖宿将不能尽去，而有拘守故法之虞；新者资望尚轻，难骤膺重大之寄。故以士官学校植维新之士，培将校之基。且使之出入军伍，深其阅历，徐俟成材。而于宿将之中，汰其衰老而质钝者，其有官阶已高而质性灵敏年力尚壮者，更番令入二校，使学习新法大端（不必过入细微），粗知调度，则新旧之间，乃能浑化而互相为用。日本之善于变法如此。③

不难发现，张之洞在变革军事教育体制的尝试中，往往倚重周边知日幕僚、官员，且不乏调和新旧的苦衷。

---

① 钱恂编译：《日本军事教育编》，陆军士官学校条例第五种，江楚書局，清光绪二十五年（1899）铅印本。

② 《遵旨筹议变法谨拟采用西法十一条折》（光绪二十七年六月初五日），赵德馨主编：《张之洞全集》第四册，武汉出版社2008年版，第28页。

③ 钱恂编译：《日本军事教育编》，陆军户山学校条例第十九种，江楚書局，清光绪二十五年（1899）铅印本。

整体来说，为推动清朝效仿日本变革军制，张之洞提出不少建言、作出不少尝试，但对两湖以外的地区产生之影响有限。实际上，袁世凯及其新建陆军主导了清末军制变革。早在甲午战后，日本军方已意识到袁世凯编练军队对清朝的重要性：

> 清政府对袁世凯统率的新建陆军寄予厚望，视为清朝陆军改革的前途，故将该军队不归于直隶总督王文韶的部下，而归军机大臣直辖。恭亲王有意以袁世凯为模范，作为清朝军制改革的开始，逐渐筹划陆军内部的改革。是以今后最要注目者，与其说是（引者：江南）自强军，不如说是新建陆军的前途。①

确如日本军方的预判，袁世凯的新建陆军日后成为了清军的绝对主力。而张之洞一手创办的自强军在甲午战后的一段时间内尚能与之相提并论，此后两军差距明显拉大。至宣统年间，张之洞仅在意于“各省军队”中是否“以湖北为第一”②，并无与北洋军一争高下的念头。

二 改革学制的努力

相较之下，张之洞为推动清末学制改革而发挥的作用更大。1901 年，他与刘坤一联衔上折，认为“日本兴最骤，而学校之数，在东方之国为最多。兴学之功，此其明证”，以日本学制为蓝本设计了一套清朝学制：清朝州县小学校、高等小学校及府中学校情况，与上文所言军事学校情况同；清朝省城所设高等学校分经学、史学、格致学、政治学、兵学、农学、工学七门，对应日本的高等学校法、文、工、理、农、医六门，略有改动；清朝京师所设文事大学校，对应日本的大学校，以进士出身。③ 这一建议得到清廷认可。是年 9 月，清廷下旨要求“各省所有书院，于省城

① 《天津派遣員報告　4 月 15 日　新設の兵制》（1896 年 4 月 15 日），日本防衛省防衛研究所藏，档案号：海軍省 - 牒雑報号 - M29 - 1 - 5。

② 《冰（张之洞）致武昌张统制（张彪）电》（宣统元年二月二十四日），虞和平主编：《近代史所藏清代名人稿本抄本》第二辑（张之洞档）五三，大象出版社 2014 年版，第 91 页。

③ 《变通政治人才为先遵旨筹议折》（光绪二十七年五月二十七日），赵德馨主编：《张之洞全集》第四册，武汉出版社 2008 年版，第 7—14 页。

均改设大学堂，各府厅直隶州均设中学堂，各州县均设小学堂，并多设蒙养学堂”。①

此后，张之洞将清廷的旨意以及自己的设计贯彻推行于辖区。1902 年，他奏陈鄂省兴学情况，进一步强调仿照日本学制之必要性："考日本教育总义，以德育、智育、体育为三大端，洵可谓体用兼赅，先后有序，礼失求野，诚足为我前事之师"。其中，在总汇学堂、学务的学务处之下，分设师范学堂、小学堂、文武普通中学、文武高等学堂、方言学堂、农务学堂、工艺学堂、勤成学堂、仕学院九大类。②张之洞在鄂效仿日本改革学制的举措，引来不少日人关注。被认为是日本对华教育界权威的嘉纳治五郎，便于是年来华游历，拜访张之洞，商议留学事宜、教科书、精神教育等问题，加强了两国在教育方面的互动。③

不仅如此，在制定壬寅学制、癸卯学制过程中，张之洞为清廷出谋划策，作出了重要贡献。1902 年，他致电张百熙提出七条意见，多是考虑效仿日本，如“师范生宜赴东学习”“管学之员宜赴东学习”两条，还在“派员考察”条言及“日本学制尤为切用”、“课本书必不可少”条言及“现与两江刘岘帅公同设局，访求日本教科书，拟酌采其意编纂之”等。④壬寅学制颁行不久被癸卯学制取代，后者更是张之洞入京后与管学大臣张百熙、荣庆会商的结果。在张之洞制订新学制的过程中，不仅他的助手陈毅具有游学日本的背景，而且他商约的各类官吏也多少受到日本的影响。已有学者指出，“癸卯学制也是以日本学制为蓝本”。⑤

在推动学制改革的同时，张之洞还建言清廷奖劝游学、游历，将日

① 中国第一历史档案馆编：《光绪朝上谕档》第二十七册，广西师范大学出版社 1996 年版，第 175—176 页。

② 《筹定学堂规模次第兴办折》（光绪二十八年十月初一日），赵德馨主编：《张之洞全集》第四册，武汉出版社 2008 年版，第 87—95 页。

③ ［日］横山健堂：《嘉納先生伝》，“先生の支那遊歴及び張之洞との關係”节，講道館 1941 年版，第 205—237 页。

④ 《致京张冶秋尚书》（光绪二十八年正月三十日丑刻发），赵德馨主编：《张之洞全集》第十册，武汉出版社 2008 年版，第 358 页。

⑤ 李细珠：《张之洞与清末新政研究》，上海书店出版社 2009 年版，第 125 页。

本作为最重要的目的地。在江楚三奏中，他对待游学、游历略有差别：游学以日本为重，不提欧美；游历则以日本为急务，但重视欧美。关于游学，他认为“教法尤以日本为最善，文字较近，课程较速，其盼望学生成就之心至为恳切，传习易，经费省，回华速，较之学于欧洲各国者，其经费可省三分之二，其学成及往返日期，可速一倍”，因而建议游学日本。[①] 关于游历，他认为“惟西洋路远费多，东洋路近费省。游历西洋者，其奖擢名次在游历东洋之先”，“惟游历实效，以遍游欧美、日本为全功，而以先游日本为急务。”[②] 之所以存在上述差别，根本原因在于经费：游学的成本远高于游历。在国家财力紧绌的背景下，清政府不得不选择日本作为最重要的游学、游历目的地。此外，由于出洋学生在外易受各类思想影响而“流弊甚多”，张之洞还奉命拟就留学生章程，约束、奖励留学生。这也是主要针对留日学生的举措。

总体而言，张之洞借鉴日本的建言和举措在清朝学制变革中得到充分具体体现，涉及清末教育制度的各个方面。

第二节 促动他省师日求新

甲午战后，清朝朝野上下逐渐以日本为榜样学习西方，地方督抚群体通过各类互动而在这一学习日本的过程中扮演了重要角色。其中，张之洞的表现尤为突出。他的思想主张、施政举措都对其他地方督抚及相关辖区产生影响，促动了他省师日求新。本节主要梳理张之洞与其他地方督抚在师日思想、举措上的互动情形，考察这些互动在时段、地域及内容方面呈现的特征。

一 《劝学篇》的作用

1898年初，《劝学篇》刊行。虽然该书著作权问题尚有争议，但能

① 《变通政治人才为先遵旨筹议折》（光绪二十七年五月二十七日），赵德馨主编：《张之洞全集》第四册，武汉出版社2008年版，第13—14页。

② 《遵旨筹议变法谨拟采用西法十一条折》（光绪二十七年六月初五日），赵德馨主编：《张之洞全集》第四册，武汉出版社2008年版，第26—27页。

充分反映张之洞的“政治思想与学术思想”。[①]《劝学篇》是张之洞思想体系中的重要著作，“集近代以来‘中体西用’思想之大成”[②]。他在《劝学篇》中呼吁联络日本、“西洋不如东洋”，对时人影响颇深。下文围绕《劝学篇》的刊行流传及思想作用，来讨论张之洞在思想文字层面如何引导清朝官绅转向师日。

（一）《劝学篇》的刊行流传

在1898年7月亲信黄绍箕向光绪帝推荐《劝学篇》之前，张之洞已着手该书的刊行、推广工作。6月底，门生袁昶在张之洞的授意下缮刻《劝学篇》，“午月可竣，印万本以广德意”，至20日“已刊千余版”，并称赞“《劝学篇》胜荀子，砭切时病，万金良药”。[③] 7月下旬，张之洞还令“折差寄《劝学篇》三百本”交付在京的侄、子，广送亲友。[④]

尚未获得光绪御批的旧版《劝学篇》，得到了小范围流传。其时，湖南巡抚陈宝箴与张之洞合作密切，曾致电张之洞讨论科举改制，称赞“科举如《劝学篇》所议，极善”。[⑤] 而《申报》主编黄协埙为《劝学篇》作跋，积极介绍及宣传：

> 是书为今湖广总督南皮张香涛制军所撰，分为内篇、外篇。内篇专论治国安民之道，外篇则畅述西政西法，藉以药疲弱而致富强者也。今之墨守旧章者，每谓我国自有制治之方，泰西固不取以为法。而少年浮躁之士，则又忘本务末，举泰西游戏征逐之事，一一仿而行之，甚至创为悖谬之谈，谓人人皆不自主之权，几不识尊君亲上为何义。制军高掌远跖，救敝补偏，凡所发明皆归至当，其中

① 茅海建：《戊戌变法的另面：“张之洞档案”阅读笔记》，上海古籍出版社2014年版，第37页。

② 祝婷婷：《张之洞的〈劝学篇〉研究》，东北师范大学博士学位论文，2013年，第97页。

③ 《张之洞收芜湖袁道（袁昶）来电》（光绪二十四年五月初一日）、《张之洞收芜湖袁道（袁昶）来电》（光绪二十四年五月初三日到），虞和平主编：《近代史所藏清代名人稿本抄本》第二辑（张之洞档）七七，大象出版社2014年版，第213、220页。

④ 茅海建：《戊戌变法的另面：“张之洞档案”阅读笔记》，上海古籍出版社2014年版，第41页。

⑤ 《张之洞收长沙陈抚台（陈宝箴）来电》（光绪二十四年五月初十日到），虞和平主编：《近代史所藏清代名人稿本抄本》第二辑（张之洞档）七七，大象出版社2014年版，第239—240页。

> 论民政之易滋流弊，议院之必不可兴，尤为精卓不磨，足以熄目前革命诸党之狂焰。是非独具深识者，乌能为是言。昨承鲁君国寿以一帙见贻，薇盥再三，书此以志景仰。①

可见，《劝学篇》不仅在张之洞周边亲友之间传阅，还通过新兴的媒体渠道扩散至士绅大众。

1898年7月底，黄绍箕进呈《劝学篇》，获光绪帝谕旨：“原书内、外各篇，朕详加披览，持论平正通达，于学术人心大有裨益。著将所备副本四十部，由军机处颁发各省督抚学政各一部，俾得广为刊布，实力劝导，以重名教而杜卮言”。②《劝学篇》获得御批肯定后，在全国以行政命令刊行，流传范围更广。

光绪谕旨得到不少地方官绅的积极响应和执行。江宁布政使袁昶最为积极，在谕旨下达后两日主动致电张之洞：“劝学初十（引者：六月初十，7月28日）刊竣，先印千本正人心，辟邪说，强国本，振人才，功不在禹下。非进呈乙览，不足以震苏吏士积疲之气。今仲弢奏进，明诏颁行，大快。敬谨恭刊谕旨于首，此一大善机。”③上海道台蔡钧也向张之洞请准，“拟翻刻袖珍本一两万部，广为流传，以救时弊”。④除清朝官吏大力刊行《劝学篇》外，绅民亦积极宣传、购阅该书。发行量极大的《申报》曾数次刊登售书广告，称该书“发聋聩而示准绳”，由源记书庄“用大号铅字排印，纸墨精良，校雠缜密，刻已工竣，每部价洋两角，即日由各书坊发售”。⑤民众纷纷购阅，发表书评，甚至有

① 《跋〈劝学篇〉后》，《申报》1898年6月9日第4版。

② 中国第一历史档案馆编：《光绪朝上谕档》第二十四册，广西师范大学出版社1996年版，第257页。

③ 《张之洞收芜湖袁藩司（袁昶）来电》（光绪二十四年六月初十日到），虞和平主编：《近代史所藏清代名人稿本抄本》第二辑（张之洞档）七七，大象出版社2014年版，第346页。按：仲弢，黄绍箕。《申报》对此亦有报道：（袁昶）“兹见南皮张香帅所著《劝学篇》奉旨颁行各省，外间尚少流传，乃复召集手民迅速排印，甫阅旬日，即已装钉成帙沾溉士林。现将起节入都，行箧中即携是书千余部，以赡京中故旧，亦可见方伯扶轮世教之心矣。”（《芜湖官场纪事》，《申报》1898年9月4日第2版）

④ 《张之洞收上海蔡道（蔡钧）来电》（光绪二十四年八月二十六日到），虞和平主编：《近代史所藏清代名人稿本抄本》第二辑（张之洞档）七八，大象出版社2014年版，第78页。

⑤ 《〈劝学篇〉出售》，《申报》1898年9月2日第1版。

地方学堂将此书列为课业的重要书目，“愿诸生各置一编诵之法之”。[①]此后，还有数版的外文译本陆续刊行。[②]

（二）《劝学篇》的思想作用

《劝学篇》刊行流传的范围极广，对引导清朝官绅思想转变也起到了积极作用。张之洞著书的重要目的之一是反驳康有为、梁启超的“邪说”以正人心，这也是时人读毕《劝学篇》的主要感想。不过，已有学者指出：“其相当篇幅且相当重要的内容，是呼应当时的变法”。[③] 因此，不应忽视张之洞在《劝学篇》内阐明变法思想、呼吁联络日本，对清朝官绅产生的影响。

《劝学篇》在戊戌变法期间作为清朝重要的“政治指导性著作”而广为流传。该书包括《内篇》九、《外篇》十五，“内篇务本，以正人心；外篇务通，以开风气”[④]。其中，“开风气”的重要途径是寻求日本帮助。在《外篇》“游学”中，张之洞强调“出洋一年胜于读西书五年”，并指出日本是游学的初选地：

> 至游学之国，西洋不如东洋。一、路近省费，可多遣。一、去华近，易考察。一、东文近于中文，易通晓。一、西书甚繁，凡西学不切要者，东人已删节而酌改之。中、东情势风俗相近，易仿行，事半功倍，无过于此。若自欲求精求备，再赴西洋，有何不可？[⑤]

这段话表明他效仿日本之缘由，已为后世熟知。在清末上下经费紧绌的背景下，张之洞主张初选日本作为学习、联络的对象，符合当时的

---

① 《求志学规》，《申报》1898 年 12 月 23 日第 3 版。按：张权在是年 8 月致信其父张之洞，称“李玉坡言，《劝学篇》圣心甚以为然，面谕枢臣，令各直省书院均以此篇课士。”转引自茅海建《戊戌变法的另面：“张之洞档案”阅读笔记》，上海古籍出版社 2014 年版，第 100—101 页。李玉坡，即李荫銮。

② 黄兴涛：《张之洞〈劝学篇〉的西文译本》，《近代史研究》2000 年第 1 期。

③ 茅海建：《戊戌变法的另面：“张之洞档案”阅读笔记》，上海古籍出版社 2014 年版，第 42 页。

④ 《〈劝学篇〉序》，赵德馨主编：《张之洞全集》第十二册，武汉出版社 2008 年版，第 157 页。

⑤ 《劝学篇》，赵德馨主编：《张之洞全集》第十二册，武汉出版社 2008 年版，第 175 页。

实际情况。因此，清朝官民不仅“被动”地遵照谕旨推广阅读《劝学篇》，更从实际情况出发“自愿”地接受张之洞的思想和主张。

受到张之洞《劝学篇》影响的清朝官绅不在少数。其中，邓华熙的事例较为典型。邓华熙（1826—1916），号小赤，广东顺德人。咸丰辛亥（1851 年）恩科举人，历任江南道监察御史、云南按察使、湖北布政使、江苏布政使等职。1896 年升任安徽巡抚，1899 年 11 月调任山西巡抚未到。次年 3 月调补贵州巡抚，11 月抵贵阳府正式接任，1903 年 4 月卸篆。[①] 邓华熙在皖抚任上创办求是学堂、设立商务总局、订购《农学报》、议办日新蚕桑公司等举措，反映出他具有趋新思想。

邓华熙曾认真阅读《劝学篇》，并接受了张之洞的变法思想。1898 年 8 月 22 日，邓华熙收到新授江宁布政使袁昶所寄《劝学篇》四百本，“觉剞劂之精良与情文之粹美，交相辉映”[②]，熟读并接受了张说。后在 1901 年 7 月上奏详议变法事宜，邓华熙两次提及《劝学篇》。一是在“广兴学校以育人才”建议中，他对比泰西各国，指出日本“步武泰西，极力讲求。学校多至三万一千七百九十二所，教员九万六千八百三十三人，男女生徒三百三十二万九千九百七十七人。官学皆有定额，其民间自设，以待选送小学堂者，不计其数。所由材不胜用，而兴也勃然”，对日本教育情形作过一定了解，进而称赞“湖广督臣张之洞《劝学外篇》，设学、学制两条，确见本源，所宜推广而认真举行者”。二是在“亲贵游历以悉外情”建议中，他认为“督臣张之洞《劝学篇》所云游学之益，幼童不如通人，庶僚不如亲贵。此真阅历之语”，并与张之洞持同样意见，建言朝廷简派亲贵子弟“资遣出洋，分诸英法俄德日诸国，或学政治工商，或学水陆兵法”。[③]

不仅如此，邓华熙在施政活动中对张之洞的言行也非常推崇。1898 年 3 月，清廷下旨改制武科，饬令各省创设武备学堂。邓华熙响应清廷旨

---

① 邓华熙：《邓和简公日记》，广东省立中山图书馆等编：《清代稿钞本》第二册，广东人民出版社 2007 年版，第 496—497 页。

② 邓华熙：《邓和简公书牍存稿》，广东省立中山图书馆等编：《清代稿钞本》第三十四册，广东人民出版社 2007 年版，第 389 页。

③ 邓华熙：《邓和简公详议变法事宜奏稿》，广东省立中山图书馆等编：《续编清代稿钞本》第六十七册，广东人民出版社 2009 年版，第 495—497、504—505 页。

意，整饬兵备，在治下安徽省“拟先选千人，改用西法操练，并拟遵设武备学堂，教授艺业”。因“二者均为急务，取法端藉闳规”，他数次电请张之洞：“恳示鄂省洋操千人营制饷项及华洋教习薪资杂支等款并操练详细章程”，“鄂省洋操新军武备学堂各章程，如有刊印成本，乞赐分颁。倘无刊本，则恳饬承照钞迅寄来皖，俾奉为模楷，得所遵循”。[①] 是年底筹办完毕的安徽武备学堂，或是以张之洞治下的湖北新军及武备学堂为模范。第二年，经两江总督刘坤一的劝说及牵线，邓华熙积极聘用日人晴气市三大尉充当安徽武备学堂教习，“专讲德国兵法”。[②] 显然，邓华熙在当时是具有与张之洞类似的相对开明的观念、热衷于办理洋务的疆吏。1901 年 1 月 29 日，清廷颁布上谕要求变法，开启清末新政，“盖不易者三纲五常，昭然如日星之照世。而可变者令甲令乙，不妨如琴瑟之改弦”。[③] 3 月，张之洞电邀邓华熙等督抚会奏变法，粗拟九事。邓华熙表示高度赞同，认为“钧议……正揆时度势、言之可行之至论。”[④] 该联衔会奏被迫取消后，他单独上奏提出变法八条，其中“广兴学校”“变通科举”“亲贵游历”“行钞法”“官宜专任”五条正是参考了张之洞此前的电报。邓华熙在奏折中认为：变法诸事均应以人才为根本，而治人之一端在“多聘日国及各国学问优长之士人相助为理，不惮借才于异地，即为能自得师。再择各国之善法与日国之善法相辅而行，则变法较为易举”。这表明他的改革重心是“以日为师”，引进日本人员及制度，“日国与中国同文，维新之典籍可观，无烦翻译，其政事不若诸大邦之繁啧，其用款亦无须诸大国之繁多。”[⑤] 邓华熙的建言，与张之洞所著《劝学篇》中联络日本的主张相似。此后，邓华熙改任贵州巡抚，延续这一施政思路，并促成贵州在西南地区率先聘用日本教习以“开风气”“宏教育”。

---

① 《张之洞收安庆邓抚台（邓华熙）来电》（光绪二十四年七月十四日到），虞和平主编：《近代史所藏清代名人稿本抄本》第二辑（张之洞档）七七，大象出版社 2014 年版，第 501—502 页。

② 《陶森甲致驻上海总领事馆事务代理松村贞雄信》（1899 年 8 月 15 日收），日本外务省外交史料館藏：《清国兵制改革一件》第一卷，档案号：5－1－1－0－14_ 001。

③ 中国第一历史档案馆编：《光绪朝上谕档》第二十六册，广西师范大学出版社 1996 年版，第 460 页。

④ 李细珠：《张之洞与清末新政研究》，上海书店出版社 2009 年版，第 87—89 页。

⑤ 邓华熙：《邓和简公详议变法事宜奏稿》，广东省立中山图书馆等编：《续编清代稿钞本》第六十七册，广东人民出版社 2009 年版，第 487、492—493 页。

邓华熙在安徽、贵州等地巡抚任上的施政思想及具体活动充分说明：张之洞在《劝学篇》内提出的变法思想及师日主张，对他省师日、求新起到了积极的促进作用。

二 师日举措的影响

张之洞师日的具体举措也受到多省的借鉴、效仿，甚至被同僚誉为“开天下之先”。在师日举措上，张之洞与其他地方督抚进行的互动可分为以下三种方式。

（一）商议

1898 年前后日本方面加大了对华活动，政府、军方、民间纷纷派员示好劝诱清朝官民；清朝官民也逐渐考虑“以日为师”。在这一转变过程中，地方督抚之间商议互动是应对新局势的第一步。

考察并学习日本的具体事务是督抚们最早商议的内容。张之洞最初选择的是与湖南巡抚陈宝箴进行商议。按照清制，湖广总督是统辖湖南、湖北两省的最高军政长官，“总督湖北湖南等处地方提督军务、粮饷兼巡抚事”①。但以清末的具体情形而言，湖广总督的权力范围主要在湖北，其日常施政不涉湖南；若遇到关系两省的重要事件，则由总督领衔、两省巡抚会衔上奏。因此，虽然张之洞以湖广总督之名统辖两湖地区，但涉及与日本的交往时，他不是以行政命令指令湘省，而是以建议的形式与湘抚商量。1895 年以后，陈宝箴主政湖南，力主革新，并与张之洞关系融洽、互动频繁。在戊戌年，除去熟知的维新活动外，张之洞、陈宝箴二人商议师日具体事务的情况不容忽视，要者有三。一是借助日本力量练兵，招聘日本教习。1898 年初，日本参谋本部先后派员来华游说清朝官绅。其中，神尾光臣奔波于上海、武昌长达近两个月，与张之洞、盛宣怀等人商议包括新法练兵在内的众多事情。2 月初，张之洞致电陈宝箴，称：

> 倭将神尾来谈新法练兵，切实可采。鄙意欲合鄂、湘之力，延倭教习，先练一军为各省倡。每一省拟练四五千人，湘军在湘练，

① 赵尔巽等：《清史稿》第十二册，中华书局 1977 年版，第 3340 页。

> 鄂军在鄂练，饷各筹，事各办，不过趁此一并商酌举办，将来即可会奏筹饷耳。前闻伯严世兄谈及练兵事，知尊见必以为然。请速派一员来，须晓兵事而又能知尊意者，与神尾互商，有章程再入告。倭陆军采德、法两国制，又参以其国之宜，地近，薪廉，种同，文字语言风俗又相近，以之教兵，必有裨益。①

张之洞提议两湖分头筹饷、练兵，但拟“合鄂、湘之力，延倭教习”以及共商章程。陈宝箴完全同意张之洞的提议，并表示“钦佩无已。惟湘省筹款倍难，尚须赖宪台主持奏请耳”。② 二是派员赴日考察。2 月，鄂省员弁姚锡光、张彪等一行 5 人随日本参谋本部员宇都宫太郎等人赴日考察，其中还包括湘省所派蒋德钧一员。这是张之洞与陈宝箴商议的结果，他数次邀请湘省一并派员随行：“先派一人偕宇都往察度办法甚善”，“尊处如派员游历东洋，讲求兵事，祈饬即来鄂速行赴沪”。③ 三是派遣学生赴日游学。张之洞曾力劝陈宝箴派遣湘人赴日游学，重在武备：“鄙意熟察时局，非急练兵不可，练兵非赴外洋学习不可。东洋路近费省，而彼意诚切，尤为有益。”④ 对此，陈宝箴积极邀请张之洞的幕僚姚锡光来湘商办，“询悉情形及议订节目”。⑤ 据日人报告，至戊戌政变前后姚锡光已从湖南挑选 60 余名候选者准备赴日；并强调这是“湖广总督张之洞与日本参谋本部密约，计划派遣文武学生百名赴日学习”。⑥ 不过，陈宝箴因戊戌政变被革职，其在湘推行的趋新举措多被撤销或暂缓，涉日事务同样受到影响。上述三点均与练兵相关，是张之洞一直呼吁的事务，也

---

① 《致长沙陈抚台》（光绪二十四年正月十三日酉刻发），赵德馨主编：《张之洞全集》第九册，武汉出版社 2008 年版，第 290 页。

② 《致张之洞》（光绪二十四年正月十四日），汪叔子、张求会编：《陈宝箴集》（下），中华书局 2005 年版，第 1556 页。

③ 《张之洞致长沙陈抚台（陈宝箴）电》（光绪二十四年二月二十四日），虞和平主编：《近代史所藏清代名人稿本抄本》第二辑（张之洞档）四八，大象出版社 2014 年版，第 262 页。

④ 《致长沙陈抚台》（光绪二十四年三月十四日寅刻发），赵德馨主编：《张之洞全集》第九册，武汉出版社 2008 年版，第 304 页。

⑤ 《张之洞收长沙陈抚台（陈宝箴）来电》（光绪二十四年四月二十日），虞和平主编：《近代史所藏清代名人稿本抄本》第二辑（张之洞档）七七，大象出版社 2014 年版，第 178—179 页。

⑥ ［日］神谷正男编：《宗方小太郎文書》，原書房 1975 年版，第 45—46 页。

向来受到陈宝箴的重视。二人原本交谊密切，加之观念相仿而促成了双方的互动商议。

戊戌政变后，张之洞转而与刘坤一进行师日举措的合作。张之洞的政治性格老练稳重，虽欲积极与日联络，但在清廷政策未定之时他选择的是谨慎寻求合作者。此前刘坤一与张之洞以“公事只问是非”相待，无彼此示好之意。但随着局势变化，尤其经历甲午战争、庚子事变等事件后，他们二人的交往愈发密切。甲午战后，日本方面对刘坤一也曾展开不少活动。一般而言，日本政府、军方、民间等各方人士前往长江流域考察、访问，往往将江、鄂两地作为必到之地。他们纷纷游说刘坤一，“皆深以捍御外侮、保全东亚大局为言，其泯嫌修好之真形于词色”。[①] 至1898年时，刘坤一已认可日人的“唇齿”之说，3月底致信日本参谋本部员神尾光臣曾称“亚东两国，唇齿相依，共敦睦邻之谊”。但刘坤一对“唇齿”一说自有看法，深知在日俄竞争的局势下“日畏俄之偪不得不顾唇齿”，同时也认识到“我不能自强，难免不别生变故”。[②] 翌年，东亚同文会会长近卫笃麿访问长江流域的封疆大吏刘坤一、张之洞，对刘坤一的评价甚至远高于张之洞。而刘坤一向近卫表示，对“日清两国的交情日益亲密”感到高兴，并深谢近年日本教导中国的好意。[③] 实际上，在借助日本以自强革新的态度上，刘坤一与张之洞的观点相近。刘坤一曾指出聘用日本教习之利有四：“文字相同，无须翻译，一也。路程极近，川赀甚少，二也。薪水较西洋人可省两倍，三也。同撄外患，教导必格外尽力，四也。”[④] 这与张之洞在《劝学篇》内所言差别不大。因此，在与日本方面接触的早期，由于事无前例，他们经常就具体事务进行商量、合作。刘坤一曾筹划两江派员赴日游学，询问张之洞“贵省派赴日本游

---

① 广东省立中山图书馆编：《广东省立中山图书馆馆藏名人手札选萃》，商务印书馆2002年版，第6页。

② 《复日本光臣》（光绪二十四年三月初九日）、《致王中堂》（光绪二十四年）、《复向子振观察》（光绪二十四年七月），中国科学院历史研究所第三所工具书组校点：《刘坤一遗集》第五册，中华书局1959年版，第2221、2232、2229页。

③ ［日］工藤武重：《近衛篤麿公》，大日社1938年版，第253页。

④ 广东省立中山图书馆编：《广东省立中山图书馆馆藏名人手札选萃》，商务印书馆2002年版，第6页。

学各学生每人除火食外，月给零用津贴等项各若干”[①]，以便参考。张之洞为对华有功的日人奏请赏给宝星，也多次与刘坤一商量办法，“祈即由尊处会挈鄙衔具奏”，还考虑了“会川闽苏湘皖各帅衔具奏”这样的多省联衔办法。[②] 甚至在1899年初江、鄂首次派员赴日游学时，双方决定共用留日学生监督。张之洞主动向刘坤一提出：“闻江南派往日本学生，甚愿亦有委员照料。诸生远游，其身体食用、性情行止等事，有人检点自更放心。鄙见如尊处亦委陈令，兼照料江南学生似甚简便，而于学生有益。”[③] 起初，刘坤一受日人劝说而考虑以邹凌翰充任监督，但最终采纳了张之洞的提议。[④]

在清末新政初期，张之洞与其他督抚商议的内容延伸至清廷的政策及制度方面。在相当长的时间内，地方督抚以直隶总督、两江总督、湖广总督地位最重。围绕相关内容的商议也大多在这三者之间进行，突出表现在张之洞与刘坤一、袁世凯的互动中。经历东南互保后，刘坤一、张之洞的交谊日深。1901年，二人商议并联衔上奏《江楚会奏变法三折》。该折成为新政初期的总纲领，内中呼吁取法日本。在此大纲下，张之洞又进一步与刘坤一、袁世凯商讨制订各方面的制度。翌年，遵照清廷谕令各省酌议学制章程的要求，刘坤一和张之洞围绕此事“公同设局，访求日本教科书，拟酌采其意编纂之”。[⑤] 在此之前，二人已分别为教科书的编写做了大量准备工作。张之洞曾专派罗振玉、刘洪烈一行赴日考求教科书、教学、管学等事宜。几乎同时，刘坤一也委托清朝驻日公使觅寄日本“官立大中小师范、海陆军所属及农工商等学堂”的“学校一览规则、内务细则、处

---

① 《张之洞收江宁刘制台（刘坤一）来电》（光绪二十七年二月十七日），虞和平主编：《近代史所藏清代名人稿本抄本》第二辑（张之洞档）八五，大象出版社2014年版，第667页。

② 《张之洞端方致江宁刘制台（刘坤一）电》（光绪二十七年十一月十八日），虞和平主编：《近代史所藏清代名人稿本抄本》第二辑（张之洞档）五一，大象出版社2014年版，第214—215页。

③ 《张之洞致江宁刘制台（刘坤一）电》（光绪二十四年十二月十六日），虞和平主编：《近代史所藏清代名人稿本抄本》第二辑（张之洞档）四八，大象出版社2014年版，第654页。

④ 《南洋派遣學生監督者之件具申》（1899年3月24日），日本外務省外交史料館藏：《在本邦清国留学生関係雑纂/学生監督並視察員之部》，档案号：B-3-10-5-3_4。

⑤ 《致京张冶秋尚书》（光绪二十八年正月三十日丑刻发），赵德馨主编：《张之洞全集》第十册，武汉出版社2008年版，第358页。

务细则、学科表、课程表等书”各二部，得到日本文部大臣、东京府知事等人的积极配合。[①] 与刘坤一的合作情况不同，张之洞与袁世凯的商议更多地体现在争执上。他们二人曾奉旨筹议营制，但出于不同利益考量，张之洞主张以参酌德、日营制的湖北新军为标准并“略仿日本户山学校意”教习将佐，袁世凯则坚持主要参考了德国兵制的北洋新军营制。最终，清廷接受了袁世凯的主张。[②]

（二）劝说和牵线

张之洞转变对日态度后，在师日举措上也积极地以劝说、牵线等方式与其他督抚进行互动。

张之洞往往基于自身经验劝说其他督抚“以日为师”。戊戌变法期间，陕西巡抚魏光焘筹划创设武备学堂，认为张之洞“实开天下之先，人材必多造就”，向他求拨“武备学堂高等学生入陕，充当教习”“以便推广办理”。[③] 但张之洞以湖北武备学堂“学生功夫太浅，实不能当教习”拒绝，甚至认为北洋新军也无法充任教习，“或向新建军袁慰庭处索之，功夫亦未必深，或略具规模，渐开风气耳”，主动建议“若欲学武备，惟有派人赴日本一法，或延日本教习，方有实际”。[④] 戊戌政变后，张之洞在涉日言行上表现愈发谨慎，但仍在私下进行活动。他曾密电在沪心腹，有意劝说闽浙总督许应骙趋新变革，内称“劝许筠庵言新法极好，不知许肯畅言否。”[⑤] 许应骙在戊戌政变后擢升闽浙总督，直到1902年开缺回籍，其间受张之洞的影响不少。许应骙后来的反应正如张之洞期待的那样。1899年，他询问张之洞派员游学日本的具体情况以备参照。张之洞热心回电，称：

① 《李盛铎致小村寿太郎电》（1901年11月18日收），日本外務省外交史料館藏：《1. 明治三十四年/6）両江総督劉坤一ヨリ帝国諸学校ノ規則並ニ細則寄贈方依頼之件　十一月》，档案号：B－3－10－2－1_ 002。

② 参见李细珠《张之洞与清末新政研究》，上海书店出版社2009年版，第246页。

③ 《张之洞收西安魏抚台（魏光焘）来电》（光绪二十四年七月初七日到）、《张之洞收西安魏抚台（魏光焘）来电》（光绪二十四年八月初五日到），虞和平主编：《近代史所藏清代名人稿本抄本》第二辑（张之洞档）七七，大象出版社2014年版，第469、613页。

④ 《致西安魏抚台》（光绪二十四年八月初九日子刻发），赵德馨主编：《张之洞全集》第九册，武汉出版社2008年版，第345页。

⑤ 《张之洞致上海梁星海电》（光绪二十四年九月二十六日），虞和平主编：《近代史所藏清代名人稿本抄本》第二辑（张之洞档）一四，大象出版社2014年版，第696页。

> 上年日本大操，鄂派文武十一员往阅，南、北洋亦均派多员。后又派学生二十名赴东学习武备，每人岁约费三百元，川资在外。南、北洋各添二十名，浙派八名。东洋武备，实为精能，多派人员往学，收效甚大。惟须二十人内外方可多得人材，以备将来挑选，似须福州人与漳泉人兼派尤为有益。管见是否，请酌。又，前年曾延东人数名译武备书，目录甚多，另函录呈。真。[①]

张之洞毫不吝啬地将湖北的经验电告许应骙，甚至极力建议他多派人员赴日。此后不久，许应骙派遣崔祥奎一行七人赴日参观陆军特别大演习并视察军事。[②] 许应骙在这一时期已接受当时流行的“中日同种同文，交谊日笃”之说，认为应主动向日本“观摩攻错，获益他山，庶几特角同州转车永固”。[③]

日本方面也将张之洞的经验作为优秀样本，用来活动他省督抚。1901 年，日本参谋本部福岛安正少将访华拜访闽督许应骙，特意谈到“武昌之兵事……比之两年前，今日实有可惊叹之进步”，原因“不外是张总督信任统领张彪，而专发挥其本领。”许应骙非常清楚“发挥其本领”的重点在师日，主动表示他信任下属孙道仁与湖北的情况无异，“欲让孙统领充分发挥其本领，特派遣他陪观贵国此次之大演习”。[④] 是年 9 月，孙道仁一行十九人如约赴日。

张之洞积极为其他督抚牵线日本方面，则多是应日人要求，其中日本军方诸人尤为活跃。1900 年 9 月，陶模调任两广总督。他思想开明，“倡言变政，其态度和主张相当激进。其建言多以制度兴革为内容，强调学习

---

① 《致福州许制台》（光绪二十五年八月十一日辰刻发），赵德馨主编：《张之洞全集》第十册，武汉出版社 2008 年版，第 14 页。

② 《清国福建総督派遣ノ文武官来着ニ付照会ノ件御回答案》（1899 年 10 月 21 日），日本防衛省防衛研究所藏：《清国派遣の武官未着の件》，档案号：陸軍省 - 壹大日記 - M32 - 10 - 16。

③ 《報告第 8 号　福州記事》（1901 年 8 月），日本防衛省防衛研究所藏：《南清地方旅行日誌》（明治 34 年 8 月），档案号：支那 - 参考資料 - 169。

④ 同上。

和模仿西法”。[①] 此前陶模虽常年任职陕甘总督，但颇有声名。日人对他评价很高，认为是“与张之洞、刘坤一并称明达时事的人杰”。[②] 而且他是“张之洞于同治六年任浙江乡试副考官时所拔之才，名份上属师生，两人历来私交甚密”。[③] 1901 年，日本军方要人福岛安正为“收南清之利权”而决定访粤并拜见陶模，但苦于向来与两广缺少联系，转而向张之洞求助。张之洞随即电劝陶模优待福岛安正，内称“日本少将福岛安正在京保护宫禁及商民甚力。昨来鄂，旋赴宁，均优礼款接。兹该少将由闽赴粤，拟谒台端，属为先容，特电闻，祈优款。少将品级如中国总兵，福岛系日本甚有名人”。[④] 陶模的确遵照师命给予热情接待，与福岛安正见面时称收到张之洞来信而“待贵官来粤已久”。[⑤] 由此，日人与陶模的联系经张之洞而辗转建立。此外，陶模在筹建武备学堂的过程中也非常依赖湖北的留日学生。1902 年，他在奏陈学堂筹建情形时便称“学堂正教习须用留学日本士官学校卒业生方足胜任。前已屡次电商江、鄂督臣调派四人前来。”[⑥]

张之洞受日本政府委托的牵线效果更为显著。1900 年、1901 年，日本驻汉口领事濑川浅之进两次赴湘游历，均是请托张之洞致电湖南巡抚俞廉三予以照料保护而成行。[⑦] 濑川浅之进赴湘并非只是“仰慕曾文正，欲观其故里山川风土”这般游山玩水，而是意在加强日本与湘省的联系。他的游说促成湖南首次派员赴日游学。1901 年，湖南巡抚指令洋务总局会同矿务局详议派遣学生游学一事，要求二局“分别照会，并

---

① 关晓红：《陶模与清末新政》，《历史研究》2003 年第 6 期。

② 《第 11 号　廣東記事》（1901 年 8 月），日本防衛省防衛研究所藏：《南清地方旅行日誌》（明治 34 年 8 月），档案号：支那 - 参考資料 - 169。

③ 茅海建：《张之洞策反邱菽园》，《四川大学学报》2012 年第 1 期。

④ 《张之洞致广州陶制台（陶模）电》（光绪二十七年八月十七日），虞和平主编：《近代史所藏清代名人稿本抄本》第二辑（张之洞档）五一，大象出版社 2014 年版，第 100 页。

⑤ 《第 11 号　廣東記事》（1901 年 8 月），日本防衛省防衛研究所藏：《南清地方旅行日誌》（明治 34 年 8 月），档案号：支那 - 参考資料 - 169。

⑥ 两广总督陶模：《奏为遵旨筹建武备学堂事》（光绪二十八年六月十三日），中国第一历史档案馆藏：军机处全宗，档案号：03 - 7212 - 027。

⑦ 《张之洞致长沙俞抚台（俞廉三）电》（光绪二十六年三月十六日），虞和平主编：《近代史所藏清代名人稿本抄本》第二辑（张之洞档）四九，大象出版社 2014 年版，第 390 页；《张之洞致长沙俞抚台（俞廉三）南昌李抚台（李兴锐）电》（光绪二十七年三月十一日），虞和平主编：《近代史所藏清代名人稿本抄本》第二辑（张之洞档）五〇，大象出版社 2014 年版，第 574—575 页。

谕令从速前往”。不久，日本领事收到湖南洋务总局的照会，内称：

> 查办理矿务，以办认矿苗化炼矿质为第一要义。湘省从前未设学堂，自应遣派学生游学贵国，以资借鉴。查有湖南湘潭县监生梁焕彝，年二十四岁；长沙县监生张孝准，年二十岁，向均在上海南洋公学等处学习算法，堪以派遣。当经函知贵国驻汉总领事濑川，嗣准覆函称：“该生等前往游学，志趣可嘉，一切事宜自当妥为照料，并已咨明本国外部”等因。复由贵国学生中畑君游历来湘，赍到各学堂章程。本局详加考核，惟高等学堂及大学堂有专门科，其余皆普通学校。此次派往学生，自应学习专门，以求实效。拟令该学生等到日之后，先赴各处工厂逐加考察，再由该学生等自行酌量应入何处专门学堂，随时禀报。并即呈请驻日钦使咨会照料，以免纷歧而臻妥善。所有该生等行装川资，每名拟给洋银二百元，旅费学费每名每月拟给洋银四十元。现在该生业经束装起程。除详请抚宪一面咨呈外务部转咨驻京日使，一面迳咨驻日钦使外，相应照会贵总领事，请烦查照，俯念同文同洲之谊妥为照料，并给函前往，盼切施行。①

湘省指定梁焕彝、张孝准二人赴日游学，并请日方予以照料。濑川浅之进赴湘的另一任务是邀请该省派员参观日本东北地区举行的陆军特别大演习。湘省积极回应，派遣营务处提调罗正钧、管带湖南威字后旗候选训导于洪铸二人赴日阅操并考察日本各学堂及农工商各场所。此外，湖南长沙府知府赵宜琛之子赵世缙自费随行游学，平江矿务分局黄忠绩受命视察日本矿务事，为日后雇佣日本技师作打算。②翌年，湘省再派武备学堂监督陈琪赴日阅操，并在日购买学堂需用书

---

① 《湖南洋务总局致驻上海总领事代理小田切万寿之助电》（1901 年 9 月 9 日），日本外務省外交史料館藏：《3. 明治三十四年度　東北地方》，《帝国陸軍大演習関係雑件》第一卷，档案号：5 – 1 – 3 – 0 – 18_ 001。

② 《湖南派遣大演習視察ニ関スル報告》（1901 年 9 月 24 日），日本外務省外交史料館藏：《3. 明治三十四年度　東北地方》，《帝国陸軍大演習関係雑件》第一卷，档案号：5 – 1 – 3 – 0 – 18_ 001。

籍、器械等。[①] 对于湘省派员赴日游历游学的举措，张之洞予以了积极鼓励、推动。1906 年，他与湘抚庞鸿书联名上折，奏请“将两湖新选新补各员，陆续调派，均令赴日本游历”，以“博览周咨”“破迂谬腐败之习，鼓励精图治之心”。[②] 实际上，这是张之洞未与庞鸿书商量而擅自作出的决定。他在上折后的第二日才向庞鸿书解释，称“此举初本专就鄂省通饬遵行，继思湘省州县其于新政交涉诸端考求亦正难缓，鄂省办法度尊处必以为然，因于发折时改为两湖一律办理。”[③] 张之洞的牵线，推动湖南与日本方面的联络愈发密切。

（三）效仿

由于大力提倡各类师日举措并先于他人付诸实践，张之洞成为其他督抚主动效仿的重要对象。

浙江巡抚廖寿丰是最早效仿张之洞的地方督抚之一。1898 年前后，廖寿丰思想开明，对待变法态度积极，关心学校、军事、工商诸务的制度改革情况，在地方上最先派遣留学生赴日。[④] 廖寿丰还在未受到邀请和安排的情况下，主动拜访日本驻杭州领事馆事务代理速水一孔，要求派员参观日本陆军演习。他认为：“现今清朝大有革厘旧弊之势，其首要者应在亲睹外国进步情形，比如改革陆军制度不能只是凭借书本或想象而施行”。[⑤] 在“以日为师”的过程中，廖寿丰敏锐地意识到可以寻求张之洞的帮助。1898 年 7 月，廖寿丰致电张之洞：“尊处曾延东洋武员二名到鄂，专译该国兵书。现译出几种、何名，祈电示”[⑥]，得到了

---

① 《湖南派遣大演習陪觀員ニ関スル件》（1902 年 10 月 24 日），日本外務省外交史料館藏：《1. 明治三十五年度 九州地方》，《帝国陸軍大演習関係雑件》第二卷，档案号：5－1－3－0－18_ 002。

② 《两湖新选新补各州县拟令出洋游历折》（光绪三十二年七月十三日），赵德馨主编：《张之洞全集》第四册，武汉出版社 2008 年版，第 279 页。

③ 《致长沙庞抚台》（光绪三十二年七月十四日亥刻发），赵德馨主编：《张之洞全集》第十一册，武汉出版社 2008 年版，第 295 页。

④ 上海图书馆编：《汪康年师友书札》第二册，上海古籍出版社 1986 年版，第 1263 页。

⑤ 《陸軍演習ニ付参観之為メ浙江省ヨリ武官派遣之件》（1898 年 10 月 11 日），日本外務省外交史料館藏：《2. 明治三十一年度 京阪地方》，《帝国陸軍大演習関係雑件》第一卷，档案号：5－1－3－0－18_ 001。

⑥ 《张之洞收杭州廖抚台（廖寿丰）来电》（光绪二十四年六月十七日到），虞和平主编：《近代史所藏清代名人稿本抄本》第二辑（张之洞档）七七，大象出版社 2014 年版，第 384 页。

积极回应。是年底，他又致电张之洞，称："七月间承示日本武学各书已译九种，日员回鄂，瞬又数月，续译何书，乞电示。因敝处亦拟酌译，俾免重复。"[①] 在浙省了解、学习日本的早期活动中，张之洞为之提供了不少便利。

四川地区则是受张之洞推行的师日举措影响最深的区域。1898 年奎俊调任四川总督后多有推崇张之洞的举措，是年奉旨创设武备学堂时便"派员前往湖北查取章程，延聘教习"，"仿照开办"。[②] 在涉日活动上，奎俊也常以张之洞为参照。他曾接到日人的邀请，派员参加日本举办的劝业博览会，强调"沿海沿江如湖北、两江等省将来均派员前往，四川亦甚乐派员同往。"[③] 不仅如此，奎俊还主动求教于张之洞。1899 年 9 月，他派遣丁鸿臣一行赴日阅操，特意"绕道武昌，俾与湖广督宪张香帅面商方略，并观鄂省新军一切操法，然后由沪赴东瀛，以资阅历"。[④] 翌年，丁鸿臣一行回国，又途经湖北拜谒张之洞。张之洞"询东洋事甚悉，亟称其兵制学校之善……并劝归陈乐帅务必选聪强子弟出洋学习，以开四川风气。虽收效稍缓，然蓄艾之谋不可不急讲也。"[⑤] 是年，奎俊即决定"拟仿湖北章程"，选派学生赴日游学：

> 前据日本国陆军大尉井户川辰三于请订日本人为川省武备学堂教习之外，又请选派学生前赴日本肄业。盖学堂之设，虽可教育多人，而一傅众咻，收效尚缓，不若就学彼国之易于精进也。现在时事日艰，自以培植人才为急。且川省风气未开，尤当藉此消其拘墟之见，以通中外之情。伏查南北洋及闽鄂等省从前均有学生派赴外

---

① 《张之洞收杭州廖抚台（廖寿丰）来电》（光绪二十四年十一月十一日到），虞和平主编：《近代史所藏清代名人稿本抄本》第二辑（张之洞档）七八，大象出版社 2014 年版，第 512 页。

② 四川总督奎俊片：《奏为办理川省拟派学生赴日本留学事》（光绪二十五年四月十三日），中国第一历史档案馆藏：军机处全宗，档案号：03－5998－046。

③ 《成都洋务局致成田安辉电》（1900 年 8 月 7 日），日本外務省外交史料館藏：《成田安輝西藏探検関係一件》，《5　明治 33 年 11 月 16 日から明治 33 年 12 月 28 日》，档案号：1－6－1－11。

④ 《川督讲武》，《申报》1899 年 9 月 10 日第 1—2 版。

⑤ 王宝平主编：《晚清东游日记汇编》二（日本军事考察记），上海古籍出版社 2004 年版，第 346—347 页。

洋肄业，拟仿湖北章程，从俭办理。当经电询湖广督臣张之洞，兹准覆称，鄂省先后派赴日本肄业学生共一百名，每人每年学费洋银三百元，每月零用两元，四年毕业，由使馆照料等语。川省事属创举，款难多筹。现拟选派学生二十二名，劄委候补知府李立元于八月以内带赴日本，入其国家公学堂肄业。所有各生学费以及零用，每名年共给银二百两，先定以三年为期，并照鄂省办法统归出使日本大臣管理，不另委员监督，以节费用。所派学生即于省城书院及中西学堂中择其聪颖端谨、年在二十内外者应之。岁需经费约须五千两之谱，亦由本省筹给。日后有款可筹，再行推广，庶与学堂相辅而行，川省人才可期起色。除咨外部查照外，谨附片具陈。伏乞圣鉴训示。谨奏。①

奎俊电询张之洞关于学生留学所需费用、年限后，作为参照而规定了川省情形。日本驻重庆领事馆武官观察到川省的这一变化：自戊戌年后“唇齿辅车之说在志士间喧嚣；同时，希望留学的学生增多，或至湖北先入张氏之门欲遂其志，或试以自费。”该武官指出其原因“是受到湖北派遣留学生（引者：赴日）的影响，自不待论”，由此对日本在长江上游的活动充满信心：“少壮青年的意向也可知之，实是前途有望”。② 可见，日人将张之洞在鄂的涉日活动视为四川官民对日态度改善的重要原因。

当然，这种效仿并非只是他省督抚对张之洞的“单向”互动。1905年，北洋大臣、直隶总督袁世凯率先在辖区筹设宪兵，“于巡警中另行抽练”，“照日本宪兵制度以卫公家”。③ 翌年，张之洞电请袁世凯将宪兵“章程饬钞寄鄂，以资仿办”④，同样也是“拟仿日本宪兵办法”。⑤

---

① 四川总督奎俊附片：《奏为川省拟派学生赴日本留学事》（光绪二十六年），中国第一历史档案馆藏：宫中档案全宗，档案号：04－01－38－0204－009。

② 《秘報第五十八号》（1899年4月5日），日本外務省外交史料館藏：《清国ノ部》，《在外武官報告　第二卷》，档案号：5－1－10－0－7_002。

③ 《北洋拟设宪兵（天津）》，《申报》1905年4月9日第3版。

④ 《致天津袁宫保》（光绪三十二年二月初四日亥刻发），赵德馨主编：《张之洞全集》第十一册，武汉出版社2008年版，第271页。

⑤ 《拟立宪兵预志（武昌）》，《申报》1906年3月2日第3版。

（四）师日互动的特征

综合三个方面的情况，张之洞与他省督抚在师日举措上的互动从点、线、面上呈现三个特征。

一是时段上集中于清末中日关系交好的早期，在戊戌以后至预备立宪之前尤其是庚子事变前后——这与当时中央、地方的政治权力结构变化一致。这一时期，清廷的大政方针未定，地方督抚之间以互相商议的方式效仿日本，于政治上而言是稳妥之法。而地方督抚与日本的联络渠道也未完全建立。已与日本建立联系的督抚为其他同僚牵线，同时后进者纷纷效仿先进。张之洞在甲午战后积极开展自强活动而备受瞩目，又在 1898 年前后先于大多省份与日本各方进行交往，引领了当时清朝各地“以日为师”的潮流。他不仅主动效仿日本的器物乃至制度，还热情分享经验，力劝前来取经的他省官员学习日本。这使得在戊戌以后的一段时间内，张之洞对日交往的诸多情形成为其他省份争先借鉴的对象。不过，在宣布预备立宪后，清廷逐步就涉日事情制定章法，并设立机构统一管理，地方督抚不必也不能沿用旧法。

二是就地域而言，南方督抚的互动更为频繁、联系更为紧密，大致以两江总督、湖广总督为中心。1901 年刘坤一、张之洞联衔上奏《江楚会奏变法三折》，将这种互动推向顶峰。而北方督抚在师日举措上的互动参与度偏低。虽然日本一直觊觎中国北方、积极活动相关督抚，但进展不明显；直至 1901 年底袁世凯接任直隶总督后才渐有起色，并于日俄战后取得较大突破。1902 年各省派遣赴日学习武备的毕业生数据亦能反映这一特征：是年卒业回国学生人数北洋 8 名，南洋 11 名，湖北 15 名，浙江 3 名；另有南洋卒业学生 2 名“仍请留学半年”。[1] 南方督抚所派学生占据了近八成。

三是互动的内容广泛且循序渐进，其内容几乎囊括各类师日举措，可分为两个方面：一是派遣各类员弁赴日游历游学，二是引进各类人才、文教制度以及器物。前者以军事为重，推及文教农工商等内容，并

① 《蔡钧致小村寿太郎电》（1902 年 3 月 27 日），日本外務省外交史料館：《在本邦清国留学生関係雑纂/陸軍学生之部　第一巻》，《2. 在英公使へ通報　分割 2/分割 3》，档案号：B－3－10－5－3_ 1_ 001。

逐渐重视日本的相关制度情形；后者则出于防止外人揽权的考虑，将军事人员的引进放在较晚的时段。

总的来说，张之洞通过与他省督抚的互动，在清末“以日为师”的过程中扮演了重要角色。他们的互动为各自辖区学习日本以开风气提供便捷，并推进地方社会的发展，同时也为清廷提供经验和教训。以张之洞为代表的重要督抚甚至参与清廷涉日政策规章的制定，成为全国性仿照日本的重要参考。但是，也正是督抚的这种自主性，对清朝上下“以日为师”造成一定的阻碍。经过数年积累，张之洞所派留日游学学生逐渐成材，成为各方争取的对象。湖北官费生高曾介曾被河南巡抚张人骏调用；而张之洞以“向来各省官费生专为本省用”为由直接拒绝豫抚，更以电报命令高本人“万不准擅应他省调用。如敢擅往，定干惩罚。切切。”[①] 张之洞不仅不愿他省督抚借调湖北学生，甚至拒绝了清廷的调用。1907年初，经他派遣前赴日本振武学校学习武备的梅广羲，被两江指派充当宁、苏留学生监督。张之洞坚决反对此事：“监督事至繁琐，终日应接学生，必致自荒学业。鄂省尚自不肯派该道为监督，岂有转当他省杂差之理”。是年末，邮传部拟将梅广羲调京重用。张之洞仍旧不同意：“梅道一人，历年鄂费数千金，应尽本省义务。去年该道已切实禀明，鄂省现已委有要差，实难更易他人。”[②] 此类情况并不鲜见。清朝地方和中央纷纷向张之洞借调优秀人才，实是对他师日举措的一种肯定，反映出他借助日本自强革新的成效。但是，张之洞愿与他们分享的是师日经验而非成果。这一矛盾产生的关键在于经费。清末各省推行师日举措，其经费主要由本省承担，并非由清廷财政统一支出。其结果自是张之洞所言“应尽本省义务”，否则无法均衡本省的投资与回报。而这一点限制了各地人才、技术等资源的流动和互补，不利于当时清朝自强革新活动的全面展开。

---

① 《张之洞致开封张抚台（张人骏）电》（光绪三十二年闰四月二十二日）、《督院（张之洞）致东京湖北学生监督喜道源转交学员高曾介电》（光绪三十二年闰四月二十三日），虞和平主编：《近代史所藏清代名人稿本抄本》第二辑（张之洞档）五二，大象出版社2014年版，第324、329页。

② 《张之洞致北京邮传部张尚书（张元济）电》（光绪三十二年十一月二十日），虞和平主编：《近代史所藏清代名人稿本抄本》第二辑（张之洞档）五二，大象出版社2014年版，第386页。

小　结

张之洞师日举措的影响并未局限于辖区，更是延伸至长江流域乃至全国，推动了清末中央及地方各个方面的变革。

从清末中央政府的层面来看，张之洞的涉日建言对清末新政产生了重要影响。在民族危机日益加深的背景下，他积极参与、推动清末军制变革，主张军事制度如兵事机构、营制饷章、步兵操法等方面以及军事教育体系，借鉴、仿行日本情形。这些主张主要在张之洞的辖区付诸实践，也一定程度上影响了两湖以外的地区，但大多建言最终未能被清廷采纳。相较之下，张之洞为推动清末学制改革而发挥的作用更大。他曾以日本为蓝本，数次为清廷设计全国性的学制，并推行于辖区，还建言清廷奖励游学、游历，将日本作为最重要的目的地。正因如此，清末管学大臣张百熙盛赞“张之洞为当今第一通晓学务之人，湖北所办学堂，颇有成效，此中利弊，阅历最深”。①

从清末地方政府的层面来看，张之洞的思想、举措促动了他省师日求新。他通过撰刊《劝学篇》，阐明变法思想、呼吁联络日本。在戊戌变法期间及此后，《劝学篇》得到广泛流传，并对引导清朝官绅思想转变起到了积极作用。不少地方督抚接受张之洞的思想和主张，并在具体施政中广开风气、“以日为师”。与此同时，张之洞与其他地方督抚在师日举措上展开了诸多互动，包括互相商议以应对新局势、已与日本建立联系的督抚积极劝说同僚或为之牵线、后进者主动效仿先进等，涉及湖南、两江、浙江、福建、四川、两广、陕西、直隶等区域。这种互动从点、线、面上呈现出时段集中于清末中日关系交好的早期、南方督抚互动更为频繁、内容广泛且循序渐进的特征。张之洞与其他地方督抚的互动，为各自辖区乃至清廷仿照日本提供了便捷和经验；但也正是督抚的这种自主性对清末的师日活动造成阻碍，限制了各地人才、技术等资源的流动。

---

① 张百熙等：《奏请添派重臣会商学务折》（1903 年 6 月 27 日），璩鑫圭、唐良炎编：《中国近代教育史资料汇编·学制演变》，上海教育出版社 1991 年版，第 288 页。

结　论

1907年，张之洞授体仁阁大学士，随即交卸湖广总督篆务，奉旨进京入参军机，至1909年10月4日在京逝世。两日后，清廷发布上谕，赐谥“文襄”。张之洞去世后，日本政府、军方、民间纷纷表示哀悼，“各报著论皆极诚恳”。[①] 自1863年初出茅庐授职翰林院编修至1909年去世，在四十余年内，张之洞成长为“近数十年汉大臣中不可多得之人才，抑亦光绪朝三十四年有数之人物”。[②] 张之洞既是清朝地方督抚的代表人物，也是晚清中日关系的核心人物。

一　影响张之洞与日本关系的基本因素

张之洞与日本关系的形成、变化与发展是多种因素综合作用的结果。其中，以下三点基本因素具有决定性意义。

第一，清朝的政治结构。地方督抚的权力变化可分为三个阶段："清前期（鸦片战争以前），权力主要集中于中央的内阁、军机处与皇帝特简之经略大臣，地方督抚权力相对较小；清中期（从咸同军兴到庚子事变），地方督抚权力增大；清末期（庚子事变以后），朝廷加强中央集权，地方督抚权力又被削弱变小。"[③]

其中，作为地方督抚权力的重要组成部分，他们的涉外权力自清中

① 《日人哀悼张之洞》，《香港华字日报》1909年10月21日第4版。

② 《对于张文襄公薨逝之观感》，《申报》1909年10月7日第1张第2—3版。

③ 李细珠：《地方督抚与清末新政——晚清权力格局再研究》，社会科学文献出版社2012年版，第366页。

期起也逐渐增大。《南京条约》开放五口通商后，各口岸的对外事务处理权力逐渐转移至地方督抚手中。在这一时期，清朝中央不愿过多与洋人接触，而将对外交涉的差事推诿给地方官员；地方官员初涉外事，亦不情愿与外人交涉。随着西方列强势力愈发深入中国，外事成为清朝中央、地方必须面对的日常事务。清朝中央设立总理各国事务衙门专主交涉，但并未减小地方督抚的外事权力。咸同军兴后，地方督抚权力增大，他们视辖区为切身利益，不愿中央过多干涉，同时愈发主动地介入外事。张之洞曾向总理衙门明言："以后凡遇洋使搅扰事体，务望总署电询粤省，考其实在情形，有无办法，再与定议，必可挽回不少。"[①]确切地说，地方督抚主动介入外事存在两面性：他们有积极揽事、维护自身利益的一面，也有消极敷衍、不敢担当责任的一面。不论中央政府还是地方督抚，处理外事都选择趋利避害。甲午战后，中日围绕四口通商问题展开了多次交涉。负责谈判事宜的日本官员深切感受到，清朝存在中央"受制于地方分权之势，政令不能出于一途"的积弊。

在涉外权力增大的过程中，地方督抚之间的联系愈发紧密。清中期以后，地方督抚的权力逐渐增大，但对清廷仍存敬畏。庚子事变期间，地方督抚的权力达到顶峰。他们选择东南互保，与北京的政策背道而驰，却依旧谨慎揣摩、变通清廷旨意。在这样的政治结构下，地方督抚们互通声气、事先商议，再以同一意见联衔上奏，以维护自身利益、施压中央政府。清末飞速发展的电报业也为督抚们加强联系提供了技术上的可能性。他们利用电报频繁联络，推进东南互保，"进而影响清末国内政治关系的走向"，同时"与各国保持密切的联系""暂代政府行使外交职能"。[②]

晚清地方督抚群体中产生了几位核心人物。一般而言，清朝地方督抚以直隶总督的地位最为崇高。不过，1895 年至 1905 年期间的情况较为特殊。1895 年中日甲午战争失败后，清廷解除了李鸿章任职 25 年的直隶总督一职。此后，清政府频繁变更直隶总督，直至 1902 年实授袁

---

① 《上阎丹初先生》（八），赵德馨主编：《张之洞全集》第十二册，武汉出版社 2008 年版，第 30 页。

② 史斌：《电报通信与清末民初的政治变局》，中国社会科学出版社 2012 年版，第 120 页。

世凯该职后才趋于稳定。执掌直隶之初，袁世凯的势力还未完全形成气候，于1906年至1908年间方达顶峰。[①] 因此，在1895年至1905年的十年间，反倒两江总督、湖广总督的地位凸显，渐成地方督抚之翘楚。这与刘坤一、张之洞二人拥有稳定的政治地位密不可分。刘坤一于1891年补授两江总督，至1902年逝于任上，综治两江12年。张之洞于1889年迁任湖广总督，至1907年奉调进京入参军机，其间两度署理两江，综治两湖18年。刘坤一、张之洞二人分任两江总督、湖广总督的时间长久且声望益高，综治辖区具有持久性。他们对晚清政局的影响力在1901年前后达到顶峰，重要表现是：联手推动东南互保稳定南方局势，以及联衔上奏《江楚会奏变法三折》奠定新政基础。对此，当时报纸舆论认为："庚子拳匪之乱，（刘）制军与两湖总督张制军力拒矫诏，与各国订互保之约。虽事出权宜，而论者评其反经合道，由是东南数省晏然无事，卒赖以搘柱大局，挽回国是"、刘坤一"以外臣而参与朝政，实则凡有大议皆南皮倡之，而公和之"。[②] 此后，因刘坤一逝世、袁世凯崛起、张之洞癸卯进京等一系列事情相继发生，两江总督、湖广总督对晚清政局的影响力虽具有一定惯性，但逐渐逊于直隶总督，又重新回到地方督抚群体首推直隶总督的状态。

由于晚清中央政府与地方督抚的权力关系变化，以及地方督抚之间的权势消长，张之洞在1895年至1905年这十年间成为清朝最重要的封疆大吏之一。张之洞自觉、不自觉地介入清朝的对外事务，也受到包括日本在内的各国列强重视。

第二，日本对华不断扩张的形势。晚清对外关系可分为三个阶段：第一阶段是1834年至1860年，中外关系冲突不断；第二阶段是1861年至1893年，"中国接受战争决定的屈从时期"；第三阶段即1894年到清朝覆亡，清朝处于"被制服时期"。[③] 从19世纪70年代起，即中外关系发展进入第二阶段不久，西方列强由自由资本主义向垄断资本主义

---

① 张华腾：《北洋集团崛起研究：1895—1911》，中华书局2009年版，第159页。

② 《各报论时务：论刘忠诚逝世、江督刘岘庄制军事略》，《时务汇报》1903年第12期，第9—10页；《刘忠诚公挽联》，《经济丛编》1902年第17期，第1页。

③ ［美］马士：《中华帝国对外关系史》第三卷，张汇文等译，上海书店出版社2000年版，第472—474页。

过渡，积极寻求海外殖民地，侵略扩张瓜分世界，它们相继将目光瞄准亚、非、拉等区域。清朝也未能幸免，同样遭受了各国列强的猛烈冲击：在国内，遭遇严重的边疆危机，台湾、云南、西藏、新疆等地受到日、英、俄等列强侵略；在周边，陆续丧失对琉球、越南、缅甸、老挝等藩属国的控制力。虽然清朝不乏求富自强的举动，但仍无力与各国列强抗衡，屈从于列强的侵略战争，最终丧权辱国，一步步地彻底沦为半殖民地半封建社会。

而日本是紧随西方侵略步伐的“积极”分子。1868 年明治维新以来，日本采取积极态度处理对外关系。有学者从外交事务和国内发展的关系角度，将日本明治时期的对外关系分为三个阶段：1868 年至 1880 年是“国内事务与外交事务的交织”的阶段，1880 年至 1895 年是“国内政治与海外扩张”的阶段，1895 年至 1912 年是“帝国主义和军国主义”的阶段。[①] 具体到中日关系，在这三个阶段表现不同。在第一阶段，日本出于国内政治的需要，攻扰台湾、吞并琉球。在第二阶段，随着产业革命的推进，日本紧随西方列强殖民扩张的脚步，将对外重心放在朝鲜，并于 1885 年与清朝签订《天津会议专条》。其结果是，“内容纯取相互原则，中国对朝鲜的宗属关系等于放弃”。[②] 在第三阶段，日本进入帝国主义和军国主义阶段，加速侵略周边国家，以甲午战争作为开端。1894 年，日本挑起甲午战争，并于第二年强迫清政府签订不平等的《马关条约》，这成为中日关系的重大转折。作为后起的资本主义国家，日本轻视邻国中国、朝鲜，并积极谋求对他们的侵略扩张。就晚清时期各国列强在华势力的变化趋势而言，西方列强的势力整体减弱，而日本的势力逐步增强。以英国为首的西方列强进入中国较早，因而较早地在华攫取了大量利益。但后起的日本以日益膨胀的野心和软硬兼施的手段对待中国，并以“日英协调背景下实行主导作用”“在协调列国

---

① ［美］马里乌斯·B. 詹森主编：《剑桥日本史（第 5 卷）：19 世纪》，第十二章“驱向强国地位的日本”，王翔译，浙江大学出版社 2014 年版。

② 王芸生编著：《六十年来中国与日本》第一卷，生活·读书·新知三联书店 1979 年版，第 277 页。

之中采取是非主义”[①] 等政策对待在华的西方列强，逐渐扩大了在华乃至在东亚的势力。

在对华扩张过程中，日本格外重视长江流域，尤其是从甲午战争到日俄战争这一时期。甲午战后，日本与清朝的关系出现极大裂痕，同时与俄国在东北亚地区进行了激烈的竞争，利益冲突愈发严重。以俄国为核心的三国干涉“还辽”事件发生后，清政府与俄国的交往日趋紧密，并确定联俄的外交方针，寄希望于俄国的军事援助以抵御外侮。1896年，清政府与俄国签订《中俄密约》建立同盟关系，使得俄国加强了对东北亚的影响。因此，为扩大在华利益、对抗俄国，日本不得不考虑“南进”政策，着力对中国南方的扩张，并尝试“修好”与清朝的关系。其中，长江流域是日本高度重视的区域之一。甲午战后，日本在对和约的设想和谈判中，提出开放通商口岸、扩张汽船航路等条款，都与长江流域息息相关。日本对长江流域的用力扩张，一直持续到日俄战争时期。日俄战争结束后，日本在中国东北占据扩张优势，才重新回归“北进政策”。在1895年至1905年这一时期，日本注重对长江流域的势力扩张，因而重视以张之洞为代表的长江流域封疆大吏。张之洞综治长江中游的湖南、湖北两省长达18年，于两湖地区根基牢固、影响深远。不仅如此，他自甲午战时署理江督以后，在清朝朝中的地位显著提升，其施政思想及举措对整个长江流域都产生不同程度的影响。因此，日本在对华不断扩张的形势下，与张之洞的接触往来增多，并在甲午战后愈发密切。

第三，张之洞个人的施政能力。在历史进程中，个人的作用不容忽视。张之洞两度外放学政回京后跻身清流，肩负传统文人对国家的使命感，在对外事务上崭露头角，数次参议朝政，获得清廷赏识。他经超擢内阁学士不久，于1881年简放山西巡抚，首次执掌封疆。虽然张之洞在谢恩折中自称“不敢忘经营八表之略”而遭时人嘲讽，但足以表明他勇于任事的决心。在山西，张之洞初涉洋务，设立洋务局并广搜人才。三年后逢中法战事，他临危受命赴任两广总督，在与外人的接触中

① ［日］波多野勝：《近代东アジアの政治変动と日本の外交》，慶應通信1995年版，第1页。

愈发深刻地了解外部世界，创办铸钱局、枪炮厂、纺织厂等一系列洋务企业，还注重海军建设，设立水陆师学堂、建造军舰、编练水师等。1889年，因议修卢汉铁路，张之洞调任湖广总督。他在湖北的洋务活动以修建铁路为开端，延展至经济、军事、教育各领域，成为洋务运动后期兴起的“殿军”。

甲午战争结束后，张之洞从追赶时代潮流的“殿军”变成引领时代的重要人物。清朝洋务运动以失败告终，但各地的洋务活动仍在继续。作为地方督抚的重要代表，张之洞在1895年至1905年间推行洋务活动尤为积极，编练自强军、改革湖北学制、改革厘金制度等等。这不仅引来清廷对张之洞的倚重，还引发列强对他的关注。《马关条约》签订后，长江流域成为列强竞相争夺的重要区域。战后清政府商议并修筑卢汉、粤汉铁路，使得张之洞所辖的湖北地区成为清朝水陆交通的枢纽。各国列强愈发重视张之洞，希望与之交往联络。不论哪国重要人物访华，他们都将长江流域的两江总督、湖广总督列为必须拜访的对象。日本朝野要员如前首相伊藤博文、东亚同文会会长近卫笃麿等人，都是如此。1901年前后，张之洞在清朝内政外交中的影响力达到顶峰。当然，张之洞在晚清政坛获得如此地位，与其“工于宦术”的政治性格密不可分。[①] 郑孝胥曾形象描述张之洞行事之谨慎：“南皮最挑小过节，文字中无心之踈略，或引为切骨之憾”。[②]

作为施政能力的重要组成，张之洞对西方和日本的认识变化及异同，影响着他与日本关系的发展。在胶州湾事件爆发前，随着自身处境及内外环境的改变，张之洞的对外认识发生明显变化，但对日认识变化不大。一方面，张之洞以更加积极开明、为我所用的姿态应对外部冲击，放弃传统的天朝上国观念，主动学习西方知识器物，对待欧美各国从保守感性逐渐变得趋新理性。他的对外策略，大致与清政府的外交政策同步。曾有学者总结张之洞的外交政策：由伊犁事件至胶澳事件为前期，张之洞“主张以夷制夷外交政策”；由胶澳事件至日俄战争为后期，他“消极

---

① 参见黄濬《花随人圣庵摭忆》（上），中华书局2008年版，第89页。

② 上海图书馆历史文献研究所编：《盛宣怀档案名人手札选》，复旦大学出版社1999年版，第190—191页。

地主张开门揖盗，利用列强间互相钳制莫敢先发的均势，俾中国能苟延残喘一时。"[①] 在应对西方列强冲击的过程中，张之洞并不排斥西方的器物技术。尤其在执掌封疆之后，他因处理内外日常事务而积累了大量经验教训，深刻意识到倡导洋务的重要性，推崇并效仿英、德为首的欧美列强。另一方面，张之洞轻视邻国日本，这与他重视欧美各国并行不悖。在中日关系紧张时，他展现出强硬的对日态度，并存有轻视日本的心态；在中日关系正常状态下，他与日方的私人往来、政事往来中规中矩，未予以重视。张之洞不重视日本甚至轻视日本，究其原因有四：一是他对中国传统文化具有强烈的优越感。二是他认为中国学习西方的进程快于日本。三是他倡导洋务主要以欧洲列国为学习对象，罕有注意日本。四是日本自身发展水平不足，限制了他的对日认识。甲午战争爆发后，张之洞愈发仇视日本，并尽力阻止日本凭借不平等条约攫取在华利益。

直至胶州湾事件爆发后，张之洞对日本的认识发生极大转变。自1898年前后起，张之洞受多种因素影响而选择与日"联交"。他与日本方面逐步建立密切关系，对日本的认识更为复杂。一方面，他认为日本是值得学习的对象，并且愈发坚定这一认识。另一方面，他在一定程度上意识到日本的对华野心，但认为日本的危害较西方列强为轻。基于上述认识，张之洞权衡利弊之后选择深入与日"联交"，并且积极推动其他地方督抚与日交好。

因此，在清朝的政治结构、日本对华不断扩张的形势以及张之洞个人的施政能力三个基本因素的作用下，张之洞在1895年至1905年这一时期成为中日关系的核心人物。通过对张之洞的个案讨论，也可发现地方督抚在清朝政局中所处地位之高低、面临日本对华扩张压力之大小、个人施政能力之强弱等因素变化，将极大影响晚清督抚个体乃至群体与日本的关系。

二 对张之洞与日本关系的评价

根据各章节的具体考察，张之洞与日本关系的发展情况可概括

① 李国祁：《张之洞的外交政策》，"中央研究院"近代史研究所专刊（27），"中央研究院"近代史研究所1970年版，第344—346页。

如下：

中日甲午战争之前，张之洞与日本方面有所来往，但对日方缺乏必要的了解。相比之下，日本朝野高度关注张之洞在辖区推行学习西方、趋新变革的各类举措。双方存在明显的不对等认知。张之洞与大多数国人一样，尚未意识到这一邻国已悄然崛起。而日本朝野熟悉掌握清朝各方情况，暗藏对华侵略的野心。这种不对等的认识影响着甲午战争的结果，以及中日关系的走向。

中日甲午战争的爆发导致两国关系发生根本转变，张之洞与日本的关系也由此走向对抗。甲午战争期间，张之洞与日本进行了间接对抗，主要肩负辖区地方的备战工作。而日本方面对他展开了不少谍报活动，借此摸清清朝后方备战力量。甲午战争结束后，张之洞坚决抵制日本侵犯清朝利权；日本政府则视《马关条约》为发展国力的重要保障，加紧向长江流域扩张。在《马关条约》落实过程中，双方围绕沙市日租界设立等事件进行了直接交锋，因修堤费用问题而僵持不下。直至1898年前后，张之洞与日本的关系开始缓和。基于扩大在华乃至东亚利益的考虑，日本方面主动修好与清朝的关系。其军方、政府乃至民间团体积极派员，拉拢诱掖以张之洞为代表的地方督抚。与此同时，张之洞逐渐改变旧有观念，有意“以日为师”推行自强活动。1898年“沙市事件”成为张之洞与日“联交”的转折点。在此次事件的处理中，张之洞从以往坚持与日本针锋相对的策略，转为牺牲部分他认为次要的国家利权，以达到“联日”自强的目的。由此，张之洞与日本的关系显著而又急遽地发生了改变。

1898年以后，张之洞与日本方面逐步建立密切联系，展开多方面的深入交往，大致可分为两个方向。第一个方向是“走出去”，即派遣各类员弁赴日游学、游历；第二个方向是“引进来”，即从日本引进各类人才、文教制度以及器物。晚清时期湖北省的现代化变革，不论在政治、经济、军事、文化教育任何方面，都受到日本的积极影响。在与日本的军事交往过程中，张之洞先后招聘近40名日本陆军军人来鄂，帮助整编湖北军制，推进军事现代化的建设。在与日本的经济交往过程中，张之洞积极举借日债，缓解财政紧绌，推动实业活动的展开。但是，戊戌之后的十年，既是张之洞与日本交往日益密切的时段，也是日本在长江流域迅猛扩张的重要时期。张之洞与日本的交往，为日本扩张在华势力提供机会，为湖北现代化发展带来了极大的负面影响。

张之洞“礼失求野”的师日举措，不局于一范围一地域，而是影响着清末中央以及地方变革的各个方面。他借鉴日本情形，积极建言、推动清末军制变革和学制改革；同时促动其他省份师日求新，从思想主张到施政举措都有体现。张之洞“以日为师”对清末变革的影响，从点、线、面上呈现出时段集中于清末中日关系交好的早期、与南方督抚互动更为频繁、内容广泛且循序渐进的特征。

回顾张之洞与日本关系发展的基本情况后，本书尝试对此作出相应评价。

首先，张之洞是晚清中日关系的核心人物。近代以来，外交成为中国国家事务的重要组成部分。由于中央与地方权力格局的变化，晚清外交活动形成中央政府与地方政府合力应对的局面。作为各省最高行政长官，地方督抚在其中发挥着愈发显著的作用。而在近代中国对外关系中，日本是无法绕开的重要国家。中日关系的演变，往往与地方政府及地方督抚紧密相关。在清朝的政治结构、日本对华不断扩张的形势以及张之洞个人的施政能力三个基本因素的作用下，张之洞在 1895 年至 1905 年这一时期成为中日关系的核心人物。

其次，张之洞在师日过程中态度积极，为中国现代化发展作出重要贡献。早年在京为官时，张之洞主动关心外事，具备浅显的外部常识；转掌封疆后急追前辈，成为洋务运动的“殿军”。经甲午一役，张之洞反思战败教训，深入了解并逐渐认可日本学习西方的成效。1898 年前后，他在多重因素的影响下接受日本，并引领了清末“以日为师”的浪潮。作为受到传统文化熏陶培养的政治人物，张之洞既有保守的一面，又有开放的一面。面对数千年未有之大变局，他主张“中学为内学，西学为外学，中学治身心，西学应世事”[①]，积极学习日本以及西方先进器物技术乃至制度，推进了中国现代化发展。

最后，面对日本的对华扩张，张之洞采取了部分防范措施。他没有

---

① 《劝学篇》，赵德馨主编：《张之洞全集》第十二册，武汉出版社 2008 年版，第 190 页。

盲目信任、依赖日本，而是提高警惕，尽力维护国家利权。在招聘日本军人来华充当教习、技术官或顾问时，张之洞反复强调节制日人事权，对合同措辞及练兵方式提出了不少约束防范的要求。在举借日债时，他也设法避开日方的政治干涉，尝试将借债限于商业活动内，以期“我毫无遗累，方为周妥”。虽然采取的这些防范措施最终未能达到预期效果，但张之洞为此作出的努力值得肯定。

但是，张之洞联络日本未能实现“保国”的目的，也未能有效遏制日本在华的势力扩张。其中，存在着不少问题值得我们深思。

第一，张之洞个人能力的问题。张之洞以地方官的身份与日交往，是影响清朝中央、地方与日关系的关键人物。但在中央与地方利益出现冲突时，他常常以私心优先维护辖区利益，未能顾全大局。张之洞也未充分意识到、无力抵抗住日本对华扩张的野心，没有胜任该角色应当肩负的职责。例如，张之洞在《抱冰堂弟子记》中提到“日本因租界商务未兴，暂借汉口沿江马头泊大阪公司轮船。德国美最时遂亦效尤，欲于汉口龙王庙泊趸船，将挟兵船来设之”一事，自认为“遣员与德使穆默议，卒允停罢不设，而议令日本大阪马头依议定限期移至日界”的处理妥当，使得外务部大为欣慰。[①] 实际情况却是，因为张之洞办理对日交涉的粗疏和草率，致使日本轻易地常年无偿占用马王庙码头。而为避免德国步日本之后尘，他又不惜以赔款换取息事宁人。“张之洞所留下的恶果，辛亥以后湖北的革命党、北洋军阀王占元等都不能消除”。[②]

第二，晚清政府权力格局的局限。晚清地方督抚承担对外交涉的具体事宜，严重分散中央政府的外交权力，也限制了各地人才、技术等资源的流动和互补。这致使清政府难以统一对外政策、合力应对列强，也不利于清朝自强革新活动的全面展开。清末各省“以日为师”推行变革，其经费主要由本省承担而非中央统一划拨，导致的结果是政令不畅甚至各自为政。经过数年积累，张之洞所派留日学生逐渐成为各方争取

---

① 《抱冰堂弟子记》，赵德馨主编：《张之洞全集》第十二册，武汉出版社 2008 年版，第 514 页。

② 李少军：《甲午战争后日本在长江流域航运的扩展与强权——以日本长期占用汉口马王庙码头为例》，武汉大学台湾研究所等：“甲午双甲子学术研讨会”，武汉，2014 年 6 月。

的有用人才。但他不仅拒绝其他督抚借调湖北学生，甚至拒绝清廷的调用。而日本方面充分利用清朝“中央权力时常不达地方，地方权势时常凌驾中央”的局限，积极扩大了在华势力。日本根据清朝内部局势变动和自身利益考虑，调整在华扩张的侧重点及区域，对清廷及地方督抚的活动策略、不同区域的活动力度存在差异。日本军方积极派遣军人应聘，分散在清朝中央、地方各层级及地域，为扩大在华势力制造机会，这也是造成民初中央政府失控与南北分裂局面的重要因素。

第三，中国现代化进程中的难题。张之洞选择联络日本，未能找到清朝自强的出路。之所以联络日本“以日为师”，张之洞在《劝学篇》中阐述了理由，即为“保国、保教、保种”。其幕僚辜鸿铭指出，“文襄之效西法，非慕欧化也。文襄之图富强，志不在富强也。盖欲借富强以保中国，保中国即所以保名教”。[①]“保中国”，实为保大清，即张之洞所言“陈述本朝德泽深厚，使薄海臣民咸怀忠良，以保国也”[②]。不过，作为求富求强的首要目的，张之洞“保中国”以失败告终。在他去世后两年，辛亥革命爆发，清朝覆亡。与此同时，日本方面选择联络张之洞，将其势力愈发露骨地渗入中国，严重延误中国现代化进程。张之洞在辖区加强与日本各方面的往来，其师日思想及举措深刻影响清朝中央及地方的各方面变革，不自觉地成为日本对华扩张的助手。而日本方面借此机会，在长江流域乃至全中国迅猛扩张，其人员、器物、思想制度纷纷渗入进来，反过来阻碍中国现代化发展。这并非个案，而是当时选择师法日本以求革新的地方督抚群体共同面临的困境。如何在现代化发展过程中借助他国力量发展自身实力，又不为列强利用控制导致丧失利权，这是中国在现代化进程中留下的教训，也是后发现代性国家面临的难题。

---

① 辜鸿铭：《张文襄幕府纪闻》，中国史学会主编：《中国近代史资料丛刊 · 戊戌变法》第四册，上海人民出版社 1957 年版，第 279 页。

② 《〈劝学篇〉序》，赵德馨主编：《张之洞全集》第十二册，武汉出版社 2008 年版，第 158 页。

参考文献

（一）未刊史料

中国第一历史档案馆藏

《军机处全宗·录副奏片》，03-5998-046、03-6000-010、03-7212-027。

《宫中档案全宗》，04-01-38-0204-009。

“中央研究院”近代史研究所档案馆藏

《湖北沙市日本租地訂立章程草約》册，01-18-077-01。

《朝鮮檔》册，01-25-035-02、01-25-044-01、01-25-048-02。

《山東、山西、河南礦務》册，02-04-016-01。

《四川礦務》册，02-04-023-01。

日本国立公文書館藏

《臨事第十三回張之洞山西ノ巡撫ニ被任ノ件》，公03229100。

《参議山県有朋建議官報発行ノ件》，別00007100。

《第9回帝国議会·衆議院議事録·明治28.12.28~明治29.3.28》，帝00020100。

《第10回帝国議会·衆議院議事録·明治29.12.25~明治30.3.24》，帝00022100。

《第11回帝国議会·（第10、11回議会）衆議院議事録·明治

30. 12. 24 ~ 明治 30. 12. 25 （解散）》，帝 00024100。

日本外務省外交史料館藏

《成田安輝西蔵探検関係一件》，1 -6 -1 -11。
《対支借款関係雑件/湖北省ノ部》，1 -7 -1 -5_ 5。
《対張之洞正金銀行借款雑件》，1 -7 -1 -7。
《日清講和条約締結一件/講和条約 一》，2 -2 -1 -0 -1_ 4_ 001。
《本邦金融機関設置方在外帝国公館ヨリ具申雑件》，3 -3 -3 -26。
《種子果実関係雑件》第二巻，B -3 -5 -2 -7_ 002。
《茶関係雑件附珈琲、「ココア」》第一巻，B -3 -5 -2 -15_ 001。
《木棉及麻関係雑件》第一巻，B -3 -5 -2 -39_ 001。
《器械関係雑件》第一巻，B -3 -5 -5 -1_ 001。
《鉱物関係雑件》第一巻，B -3 -5 -7 -1_ 001。
《学校関係雑件》第二巻，B -3 -10 -2 -1_ 002。
《在本邦清国留学生関係雑纂/陸軍学生之部》第一巻，B -3 -10 -5 -3_ 1_ 001。
《在本邦清国留学生関係雑纂/学生監督並視察員之部》，B -3 -10 -5 -3_ 4。
《在支帝国専管居留地関係雑件/沙市之部》第一巻，B -3 -12 -2 -32_ 4_ 001。
《清国兵制改革一件（清国ニ於テ帝国武官招聘ニ関スル件）》第一巻，5 -1 -1 -0 -14_ 001。
《清国兵制改革一件（清国ニ於テ帝国武官招聘ニ関スル件）》第二巻，5 -1 -1 -0 -14_ 002。
《帝国陸軍大演習関係雑件》第一巻，5 -1 -3 -0 -18_ 001。
《帝国陸軍大演習関係雑件》第二巻，5 -1 -3 -0 -18_ 002。
《各国ヨリ帝国へ艦船建造方依頼並二同引受計画関係雑件/清国ノ部》第一巻，5 -1 -8 -0 -30_ 1_ 001。
《各国ヨリ帝国へ艦船建造方依頼並二同引受計画関係雑件/清国ノ部》第二巻，5 -1 -8 -0 -30_ 1_ 002。
《帝国陸海軍将校海外派遣雑件/陸軍ノ部》第一巻，5 -1 -10 -0 -

4_ 1_ 001。
《帝国陸海軍将校海外派遣雑件/陸軍ノ部》第二卷，5 -1 -10 -0 -4_ 1_ 002。
《在外武官報告》第二卷，5 -1 -10 -0 -7_ 002。
《日清戦役ノ際二於ケル清国ノ軍備並二同国ノ情勢報告雑纂》，5 -2 -18 -0 -8。
《清国長江地方ニ於テ耶蘇宗徒ニ対シ暴民蜂起一件》，5 -3 -2 -0 -2。
《清国暴徒在沙市帝国官庁襲擊一件（損害要償ノ件）》，5 -3 -2 -0 -15。
《上海総領事館報告書》，6 -1 -6 -28。
《清国傭聘本邦人名表 明治 41 年 1 ~4 月調查》，政 -15。
《清国傭聘本邦人名表 明治 42 ~43 月調查》，政 -16。
《支那傭聘本邦人名表 大正元年 12 月現在》，政 -17。

日本防衛省防衛研究所藏

《密大日記 明治 39 年自 1 月至 7 月》，陸軍省 - 密大日記 - M39 -1 -5。
《密大日記 明治 39 年自 8 月至 12 月》，陸軍省 - 密大日記 - M39 -2 -6。
《密大日記 明治 41 年 7 月 8 月》，陸軍省 - 密大日記 - M41 -5 -8。
《壹大日記 明治 22 年 12 月，陸軍省 - 壹大日記 - M22 -6 -12。
《壹大日記 明治 32 年 10 月》，陸軍省 - 壹大日記 - M32 -10 -16。
《壹大日記 明治 33 年 1 月》，陸軍省 - 壹大日記 - M33 -1 -3。
《明治 31 年坤「貳大日記 4 月」》，陸軍省 - 貳大日記 - M31 -16 -34。
《明治 31 年坤「貳大日記 11 月」》，陸軍省 - 貳大日記 - M31 -23 -41。
《明治 38 年乾「貳大日記 11 月」》，陸軍省 - 貳大日記 - M38 -11 -71。
《明治 39 年乾「貳大日記 5 月」》，陸軍省 - 貳大日記 - M39 -5 -48。
《明治 39 年坤「貳大日記 6 月」》，陸軍省 - 貳大日記 - M39 -18 -61。
《明治 40 年坤「貳大日記 2 月」》，陸軍省 - 貳大日記 - M40 -14 -54。
《明治 41 年乾「貳大日記 5 月」》，陸軍省 - 貳大日記 - M41 -5 -32。
《明治 41 年乾「貳大日記 6 月」》，陸軍省 - 貳大日記 - M41 -6 -33。

《明治 42 年乾「貳大日記 5 月」》，陸軍省 - 貳大日記 - M42 - 5 - 28。
《明治 42 年乾「貳大日記 9 月」》，陸軍省 - 貳大日記 - M42 - 9 - 32。
《明治 42 年乾「貳大日記 11 月」》，陸軍省 - 貳大日記 - M42 - 11 - 34。
《明治 43 年乾「貳大日記 7 月」》，陸軍省 - 貳大日記 - M43 - 9 - 29。
《明治 43 年乾「貳大日記 10 月」》，陸軍省 - 貳大日記 - M43 - 12 - 32。
《明治 43 年乾「貳大日記 12 月」》，陸軍省 - 貳大日記 - M43 - 14 - 34。
《参大日記 明治 35 年 7 月》，陸軍省 - 参大日記 - M35 - 7 - 45。
《参大日記 明治 37 年 8 月》，陸軍省 - 参大日記 - M37 - 8 - 93。
《明治 36 年「肆大日記 6 月」》，陸軍省 - 肆大日記 - M36 - 6 - 62。
《明治 39 年「肆大日記 4 月」》，陸軍省 - 肆大日記 - M39 - 4 - 73。
《明治 39 年「肆大日記 6 月」》，陸軍省 - 肆大日記 - M39 - 6 - 75。
《明治 41 年「肆大日記 8 月」》，陸軍省 - 肆大日記 - M41 - 8 - 71。
《明治 38 年「伍大日記 12 月」》，陸軍省 - 伍大日記 - M38 - 12 - 109。
《明治39 年「伍大日記 4 月、5 月、6 月」》，陸軍省 - 伍大日記 - M39 - 4 - 85。
《明治 27 年 ~28 年「戦史編纂準備書類 敵兵の状況 敵国の内情 全 乙種 第 5 号」》，大本営 - 日清戦役雑 - M27 - 30 - 142。
《明治 28 年 1 月「書類綴陸 秘」》，大本営 - 日清戦役書類綴 - M28 - 23 - 149。
《「明治 37 8 年戦役業務詳報 軍務局軍事課」》，陸軍省 - 日露戦役 - M37 - 7 - 128。
《明治 33 年 特号書類 第 2 号》，参謀本部 - 雑 - M33 - 13 - 118。
《自明治 33 年 10 月 1 日至同年 12 月尽日 3 号綴 第 2》，参謀本部 - 雑 - M33 - 17 - 122。
《明治 35 年自 9 月至 12 月 秘密日記 参秘号》，参謀本部 - 雑 - M35 - 8 - 124。
《明治 35 年 人事日記 参人秘号》，参謀本部 - 雑 - M35 - 11 - 127。
《明治 36 年自 1 月至 6 月 秘密日記》，参謀本部 - 雑 - M36 - 5 - 108。
《訓令綴 臨号に関する 明治 36 年 12 月起》，参謀本部 - 雑 - M36 - 16 - 119。
《明治 34 年至同 38 年 密受書類補遺》，陸軍省 - 雑 - M34 - 4 - 99。

《南清地方旅行日誌 明治 34 年 8 月》，支那 – 参考資料 – 169。
《清国駐在並応聘将校に関する所見 明治 34 年 7 月》，支那 – 参考資料 – 174。
《明治 31 年 公文備考 艦船 2 巻 5》，海軍省 – 公文備考 – M31 – 5 – 293。
《明治 31 年 公文備考 外国人建白請願外交及請願上巻 23》，海軍省 – 公文備考 – M31 – 23 – 311。
《明治 31 年 公文雑輯 巻 14 土木 4 止 外国人》，海軍省 – 公文雑輯 – M31 – 14 – 244。
《雑報告 第 1 冊 明治 27 年 8 月至 10 月》，海軍省 – 雑報告 – M27 – 1 – 1。
《雑報告 第 2 冊 明治 27 年 11 月至明治 28 年 2 月》，海軍省 – 雑報告 – M27 – 2 – 2。
《雑報告 第 3 冊 明治 28 年 3 月至明治 29 年 6 月》，海軍省 – 雑報告 – M27 – 3 – 3。
《牒. 報 号 自 1 号 ~ 至 24 号 第 1 冊 附 海令号（秘）明治 29 年 4 月 ~ 29 年 9 月 附 明治 28 年 10 月 ~ 29 年 3 月》，海軍省 – 牒雑報号 – M29 – 1 – 5。
《明治 27 · 8 年 戦史編纂準備書類 1》，海軍省 – 日清 – M27 – 1。
《明治 27 · 8 年 戦史編纂準備書類 8》，海軍省 – 日清 – M27 – 8。
《明治 27 · 8 年 戦史編纂準備書類 9》，海軍省 – 日清 – M27 – 9。
《明治 27 · 8 年 戦史編纂準備書類 10》，海軍省 – 日清 – M27 – 10。
《明治 27 · 8 年 戦史編纂準備書類 12》，海軍省 – 日清 – M27 – 13。
《明治 27 年 ~ 29 年 台湾方面情報綴》，海軍省 – 日清 – M27 – 99。

（二）已刊史料

北平故宫博物院编：《清光绪朝中日交涉史料》，北平故宫博物院 1932 年版。
财政部钱币司编：《币制汇编》，出版社不详，1919 年版。
陈谷嘉、邓洪波主编：《中国书院史资料》，浙江教育出版社 1998

年版。

戴执礼编：《四川保路运动史料》，科学出版社 1959 年版。

顾廷龙、戴逸主编：《李鸿章全集》，安徽教育出版社 2008 年版。

广东省立中山图书馆编：《广东省立中山图书馆馆藏名人手札选萃》，商务印书馆 2002 年版。

广东省立中山图书馆等编：《清代稿钞本》，广东人民出版社 2007 年版。

广东省立中山图书馆等编：《续编清代稿钞本》，广东人民出版社 2009 年版。

广州图书馆主编：《张之洞致张佩纶未刊书札》，广西师范大学出版社 2012 年版。

胡钧：《张文襄公年谱》，天华印书馆 1939 年版。

黄濬：《花随人圣庵摭忆》，中华书局 2008 年版。

黄遵宪：《日本国志》，天津人民出版社 2005 年版。

交通铁道部交通史编纂委员会编辑：《交通史路政编》，交通部交通史编纂委员会、铁道部交通史编纂委员会 1935 年版。

李廷江编著：《近代中日关系源流：晚清中国名人致近卫笃麿书简》，社会科学文献出版社 2011 年版。

林开明等编辑：《北洋军阀史料 · 徐世昌卷》，天津古籍出版社 1996 年版。

刘望龄编著：《辛亥首义与时论思潮详录》，华中师范大学出版社 2011 年版。

宓汝成编：《中国近代铁路史资料（1863—1911）》，中华书局 1963 年版。

闵尔昌录：《碑传集补》，沈云龙主编：《近代中国史料丛刊》初编 991—1000，文海出版社 1973 年版。

戚其章主编：《中国近代史资料丛刊续编 · 中日战争》，中华书局 1989—1996 年版。

钱恂编译：《日本军事教育编》，江楚書局 1899 年版。

钱恂：《归潜记》，出版地不详，1909 年版。

璩鑫圭、唐炎良：《中国近代教育史资料汇编 · 学制演变》，上海教育出版社 1991 年版。
上海商务印书馆编译所编纂：《大清新法令（1901—1911）》，商务印书馆 2011 年版。
上海图书馆编：《汪康年师友书札》，上海古籍出版社 1986 年版。
上海图书馆历史文献研究所编：《盛宣怀档案名人手札选》，复旦大学出版社 1999 年版。
盛宣怀：《愚斋存稿》，沈云龙主编：《近代中国史料丛刊》续编 0122—0125，文海出版社 1973 年版。
盛昱：《意园文略》，《续修四库全书》编纂委员会编：《续修四库全书》一五六七，集部别集类，上海古籍出版社 2002 年版。
世续等：《清实录》，中华书局 1987 年版。
汪叔子、张求会编：《陈宝箴集》，中华书局 2005 年版。
王宝平主编：《晚清东游日记汇编》二（日本军事考察记），上海古籍出版社 2004 年版。
王铁崖编：《中外旧约章汇编》，生活·读书·新知三联书店 1957 年版。
王芸生编著：《六十年来中国与日本》，生活·读书·新知三联书店 1979 年版。
翁同龢著，陈义杰整理：《翁同龢日记》，中华书局 2006 年版。
吴剑杰编著：《张之洞年谱长编》，上海交通大学出版社 2009 年版。
许同莘编：《张文襄公年谱》，商务印书馆 1947 年版。
杨公道编：《张文襄轶事》，大华书局 1919 年版。
虞和平主编：《近代史所藏清代名人稿本抄本》第二辑（张之洞档），大象出版社 2014 年版。
苑书义等编：《张之洞全集》，河北人民出版社 1998 年版。
曾国藩撰：《曾国藩全集》，岳麓书社 2011 年版。
张继煦：《张文襄公治鄂记》，湖北通志馆 1947 年版。
张謇研究中心、南通市图书馆、江苏古籍出版社编：《张謇全集》，江苏古籍出版社 1994 年版。
赵德馨主编：《张之洞全集》，武汉出版社 2008 年版。
赵尔巽等：《清史稿》，中华书局 1977 年版。

中国第一历史档案馆编：《光绪朝各省设立武备学堂档案》，《历史档案》2013 年第 2—3 期。

中国第一历史档案馆编：《光绪朝上谕档》，广西师范大学出版社 1996 年版。

中国第一历史档案馆编：《清代军机处电报档汇编》，中国人民大学出版社 2005 年版。

中国科学院历史研究所第三所工具书组校点：《刘坤一遗集》，中华书局 1959 年版。

中国科学院历史研究所第三所工具书组整理：《锡良遗稿：奏稿》，中华书局 1959 年版。

中国历史博物馆编，劳祖德整理：《郑孝胥日记》，中华书局 1993 年版。

中国史学会主编：《中国近代史资料丛刊·戊戌变法》，上海人民出版社 1957 年版。

中国史学会主编：《中国近代史资料丛刊·中日战争》，上海人民出版社 1957 年版。

中华人民共和国财政部、中国人民银行总行编印：《清代外债史资料（1853—1911）》，内部发行 1988 年版。

朱传誉主编：《张之洞传记资料》，天一出版社 1979—1985 年版。

［澳］骆惠敏编：《清末民初政情内幕——〈泰晤士报〉驻北京记者、袁世凯政治顾问乔·厄·莫理循书信集》，刘桂梁等译，知识出版社 1986 年版。

［俄］列宁：《列宁全集》，中央编译局编译，人民出版社 1990 年版。

［日］陆奥宗光：《蹇蹇录》，伊舍石译，商务印书馆 1963 年版。

［英］穆和德等：《近代武汉经济与社会：海关十年报告（汉口江汉关）》（1882—1931），李策译，天马图书有限公司 1993 年版。

［日］朝日新闻社编：《明治大正史》，朝日新聞社 1931 年版。

［日］伊藤博文述：《伊藤博文侯対清政策（附貿易意見）》，修学堂 1898 年版。

［日］伊藤博文：《伊藤公全集》，昭和出版社 1928 年版。

［日］伊藤博文編：《秘書類纂·実業工業資料》，秘書類纂刊行会 1935 年版。

［日］伊藤博文編：《秘書類纂·〔第 1 巻〕日清事件》，秘書類纂刊行会 1936 年版。

［日］伊藤博文編：《秘書類纂·外交篇》，秘書類纂刊行会 1936 年版。

［日］伊藤博文編：《秘書類纂·雑纂》，秘書類纂刊行会 1936 年版。

［日］伊藤正徳：《新聞五十年史》，鱒書房 1943 年版。

［日］井上雅二：《巨人荒尾精》，東亜同文会 1936 年版。

［日］印刷局編：《印刷局長年報書　第 16—29 回（明治 22—35 年）》，大蔵省印刷局 1912 年版。

［日］宇都宮太郎著，宇都宮太郎関係資料研究会編：《日本陸軍とアジア政策：陸軍大将宇都宮太郎日記》，岩波書店 2007 年版。

［日］永滝久吉：《回顧七十年》，一匡印刷所 1935 年版。

［日］大蔵省編：《明治大正財政史》，財政経済学会 1940 年版。

［日］大里浩秋整理：《宗方小太郎日記，明治 30～31 年》，《人文学研究所報》2010 年（44）。

［日］大里浩秋整理：《宗方小太郎日記，明治 32～33 年》，《人文学研究所報》2011 年（46）。

［日］小笠原長生編：《東郷平八郎全集》，平凡社 1930 年版。

［日］海軍軍令部編：《二十七八年海戦史》，春陽堂 1905 年版。

［日］外務省編纂：《日本外交文書》，巌南堂書店 1953 年版。

［日］桂頼三：《長江十年：支那物語》，同文館 1917 年版。

［日］神谷正男編：《宗方小太郎文書》，原書房 1975 年版。

［日］川崎造船所編：《川崎造船所四十年史》，川崎造船所 1936 年版。

［日］工藤武重：《近衛篤麿公》，大日社 1938 年版。

［日］国士亀井陸良記念集編纂会編：《国士亀井陸良記念集》，国士亀井陸良記念集編纂会 1939 年版。

［日］参謀本部編纂：《明治二十七八年日清戦史》，東京印刷株式會社 1904 年版。

［日］新聞集成明治編年史編纂会編：《新聞集成明治編年史》，林泉社 1940 年版。

［日］第一調査委員会：《日本の対支投資》（第一調査委員会報告書），東亜研究所 1942 年版。

［日］東亜同文会編：《対支回顧録》，原書房 1968 年版。

［日］東洲山人編：《日清韓三国英名伝》，杉原活版所 1894 年版。

［日］東洋経済新報社編：《金融六十年史》（東洋経済叢書第 1 輯），東洋経済新報社 1924 年版。

［日］德富蘇峯編：《公爵山県有朋伝》，山県有朋公記念事業会 1933 年版。

［日］德富蘇峯：《陸軍大将川上操六》，第一公論社 1942 年版。

［日］中村義編：《白岩龍平日記：アジア主義実業家の生涯》，研文出版 1999 年版。

［日］西村時彦編：《碩園先生遺集》，懷德堂記念会 1936 年版。

［日］農商務省水産局：《漢口貿易水産製品図説》，農商務省水産局 1887 年版。

［日］編者不明：《改正陸軍軍制要領》，川流堂 1908 年版。

［日］松方正義述：《松方伯時務談》，国民新聞社 1897 年版。

［日］南滿洲鐵道株式會社：《南滿洲鐵道株式會社十年史》，滿洲日日新聞社 1919 年版。

［日］横山健堂：《嘉納先生伝》，講道館 1941 年版。

（三）报纸杂志

《东方杂志》。

《经济丛编》。

《申报》。

《时务汇报》。

《顺天时报》。

《香港华字日报》。

《湘报》。

《政治官报》。

［日］《官報》。

The Times。

（四）著作

费成康：《中国租界史》，上海社会科学院出版社1991年版。
冯青：《中国近代海军与日本》，吉林大学出版社2008年版。
冯天瑜：《张之洞评传》，河南教育出版社1985年版。
郭予庆：《近代日本银行在华金融活动——横滨正金银行（1894—1919）》，人民出版社2007年版。
黄福庆：《清末留日学生》，“中央研究院”近代史研究所专刊（34），“中央研究院”近代史研究所1975年版。
姜鸣：《龙旗飘扬的舰队：中国近代海军兴衰史》，上海交通大学出版社1991年版。
孔祥吉、［日］村田雄二郎：《罕为人知的中日结盟及其他——晚清中日关系史新探》，巴蜀书社2004年版。
黎仁凯、钟康模：《张之洞与近代中国》，河北大学出版社1999年版。
李国祁：《张之洞的外交政策》，“中央研究院”近代史研究所专刊（27），“中央研究院”近代史研究所1970年版。
李少军：《近代中日论集》，商务印书馆2010年版。
李细珠：《地方督抚与清末新政——晚清权力格局再研究》，社会科学文献出版社2012年版。
李细珠：《张之洞与清末新政研究》，上海书店出版社2009年版。
林文仁：《南北之争与晚清政局——以军机处汉大臣为核心的探讨（1861—1884）》，中国社会科学出版社2005年版。
刘展主编：《中国古代军制史》，军事科学出版社1992年版。
陆胤：《政教存续与文教转型：近代学术史上的张之洞学人圈》，北京大学出版社2015年版。
罗福惠：《湖北通史·晚清卷》，华中师范大学出版社1999年版。
马金华：《外债与晚清政局》，社会科学文献出版社2011年版。
马陵合：《晚清外债史研究》，复旦大学出版社2005年版。
茅海建：《从甲午到戊戌：康有为〈我史〉鉴注》，生活·读书·新知三联书店 2009 年版。

茅海建：《戊戌变法的另面："张之洞档案"阅读笔记》，上海古籍出版社 2014 年版。

茅海建：《戊戌变法史事考》，生活 · 读书 · 新知三联书店 2005 年版。

皮明庥主编：《武汉通史 · 晚清卷》，武汉出版社 2005 年版。

戚其章：《甲午日谍秘史》，天津古籍出版社 2004 年版。

全汉昇：《汉冶萍公司史略》，香港中文大学出版社 1972 年版。

石泉：《甲午战争前后之晚清政局》，生活 · 读书 · 新知三联书店 1997 年版。

史斌：《电报通信与清末民初的政治变局》，中国社会科学出版社 2012 年版。

舒新城：《近代中国留学史》，中华书局 1927 年版。

苏云峰：《张之洞与湖北教育改革》，"中央研究院"近代史研究所专刊（35），"中央研究院"近代史研究所 1976 年版。

苏云峰：《中国现代化的区域研究：湖北省 1860—1916》，"中央研究院"近代史研究所专刊（41），"中央研究院"近代史研究所 1981 年版。

汪向荣：《日本教习》，生活 · 读书 · 新知三联书店 1988 年版。

王力：《近代驻华日本领事贸易报告研究（1881—1943）》，中国社会科学出版社 2013 年版。

王信忠：《中日甲午战争之外交背景》，沈云龙主编：《近代中国史料丛刊》三编 0207，文海出版社 1964 年版。

隗瀛涛编著：《四川保路运动史》，四川人民出版社 1981 年版。

吴天任：《黄公度先生传稿》，香港中文大学出版社 1972 年版。

谢放：《中体西用之梦——张之洞传》，四川人民出版社 1995 年版。

闫晋中：《军事情报学》，时事出版社 2003 年版。

翟新：《近代以来日本民间涉外活动研究》，中国社会科学出版社 2006 年版。

张秉铎：《张之洞评传》，中华书局 1972 年版。

张华腾：《北洋集团崛起研究：1895—1911》，中华书局 2009 年版。

宗泽亚：《清日战争》，世界图书北京出版公司 2012 年版。

［澳］冯兆基：《军事近代化与中国革命》，郭太风译，上海人民出版社1994年版。

［美］鲍威尔：《1895—1912年中国军事力量的兴起》，陈泽宪、陈霞飞译，中国社会科学出版社1979年版。

［美］费正清等编：《剑桥中国晚清史》，中国社会科学院历史研究编译室译，中国社会科学出版社1985年版。

［美］罗威廉：《汉口：一个中国城市的商业和社会（1796—1889）》，江溶、鲁西奇译，中国人民大学出版社2005年版。

［美］马里乌斯·B. 詹森主编：《剑桥日本史（第5卷）：19世纪》，王翔译，浙江大学出版社2014年版。

［美］马士：《中华帝国对外关系史》，张汇文等译，上海书店出版社2000年版。

［美］任达：《新政革命与日本：中国，1898—1912》，李仲贤译，江苏人民出版社2006年版。

［美］泰勒·丹涅特：《美国人在东亚——十九世纪美国对中国、日本和朝鲜政策的批判的研究》，姚曾廙译，商务印书馆1959年版。

［日］坂本雅子：《财阀与帝国主义：三井物产与中国》，徐曼译，社会科学文献出版社2011年版。

［日］大里浩秋、孙安石编著：《租界研究新动态（历史·建筑）》，上海人民出版社2011年版。

［日］高桥幸八郎等编：《日本近代史纲要》，谭秉顺译，山东大学出版社1984年版。

［日］国际历史学会议日本国内委员会编：《战后日本的中国现代史研究综述》，官长为等译，延边大学出版社1988年版。

［日］国际历史学会议日本国内委员会编：《战后日本研究中国历史动态》，东北师大历史系中国古代史研究室译，三秦出版社1995年版。

［日］萍叶登：《侵略中国的英美财阀》，李公绰、陈真译，生活·读书·新知三联书店1956年版。

［日］实藤惠秀：《中国人留学日本史》，谭汝谦、林启彦译，生活·读书·新知三联书店1983年版。

王嵐:《戦前日本の高等商業学校における中国人留学生に関する研究》,学文社 2004 年版。

[日] 実藤恵秀:《日本文化の支那への影響》,蛍雪書院 1940 年版。

[日] 波多野勝:《近代东アジアの政治变动と日本の外交》,慶應通信 1995 年版。

Daniel H. Bays, *China Enters the Twentieth Century: Chang Chih-tung and the Issues of a New Age*, 1895—1909, Michigan State University Press, 1978.

Eiko Woodhouse, *The Chinese Hsinhai Revolution: G. E. Morrison and Anglo-Japanese Relations*, 1897—1920, Routledge Curzon, 2004.

Paula Harrell, *Sowing the Seeds of Change: Chinese Students, Japanese Teachers*, 1895—1905, Stanford University Press, 1992.

William Ayers, *Chang Chih-tung and Educational Reform in China*, Harvard University Press, 1971.

(五)论文

陈锋:《清代中央财政与地方财政的调整》,《历史研究》1997 年第 5 期。

陈忠纯:《张之洞“援外保台”思路演变及其与“台湾民主国”关系考论》,《台湾研究集刊》2011 年第 3 期。

城北:《论张之洞的洋务:“中兴与洋务”之三》,《知识与生活(北平)》1947 年第 3—4 期。

代鲁:《汉冶萍公司所借日债补论》,《历史研究》1984 年第 3 期。

戴海斌:《庚子事变时期张之洞的对日交涉》,《历史研究》2010 年第 4 期。

戴海斌:《钱恂:晚清外交史上的“异才”——兼证“张之洞在庚子年的帝王梦”说难以成立》,《江海学刊》2013 年第 2 期。

戴海斌:《义和团事变中的日本在华外交官——以驻上海代理总领事小田切万寿之助为例》,《抗日战争研究》2012 年第 3 期。

戴银凤:《莫理循的中国观(1897—1911)》,华东师范大学博士学位论文，2007 年。
关晓红：《陶模与清末新政》，《历史研究》2003 年第 6 期。
郭飞：《马克思、列宁的资本输出理论与当代国际投资》，《马克思主义研究》2007 年第 6 期。
何汉威：《从清末刚毅、铁良南巡看中央和地方的财政关系》，《“中央研究院”历史语言研究所集刊》1997 年第 68 本第 1 分。
黄兴涛：《张之洞〈劝学篇〉的西文译本》，《近代史研究》2000 年第 1 期。
孔祥吉：《张之洞在庚子年的帝王梦——以宇都宫太郎的日记为线索》，《学术月刊》2005 年第 8 期。
黎仁凯、王姗萍：《甲午战争时期张之洞的保台活动》，《历史教学》2002 年第 4 期。
李侃：《清末中日关系何来“黄金十年”?》，《天津社会科学》1995 年第 1 期。
李少军：《国民革命前日本海军在长江流域的扩张》，《历史研究》2014 年第 1 期。
李少军：《甲午战争后日本在长江流域航运的扩展与强权——以日本长期占用汉口马王庙码头为例》，武汉大学台湾研究所等：“甲午双甲子学术研讨会”，武汉，2014 年 6 月。
李少军：《近代长江流域与日本关系研究的思考》，《江汉论坛》2011 年第 9 期。
李廷江：《戊戌维新前后的中日关系——日本军事顾问与清末军事改革》，《历史研究》1999 年第 2 期。
李细珠：《张之洞庚子年何曾有过帝王梦——与孔祥吉先生商榷》，《近代史研究》2010 年第 3 期。
卢世菊：《甲午中日战争中的张之洞》，《中南民族学院学报》1994 年第 4 期。
茅海建：《张之洞策反邱菽园》，《四川大学学报》2012 年第 1 期。
戚其章：《张之洞与反割台运动》，《历史教学》1984 年第 10 期。
邱荣裕：《张之洞“亲日”外交倾向刍议》，《华侨大学学报》2001 年第 1 期。

任放：《近百年张之洞研究述评》，《近代史研究》2003 年第 2 期。

桑兵：《盖棺论定"论"难定：张之洞之死的舆论反应》，《学术月刊》2007 年第 8 期。

桑兵：《黄金十年与新政革命——评介〈中国，1898—1912：新政革命与日本〉》，《燕京学报》1998 年第 4 期。

桑兵：《近代中日关系研究的史料与史学》，《抗日战争研究》2013 年第 4 期。

沈大明：《略论张之洞与日本》，《历史教学问题》1993 年第 5 期。

苏云峰：《外国专家学者在湖北，1890 ~ 1911——从顾问角色看张之洞近代化努力之成败》，《中华文化复兴月刊》1975 年第 8 卷第 4 期。

陶德民：《戊戌变法前夜日本参谋本部的张之洞工作》，王晓秋主编：《戊戌维新与近代中国的改革——戊戌维新一百周年国际学术讨论会论文集》，社会科学文献出版社 2000 年版。

田锡富：《张之洞与中日甲午战争》，《江汉论坛》1994 年第 12 期。

王兰荫：《张之洞与师范教育》，《师大月刊》1933 年第 4 期。

王兰荫：《张之洞之富强政策》，《师大月刊》1934 年三十二周年纪念专号。

王姗萍、黎仁凯：《张之洞聘任洋员探析》，《安徽史学》2005 年第 4 期。

王中江：《福泽谕吉和张之洞的〈劝学篇〉》，《二十一世纪》1992 年总第 14 期。

吴德信：《张之洞与中国外交》，台湾政治大学硕士学位论文，1984 年。

吴剑杰：《论张之洞湖广任内的外才引进》，《武汉大学学报》2003 年第 2 期。

吴景平：《关于近代中国外债史研究对象的若干思考》，《历史研究》1997 年第 4 期。

吴绳海、冯正宝：《宗方小太郎与中日甲午战争》，夏良才主编：《近代中国对外关系》，四川人民出版社 1985 年版。

徐碧薇：《张之洞与中日甲午战争》，《福建师范大学学报》2004 年第 2 期。

杨天石：《黄遵宪与苏州开埠交涉》，《学术研究》2006 年第 1 期。

易惠莉:《盛宣怀在汉冶萍公司成立前的日本借款论析》，上海中山学社编著:《近代中国》第 11 辑，上海社会科学院出版社 2001 年版。

易惠莉:《晚清日本外交官在华的多方活动（1898—1902）——小田切万寿之助关于汉阳铁厂事致盛宣怀函解读》，上海中山学社编著:《近代中国》第 23 辑，上海社会科学院出版社 2014 年版。

张国辉:《论外国资本对洋务企业的贷款》，《历史研究》1982 年第 4 期。

张敏:《晚年王韬心影录——介绍王韬散见书札文稿》，丁日初主编:《近代中国》第 12 辑，上海社会科学院出版社 2002 年版。

郑鹤声:《张之洞氏之教育思想及其事业》，《教育杂志》1935 年第 25 卷第 2—3 期。

祝婷婷:《张之洞的〈劝学篇〉研究》，东北师范大学博士学位论文，2013 年。

［日］松本龟次郎:《中华民国留学生教育的沿革》，韩逋仙译，《留东学报》1935 年第 1 卷第 1 期、2/3 期，1936 年第 1 卷第 4 期。

［日］阿部洋編:《日中教育文化交流と摩擦: 戦前日本の在華教育事業》，第一書房 1983 年版。

［日］五十嵐憲一郎:《日清戦争開戦前後の帝国陸海軍の情勢判断と情報活動》，《戦史研究年報》2001 年（4）。

［日］遠藤賢:《梁啓超の変法論と張之洞の『勧学篇』》，《東洋大学大学院紀要》2001 年（38）。

汪婉:《清末中国対日教育視察の研究》，東京大学博士論文，1996 年。

王智新:《近代中日教育思想比較研究》，東京大学博士論文，1993 年。

王娜:《張之洞における「中体西用」について——『勧学篇』を中心にして》，《関西教育学会年報》2004 年（28）。

［日］大竹鑑:《張之洞の教育論》，《西山学報》1968 年（19）。

［日］大塚博久:《張之洞の『勧学篇』と教育改革》，《アジアの歴史と文化》2003 年（7）。

［日］梶谷育郎:《初期『官報』の分析》，《東京大学日本史学研究室紀要》2006 年（10）。

［日］川尻文彦：《「中体西用」論と「学戦」：清末「中体西用」論の一側面と張之洞『勧学篇』》，《中国研究月報》1994 年（8）。

邱榮裕：《東亞同文会と中国の政治改革（1898—1911）》，立命館大学博士論文，2001 年。

［日］古藤友子：《張之洞の中体西用論：「西学」を学ぶ知識人の「倫理」について》，《駒澤大学外国語部論集》1983 年（18）。

［日］小林一美：《明治期日本参謀本部の対外諜報活動——日清・義和団・日露三大戦争に向けて》，［日］滕維藻等編：《東アジア世界史探究》，汲古書院 1986 年版。

［日］小林寛：《東アジア近代思想研究：儒教の伝統と西洋の衝撃》，筑波大学博士論文，1991 年。

崔淑芬：《近代中国における師範教育の展開——清末から1948 年までを中心として》，九州大学文学研究科東洋史博士後期課程，1996 年。

崔淑芬：《福沢諭吉の『学問のすすめ』と張之洞の『勧学篇』》，《筑紫女学園大学紀要》2002 年（14）。

肖朗：《清末の教育改革論の思想的展開と特質——近代日本と中国の文化・教育交流史研究序説》，名古屋大学博士論文，1997 年。

陶德民：《戦勝国がなぜ敗戦国を助けようとしたのか——西村天囚（1865—1924）の事例による複眼的考察》，《アジア文化交流研究》2009 年（4）。

［日］永井算巳：《東南保護約款について——日中関係史料よりみたる》，《信州大学文理学部紀要》1960 年第 1 部（人文・社会）。

［日］名古屋貢：《帝国議会で追及された兵器商社泰平組合》，《環日本海研究年報》2009 年（16）。

馮正宝：《日清戦争ー辛亥革命期の宗方小太郎——「大陸浪人」の役割についての一研究》，《日本歴史》1989 年（494）。

李廷江：《日本軍事顧問と張之洞——1898 ~ 1907》，《アジア研究所紀要》2002 年（29）。